本当の自由を手に入れる

お金の大学
改訂版

両＠リベ大学長
LIBERAL ARTS

う〜〜〜ん…
お金についての不安って
どうしたら解消
できるんだろう……

朝日新聞出版

改訂版の刊行にあたって

142万部。

　原著『お金の大学』の発行部数です。「著者累計」でもなければ、「シリーズ累計」でもありません。ただ1冊で積み上がった数字です。

　初版発行から4年の間に、ありがたいことに、多くの出版社さんからたくさんのお声がけをいただきました。
　「2冊目を出しませんか？」
　「今度はこんなテーマでどうですか？」
　「YouTubeやブログを再構成する形なら、それほどお時間もかかりませんよ」
でも、すべて断ってきました。
　理由は1つです。
「『お金の大学』より良い本を、書ける気がしない」

　『お金の大学』は、
　「この1冊をマスターすれば、一生お金には困らない」
　「家族や友人に1冊だけ勧めるとしたらコレ！」
自信を持ってそう断言できる、**最強の1冊**です。
　「もう、二度と本を書くことはないだろうな」
これが、正直な感覚でした。

　ところが、時が経つにつれて事情が変わってきました。
① YouTubeの再生回数が**8億回**を超え、2,300本近い動画コンテンツを作る過程で**「お金のノウハウ」**がさらに貯まってきた

②国内最大規模のお金のコミュニティ「リベシティ」を運営するなかで、多くの人が**どこでつまずいているのか**、リアルかつ膨大なデータが貯まってきた

③度重なる法改正等で、原著のデータが**古く**なってきた

④投資優遇税制「**NISA**」が超強化された

⑤コロナやウクライナ戦争をきっかけに世界的にインフレが進み、日本でもデフレ脱却が見えてきた（2024年、**日経平均株価は34年ぶりに史上最高値を更新**し、4万円台も記録。為替は1ドル＝160円台と**超円安**に）

要するに、こういうことです。

・『お金の大学』を**パワーアップする材料**が揃った
・日本に「**大変化**」が起きている。これまでの 30 年とこれからの 30 年は**まったく違った景色**になる。マネーリテラシーの重要性がますます高まってきた

最強の改訂版、作るしかないですね。

改訂版のコンセプトは、いたってシンプルです。
・年間 100 万円の節約
・年間 100 万円の収入アップ
・浮いた年間 200 万円を 5％で 20 年回して 7,000 万円弱の資産を築く

という原著のコンセプトを、**より高い確率で実現できるように補強すること**です。

具体的に、下記のように更新・追加を加えました。

・統計データや年金受給額など、文言・数字の**更新約 220 件**

・より読みやすく、より実践しやすくするために、コンテンツの並び順を変えて**大幅に構成変更**

・新規コンテンツ **52 ページ分追加**（原著に対して約 20％情報価値 UP）

　－「貯める力」… サブスク管理法、賃貸物件の正しい予算、家計管理マスター講座

　－「増やす力」… 新 NISA、全世界株ファンド（オルカン）、暴落対策

　－「稼ぐ力」… おすすめ副業 7 種追加、副業選びフローチャート

　－ その他 … コラム（不労所得の幻想）、学長に聞きたい！ Q&A30 連発、投資する前に要注意！毒キノコリスト、家計改善チェックリスト、結論リスト

　　など

改訂版を読んで、素直に実践してくれた方。
お金、絶対に貯まります。
自由に、近づけます。

改訂版は、原著以上に「**これ 1 冊で OK**」というクオリティに仕上がりました。今後、200 万部 300 万部と多くの人の手に届き、5 年 10 年と愛され続ける。そんな 1 冊になれば嬉しいです。ぜひ、目を通してみて下さい。

はじめに

「死ぬまで、永遠に働き続けなくてはいけない」

これが、世界中の先進国を襲っている「長寿化」という現象が生み出した災厄（さいやく）です。

・2007 年生まれの 2 人に 1 人が、107 歳まで生きる
・1998 年生まれの人は、収入の 25％を 40 年以上貯蓄し続けてようやく 65 歳で引
　退できる

　ロンドン・ビジネススクールの教授、リンダ・グラットン氏とアンドリュー・スコット氏
は共著『LIFE SHIFT（ライフ シフト） 〜100 年時代の人生戦略〜』（東洋経済新報社）で、この衝撃的
な事実を明らかにしました。
　貯蓄率 25％（手取り収入に占める、貯金の割合）というのは、平均的な貯蓄率のおよ
そ 2 倍〜3 倍にあたる数字で、多くの人にとってはほとんど達成不可能な数字です。多く
の人は、言葉通り「死ぬまで働かざるをえない」状況に陥るでしょう。

　この状況で苦しむのは、何も仕事が嫌いで仕方がない人達だけではありません。

「働くことは嫌いじゃないけど、もっと家族との時間を増やしたい」
「働くことにやりがいは感じるけど、もっと金銭的にも豊かになりたいな」

　こういった人達も、何の戦略も持たずにいると、「お金」「自由」「やりがい」の狭間で、悶々
とした不満を抱えながら、出口の見えない長い労働人生を過ごすことになります。
　「老後 2,000 万円問題」が多くの人の関心を高め、そして大炎上に至ってしまったのは、
まさに永遠の労働に対する反発心の現れと言えるでしょう。

　人生は、時間そのものです。

　永遠の労働から脱却し、自分の人生＝自由な時間を取り戻すにはどうすれば良いので
しょうか。

　誰でも実践できる「自由に生きる知恵」は、存在しないのでしょうか……?

自己紹介

ご挨拶が遅れました
こんにちはー 両(りょう)です！

　高校1年生で起業、独学でビジネスを学び、ネット広告事業を中心に、起業当初は365日休みなく、がむしゃらに働きました。

　とはいえ順風満帆という訳ではなく、会社経営では社長なのにクビになったり、100人を超す従業員がみんな退社しちゃったり、そのストレスで、せっかく貯めたお金も年間1億円キャバクラで飲み歩いて散財したり……、100や200じゃ足りないぐらい多くの失敗と紆余曲折を経てきました。

　その後「このままじゃダメだ」と優秀な経営者仲間や、社員満足度日本一の会社の社長から会社経営や人間関係、お金との付き合い方を学んだ結果、

- 会社経営ではグッドマネジメント総合研究所（第三者目線で会社評価をしている外部機関）の調査結果で社員満足度1位をいただき、
（少人数の会社の中で累計ダントツ1位、その後も記録は更新されていない）
- 人間関係のトラブルもなくなり、
- 周りが良い人や成功者で溢れたり、

自分自身の考え方と行動を見直すことで、どんどん人生が好転してきました。

　さらに、モルディブの大富豪にお金の増やし方を教わったことをきっかけに、働かなくても入ってくるお金で生活できる状態（経済的自由）を達成しました。
　今では、お金にも、時間にも、人間関係にも恵まれた豊かな暮らしができるようになりました。

　そんなある日、友人たちとの食事中にこんなことを聞かれました。

「どうすれば君みたいにお金と時間に余裕のある暮らしができるの？」
「やっぱり一部の天才にしかそんな暮らしは無理だよね？」

そんなことはありません。僕がお金持ち達から学んできた経済的自由への原則は同じ。誰だってひとつずつ実践していけば、経済的自由に近づいていくことができる。

それを順番に解説するために、大切なことをひとつずつ噛み砕いて友人たちに話していきました。それが本当に好評で、「家族にも聞かせたい！」「僕の友達にも聞かせたい！」「だからもう1回やってくれ！」と言われるようになりました。

何度も同じ話をするのは大変だし、復習で自宅でも学べるようにとYouTube にアップしました。

その時の動画が、2018年10月に公開した『第1回 自由な生活を手にするためにはどうすればいいか』です。

この動画を公開してから6年。これまでに投稿した動画は累計2,300本以上。累計再生回数は約8億回を記録し、チャンネル登録者数は約270万人にまで増えました（2024年11月現在）。「お金の話」を扱った教養チャンネルとしては、日本トップクラスの実績です。

- X（旧Twitter）のフォロワー数 50.3万人
- 月間330万PVのブログ運営
- Instagram のフォロワー数 51.2万人
- TikTok のフォロワー数 11万人

もともと、家族・友人向けに始めた情報発信でしたが、今では「やたらお金に詳しい社長」として、SNS ではちょっと名前の知られた存在になりました。

今回、インターネットの世界を飛び出して、こうやって書籍の世界にやってきた理由は、たった1つだけ。

「自由な生活を手に入れるためにはどうすればいいか」

これを、より多くの人に伝えるためです。

この本は、「お金にまつわる5つの力」を育てる、実践的なガイドブックです。

　「貯める・増やす・稼ぐ・使う・守る」という、お金にまつわる5つの力を鍛えることでしか、自由な生活を手にすることはできません。この際、キレイゴトは一切抜きにしましょう。はっきり言います。

「お金なくして自由なし！」

　これが、資本主義社会のリアルです。

　多くの人が自由になれないのは、お金がないからです。お金がない原因は、お金について真剣に学んでこなかったからです。そもそも、日本の公教育には、2022年になるまでお金について学ぶプログラムがほとんどありませんでした。
　僕たちが「読み書き」できるのは、それを学んできたからです。お金がないのは、お金について学んでこなかったからです。とても単純な話です。

　僕は、たまたま、事業経営・数多くの億万長者との付き合いを通じて、お金について詳しく学ぶ機会に恵まれました。この知恵を発信することで、「公教育の隙間」を少しでも埋めるお手伝いができればと思っています。

「お金にまつわる5つの力」をバランスよく育てれば、「平均的な人」でも必ず、今より一歩ずつ、自由な生活に近づいていけます。シンプルな話、

- 家計を年間100万円節約する（貯める力UP！）
- 年収を100万円増やす（稼ぐ力UP！）
- 浮いた200万円を年間5%で20年運用する（増やす力UP！）

　これで、20代から60代までの間に総額7,000万円弱の資産を築くことができます。生活費が最適化されていれば、これで十分ゴールにたどり着けるのです。日本で上位8.8%に入るお金持ちになれます。

「そんなに簡単にいくわけないじゃないか」

　そう思う人こそ、ぜひ、この本を読んで、各章の各STEPを実践してみてください。未来は、確実に変わります。

　お金にまつわる5つの力がない人にとって、「長寿化」は呪いであり、災厄になりかねません。誰も、衰える身体、先細る資産を眺めながら、厳しい労働を一生続けたいとは思わないでしょう。
　一方で、お金にまつわる5つの力がある人にとって、「長寿化」はまさに人生の福音です。基本的人権が認められた豊かな先進国で、便利で快適な生活を、心ゆくまで長く楽しめるからです。

　今日が、人生で一番若い日です。

　お金について、僕と一緒に楽しく学んでいきましょう！

リベラルアーツ大学　学長　両

特典：ご購入者さま専用ページのご案内

ページ数の事情等により、本書に収められなかった内容をまとめた専用 Web ページをご用意しました。専用 Web ページへは、下記の QR コードまたは URL よりアクセスしてご覧ください。

 書籍を購入してくれた皆さんへの特典動画もあるで！ぜひチェックしてみてな！

《ご購入者さま専用 Web ページ》 https://liberaluni.com/book2

各ページの関連・追加情報について

本書では、ページの随所に QR コードを掲載しています。

QR コードを読み取って Web ページにアクセスしていただくと、本書の内容にあわせて次のような関連・追加情報を閲覧できます。

・最新のおすすめコンテンツなど、より具体的な情報（専用 Web ページ）
・本書の内容を詳しく解説した YouTube 動画のリンク
・おすすめの相談先（オンラインコミュニティ「リベシティ」※初月 30 日無料）など

これらの情報は、都度最新情報にアップデートされています。
ぜひ本書とあわせて活用していただき、

「私の場合はどうすればいいの？」
「現在のおすすめは何？」
「ここについて、もっと詳しく知りたい」

といった、皆さんが行動するための参考にしていただければ幸いです。

『お金の大学』を読んだ読者の声

リベ大のオンラインコミュニティ「リベシティ」の会員の皆さんから、原著『お金の大学』を読んだ感想をいただきました！ 650名からのアンケート回答の内、一部をご紹介します。

アンケートに答えてくれた読者の年齢層

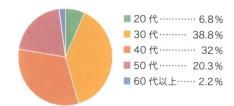

- 20代………… 6.8%
- 30代………… 38.8%
- 40代………… 32%
- 50代………… 20.3%
- 60代以上…… 2.2%

今までのお金に関わる失敗を悔やんでばかりでしたが、やり直せる、今日が一番若い日！と前向きになれ、人生の幅が広がっていると感じています！
（60代以上 女性）

家計管理をしっかり行うことの重要性を学びました。大学生でもガス料金の見直しや通信費を見直すことで支出を減らすことができ、NISAで積立投資を行おうと思えるようになりました。資産について考えるのは大学生だからまだ早いとか、社会人になってから、と考えていました。しかし本を読んで、お金について学ぶ機会を得られ、将来の資産形成について真剣に考えるきっかけになりました。 （20代 男性）

『お金の大学』を読んで、将来のお金の不安は少しは減りましたか？

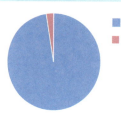

- はい ……**97.7**%
- いいえ ……… 2.3%

お金に関して無頓着で生きてましたが、子の教育資金や老後を考える年になり、不安が大きくなっていた時にこの本に出会いました。このままではダメだ、無知が一番危険だと思い、今ではFPの資格をとり、簿記の勉強も始めました。副業にも挑戦しようと思います。周りから最近イキイキしていると言われています（笑）（40代 女性）

55歳から勉強を始め、退職金もあり、60歳現在「小金持ち（資産5000万円以上）」にかなり近づきました。小金持ち達成には副業が必要と思い、ブログとせどりに挑戦し始めたところで、家計管理を素直に実践。副業なしでも小金持ちになれることがわかりました。お金の心配がなくなり、これからまだまだ長い人生、豊かに暮らすために何をしようかとワクワクしているところです。 （60代以上 男性）

実際に何か行動を起こせましたか？（本の内容を1つでもOK）

■ はい … **99.2**%
■ いいえ ……… 0.8%

家計管理をし、年間100万円以上削減できました！
さらに副業のWEBライターにチャレンジし、月5万円稼げるようになりました。（20代 女性）

学長の「すぐやる！」「得意を見つける」の言葉に背中を押され、習い事として続けていた生け花を活かして、ずっとやりたかった店舗装花のお仕事をスモールスタートし、少しですがお金をいただけるようになりました。YouTubeライブで学び、家計管理をしてお金の心配も少なくなり、子育ても終わり、これからますます楽しみたいと思います。学ぶのが楽しいです。ありがとうございます。（50代 女性）

『お金の大学』の内容を実践したことで、資産は増えましたか？

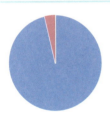

■ はい … **96.4**%
■ いいえ ……… 3.6%

固定費削減、借金返済、引越し、簿記・FP取得して資産100万→2000万達成！2年半でここまで来ました！お金の不安が減ったお陰で子供も持つことが出来ました！（20代 男性）

夫婦で積み立てていたドル建ての生命保険を解約、格安SIMへ切り替え、光回線などを見直し、トータル毎月56,770円浮きました！
行動すればするほど生活はどんどん良くなっていくのを感じました。
また、浮いたお金を投資に回して資産も増加中です！素直に行動しただけなのに、いつのまにか漠然としたお金の不安が無くなりました！（30代 女性）

副業などこれまで自分の人生で考えてみなかったことを、この本をきっかけに51歳からチャレンジ。始め方や手法など相談する仲間も出来ました。今は、スタートから1年半で月20～30万円の営業利益を得ることが出来ています。
本の内容を信じ、仲間を信頼し、そして自分を信じて、副業を継続出来たこと、そして結果が出せたことにうれしく思います。どの年齢層や生活水準の方も読んでもらいたい、まさに生きるためのバイブル！（50代 女性）

改訂版 本当の自由を手に入れる お金の大学

目次 -Contents-

改訂版の刊行にあたって ……………………………… 2
はじめに ……………………………………………… 4
特典：ご購入者さま専用ページのご案内 ……………… 9
『お金の大学』を読んだ読者の声 ……………………… 10
登場人物紹介 ………………………………………… 18

STEP 0 経済的に自由になるための基本 —お金持ちの大原則—

経済的に自由になるためのステップ
お金持ちの大原則を知ろう ………………………… 20

STEP 1 《貯める》—支出を減らして貯蓄を増やそう—

"貯める力"から始めるべき理由
まずは固定費を見直そう！ ………………………… 28

通信費

毎月のスマホ代を安くする方法
スマホは格安SIMに変えよう！ …………………… 32

サブスク

毎月のサブスクを抑える方法
サブスクを可視化しよう …………………………… 36

保険

実はほとんどの保険は不要！
保険を正しく見直そう ……………………………… 40

リスク① 病気やケガをしたら、経済的に困るよね？
病気・ケガのリスクを見直そう …………………… 46

リスク② 障害が残って今まで通り働けなくなったら？
障害リスクを見直そう ……………………………… 52

リスク③ 自分が死んだら家族はどうなるの？
死亡リスクを見直そう ……………………………… 56

リスク④ 仕事を失ったらどうしよう？
失業リスクを見直そう ……………………………… 58

リスク⑤ 老後の生活はどうしよう？
老後リスクを見直そう ……………………………… 62

リスク⑥ 要介護状態になったらどうしよう？
介護リスクを見直そう ……………………………… 68

リスク⑦ 出産時にかかるお金はどうしよう？
出産費用リスクを見直そう ………………………… 72

こんなにあるぞ不要な保険！
君の入っている○○保険は不要！ ……………… 74

🏠 家

賃貸 VS マイホーム お得なのはどっち？
家の《リセールバリュー》を考えよう！ ………… 86

リセールバリューが高い家を選べない人は
賃貸に安く賢く住もう！ …………………………… 96

家を借りる前に
「正しい予算」を認識しよう！ …………………… 98

仲介業者の相見積もりで"ぼったくり"回避！
賃貸物件を安く借りよう ………………………… 100

仲介業者がすすめる火災保険に要注意！
火災保険を安くしよう …………………………… 104

入居後でも家賃交渉はできる！
賃貸物件の家賃を下げよう ……………………… 106

不当請求されてないかチェック！
賃貸の退去費用を適正金額まで下げよう ……… 108

意外と知らない"お得な使い方"！
退去費用に火災保険を活用しよう ……………… 114

大手引越し会社 VS 大手以外の業者 どっちがお得？
引越し費用を安くしよう ………………………… 116

目次 － Contents －

🚗 車

車の必要性を見直そう
車は買うな！ 買うなら中古！ ································· 118

それでも車が必要な人へ
車はリセールの良い車を一括で買おう ··············· 120

必要な保険は対人対物のみ！ 車両保険は外せ！
自動車保険を見直そう ································· 124

💰 税金

節税しない人は税金をめちゃくちゃ払ってる！
サラリーマンも節税しよう ························· 130

仕組みを知れば節税の方法もわかる！
サラリーマンの納税額の決まり方を知ろう ·········· 132

サラリーマンの節税は「控除」がカギ！
税金を減らせる「控除」を活用しよう ··············· 136

寄附金控除のお得な活用方法！
ふるさと納税をしよう ····························· 138

適用範囲が意外と広い！
医療費控除を申請しよう ··························· 140

扶養控除等で損する人は、どんな人？
扶養控除等を正しく理解しよう ····················· 142

まだまだあるけど、使いづらい？
控除目当ての契約にご用心！ ······················· 144

絶望・サラリーマンの節税には限界がある？
「控除」以外で節税する方法を知ろう ··············· 146

キミの人生が変わる節税の仕方
副業を始めて3つの節税をしよう ··················· 148

👛 家計管理

もっとお金を貯めたいあなたに
家計管理をマスターしよう ························· 154

🖊 やってみよう！
家計改善チェックリスト ················ 162

🖊 コラム：貧乏ルートまっしぐら！
「金利」を敵に回すな！ ················ 164

STEP 2 《増やす》ー貯蓄を投資にまわして資産運用しようー

「お金のなる木」は自由のための必須アイテム！
増やす力を育てよう ················ 168

📚 準備編

投資を始める前の準備①
生活防衛資金を確保しよう ················ 170

投資を始める前の準備②
騙されないために相場を知ろう ················ 174

投資を始める前の準備③
投資商品の種類と特徴を知ろう ················ 178

投資を始める前の準備④
複利の力を知ろう ················ 182

📊 株式投資

何に投資すればいいの？
インデックスファンドに投資しよう ················ 184

おすすめのインデックスファンドはどれ？
学長おすすめのインデックスファンド ················ 190

使わないなんてありえない！
NISA 口座をフル活用しよう ················ 196

いつ買えばいいの？
ドルコスト平均法で定期的に積み立てよう ················ 202

暴落しても大丈夫！
鬼のホールド力を身につけよう ················ 206

増えた資産を使いたいときはどうする？
インデックスファンドの取り崩し方法 ················ 210

完全なる不労所得！
増配・高配当株に投資しよう ················ 214

目次 － Contents －

コラム：株式トレードや不動産賃貸業は、苦労所得？
不労所得の幻想 ……………………………………………… 220

コラム：リスクとリターンは表裏一体
制限速度を守ろう …………………………………………… 222

STEP 3 《稼ぐ》－稼ぎを増やして蓄財ペースを上げよう－ ¥

資産を増やすには元手が必要！
転職・副業で稼ぐ力を育てよう ………………………… 224

転職

もはや「転職力」は必須の時代！
転職を活用して給与所得を増やそう ………………… 232

副業

サラリーマンでも副業できる
会社にバレずに副業を始める方法 …………………… 236

何をして稼いでいいかわからない場合は？①
まずは小さな副業から始めてみよう ………………… 240

何をして稼いでいいかわからない場合は？②
SNSで情報発信を始めよう …………………………… 242

オススメの副業15選
少しレベルの高い副業に挑戦しよう ………………… 246

不動産賃貸業

不動産賃貸業に興味を持ったら
不動産賃貸業の基本を学ぼう ………………………… 264

不動産賃貸業にチャレンジしたいと思ったら
不動産賃貸業の実践ステップ ………………………… 272

人生が終わる！ 絶対にやってはいけない不動産
○○には手を出すな！ ………………………………… 278

やってはいけない副業5選
NG！こんな副業は避けろ ································· 282

✒副業選びのフローチャート
あなたにオススメの副業診断 ························· 286

✒コラム：メリットはまだまだある！
「稼ぐ力」が重要な3つの理由 ····················· 288

STEP 4《使う》ーより高い価値を引き出すお金の使い方を知ろうー

✒コラム：「幸福」と「平穏」の源泉
大事なお金を「使う力・守る力」 ··················· 290

✒コラム：増やしたお金で人生を豊かにするための
「使う力」ってなに？ ································· 292

STEP 5《守る》ー形成した資産を守ろうー

✒コラム：貯めた資産を失わないための
「守る力」ってなに？ ································· 298

✒資産を守る防衛知識
これって毒キノコ？要注意リスト ··················· 302

これが最適解！結論リスト ··························· 303
学長に聞きたい！Q&A 30連発 ····················· 304
エピローグ ··· 314
未来予想図 ··· 316
おわりに ··· 318

自由をめざして
1ステップずつ
進んでいくで～！

STEP 0
基本

STEP1
貯める

STEP2
増やす

STEP3
稼ぐ

STEP4
使う

STEP5
守る

Go!

登場人物紹介

両学長

関西在住のオスライオン。
「自由に生きる人を増やしたい！」という想いのもと、
リベラルアーツ大学という架空の大学の学長をしている。
自由に生きるためのお金の知識をやさしく教えてくれるぞ！

リーマンくん

先の見えない毎日をもがきながら生きている。お金のことはよく分からないし、何をしたらいいかも分からないが、とにかく漠然とした不安から解放されて、未来はハッピーになりたい。素直な性格だが、すぐに調子に乗るのがたまにキズ。

ヒトデ先生

元社畜。「5つの力」を身に付けて独立に成功し、現在はそこそこ自由な日々を送っている海洋生物。
学長の理念に共感し、本書ではリベラルアーツ大学の講師としてQ&Aコーナーを担当。みんなのギモンを華麗に解決！
文章を書くのが好きで残業が嫌いなのが特徴。

経済的に自由になるための基本
― お金持ちの大原則 ―

STEP 0 経済的に自由になるための基本 ― お金持ちの大原則 ―

経済的に自由になるためのステップ
お金持ちの大原則を知ろう

💪 実践すると ⋯▶ 豊かな人生に一歩近づける

これから経済的に自由になる方法を教えていくわけやけど、そもそもキミ、「経済的自由（働かなくても入ってくるお金で生活できる状態）」ってどういうことかわかる？

え？ えっと……要するにお金持ちのことだよね？ 社長、医者、地主……とか？

職業で決まるん？ お金に困ってる社長、お医者さんなんか、いくらでもおるやん。

たしかに。じゃあ、貯金が3億円ぐらいある状態とか？？

1年で1億円使ったら全然足らんやん。
宝くじで3億円当てたのに破産しちゃった人の話とか、聞いたことない？

言われてみれば……。うーん「職業」や「資産額」だけでは決まらないとしたら……どういう状態が「経済的自由」なんだ……？？

ゴールが見えないまま突っ走っても、目的地には一生辿り着けへんということや。まずは「経済的自由」とはどんな状態かを教えるで。

「経済的自由」ってどんな状態？

ズバリ言うで。経済的自由というのは、「**生活費＜資産所得**」という状態や。資産所得とは投資で得られる所得のことやで。

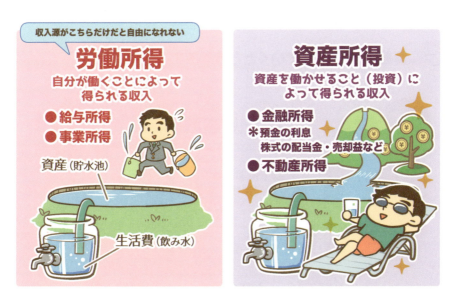

生活費は低ければ低いほど、資産所得は高ければ高いほど経済的自由に近づくで。

つまり、「経済的自由」を目指すということは、

- 生活費を減らす
- 資産所得を増やす

この2つに取り組んでいくということなんや。

資産所得が増えていくとどうなる？

 こうなっていけば、生活のためのお金を気にせず、自分が本当にやりたいことができるんや。
働きたければ働く、働きたくなければ働かない。その選択の自由を手に入れたということや！

いいなぁぁぁぁぁ！僕もそうなりたいよーー！！ そのためにはどうしたらいいの？？

ズバリ、「お金にまつわる5つの力」を身につけたらええんや！

5つの力？？ なんかスピリチュアルな話？

ちゃうで！ 本来なら義務教育で教えるべきってくらい大事な、お金についての基礎教養や。

👉 人生を豊かにする！お金にまつわる**5**つの力

この5つの力を鍛えることができるかどうかで、キミの人生は変わるんや！

5つの力がないと

5つの力があれば

何だか壮大な話だね……。こんなこと僕みたいな普通のサラリーマンにできるの……？ 生活費を下げるって言っても、今だって結構カツカツだし……。

実はまだまだ下げられるで！ 多くの人が気付いていない「見直しポイント」があるんや。

でもな〜、仕事だって忙しいし、僕もうおっさんだしなぁ……。

関係ないで。未来を変えたいんやろ？ 何歳からだって自由には近づけるんや。今日が人生で一番若い日やで。やるか、やらんかや！

でもさ、えっと……。えーっと……。

できない理由ばっかり探すのはやめーや。
ワシはキミのためにいろいろ教えることはできるし、全力で手助けもする。
でも、実際に行動するのはキミなんや！
アンパンマンも言うてたやろ、人生に必要なのは、
愛と勇気と行動力 や！

そこまで言うなら……ちょっとやってみようかな？

お金を《貯める》
― 支出を減らして貯蓄を増やそう ―

STEP 1 お金を《貯める》— 支出を減らして貯蓄を増やそう —

"貯める力"から始めるべき理由
まずは固定費を見直そう！

実践すると ⋯▶ 資産を貯めるスピードがアップ！

まず「貯める力」からスタートなの？ なんか地味だなぁ……。もっとガツンと稼げる方法を教えてよ。

愚かなり！！！！
貯める力とは「生活の満足度を下げずに支出を減らす力」や！まずは「貯める力」をつけることが、経済的自由を達成するために欠かせない、最初の一歩なんや。

「貯める」が最優先な理由

「貯める力」は自分のやる気だけで
今すぐ成果が出せる！

保険の見直し　節税　格安SIMへの乗り換え
支出DOWN♡
やった分だけ必ず成果が出る！

ちなみに「増やす」「稼ぐ」は成果を出すまでに時間がかかる
投資の勉強　副業　スキルアップ
ちょっと難易度高めなのでまずは「貯める」からやろう！

貯める力とは「生活の満足度を下げずに支出を減らす力」なので…
貯める力を育てると経済的自由へのハードルそのものも下げることができる！

生活費(支出) ＜ 資産所得

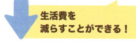
生活費を減らすことができる！

逆に貯蓄額は増えて資産が貯まるスピードUP！

生活の満足度を下げずに支出を減らす……。つまり、節約するってことだよね？ それなら僕はしっかり節約してる！ 例えば、電気はこまめに消すようにしてるし、食材もスーパーのチラシをチェックして一番安いところで買うようにしてるよ！

ダメとは言わんけど、効率の悪い節約やな。

えぇ!? どこがダメなわけ!? 電気代は月500円くらい減っているし、この前も隣町のスーパーまで行ったことで卵を120円も安く買えたんだよ！

ええか？
「貯める力」をつけるために、大切な考え方はこの2つ。
1. 1回の支出よりも「固定費」を見直す
2. 金額が大きな支出から見直す

効率良く「貯める」なら大きな固定費を見直そう

　お金を「貯める」ためには、支出（生活費）を減らす。生活費を効率良く下げるには、毎月かかり続ける**「固定費」を見直す**ことや。

　「6万円の買い物」と聞くと「高い！」と感じるのに、「月5,000円の固定費」には「そんなもんか」と無頓着やったりするやろ？ 月5,000円の固定費は、年間6万円の支出。30年だと180万円や。

　毎月かかり続ける固定費を削減できれば、節約の効果はとても大きいねん。しかも、固定費は**一度見直せばその効果がずっと持続**する。

　そして見直すなら小さな支出じゃなく、**大きな支出**からや。だから、まずは大きな固定費から見直して、効率よくお金が貯まる仕組みを作ろうな。

固定費を見直そうって言うけどさ、具体的に何が減らせるの？
水道・光熱費くらいしか思い浮かばないんだけど……。

見直していくのは主にこの6つや！

 コレが人生の6大固定費！

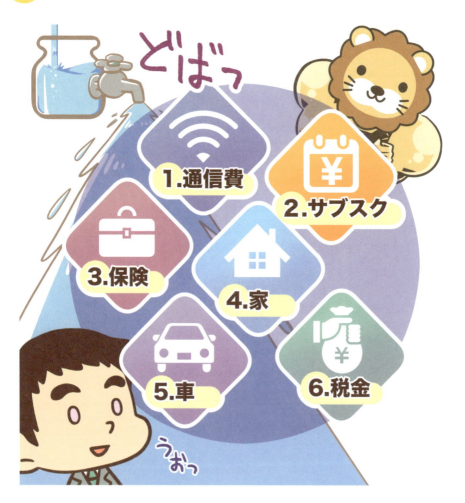

んー……？ まあ、確かに大きな支出だけどさ。どれもこれもないと困るものばかりじゃん！ 減らすの無理じゃない？
なんか税金まで入ってるし……。（小声）

無理ちゃうで。断言するけど、キミの6大固定費にはまだ見直せるポイントがある。

えっ、そうなの？ いやでも、そもそも生活に必要なものばっかりだし、削りすぎると生活満足度も下がっちゃわない？

大丈夫。適切な見直しをすれば、"生活の満足度を下げずに"6大固定費を減らせる。
その方法をこれから教えるで！

本当にそんな方法が……？
まあいいや、とりあえず話だけでも聞いてみよう。

よっしゃ。ほなひとつずつやってこかー！

STEP 1 お金を《貯める》― 通信費を見直そう ―

毎月のスマホ代を安くする方法
スマホは格安SIMに変えよう！

実践すると ⋯▶ **毎月約5,000円の節約に！**

☑ 見直しリスト　**1. 通信費**　2. サブスク　3. 保険　4. 家　5. 車　6. 税金

1番初めに見直すべき固定費は「通信費」や。
キミ、今スマホはどこのキャリアで契約してるん？
それで、毎月いくら払ってんの？

もちろん超大手のdocomoだよ。月々8,000円くらいかな？でもスマホにかかるお金ってドコも一緒じゃないの？

全然一緒ちゃうで。
大手キャリア同士は大差ないけど、「格安SIM」に乗り換えれば、それだけで**毎月5,000円以上の節約**になるんや。
もし4人家族全員で乗り換えたら、およそ月2万円の節約やで。

う〜ん、金額的にはすごいけど、格安SIMって何か怖くない？安いってことは大きなデメリットがあるんじゃないの？いくら安くなっても、不便になるのは困るなぁ。

多少のデメリットがあるのは事実や。
でも金銭的なメリットがそれ以上にデカいねん。

格安SIMに変更する メリット & デメリット

デメリット
- キャリアメールが使えない
- 大手キャリアに比べると（お昼や夜など混雑する時間帯は）通信速度が遅くなることがある
- LINEのID検索が使えない場合がある

メリット
利用料金が毎月5,000円ぐらい安くなる！

そう言われると、すごく乗り換えたくなってきたよ……！でも、会社やプランによっては、乗り換えると違約金取られちゃうんじゃなかったっけ？

大手3キャリア（ドコモ、au、ソフトバンク）については、2021年～2022年に違約金は廃止されとるで。もともと、違約金を払ってでも早く乗り換えた方がお得やったからな。今はもう乗り換えん理由がないな。

 必ずおさえて！ スマホ相場の松竹梅

スマホ相場の松竹梅

贅沢品：松・竹　　おすすめ：梅（格安SIM）

	松	竹	梅（格安SIM）
月額イメージ	6,000円～	3,000円前後	数百円～1,500円
通信容量イメージ	無制限	20GB～無制限	1～20GB
代表的な運営会社とプラン名	大手3キャリアのプラン ・ドコモ ・au ・ソフトバンク ※格安プラン除く	大手3キャリアの格安プラン ・ドコモ『ahamo』 ・au『povo』 ・ソフトバンク『LINEMO』 楽天モバイル（最強プラン） ※データ高速無制限だが、混雑時などは速度制御される場合あり	日本通信SIM ・シンプル290プラン（1～6GB） ・みんなのプラン（20GB） mineo ・マイピタ（1GB、5GB） HISモバイル ・自由自在2.0プラン（1～10GB） など

※2024年9月時点

僕のプランって、「贅沢レベル」だったんだね……。
格安SIMに乗り換えれば、確かに月々5,000円ぐらい安くなりそう！

ユーザーの約80％は「月10GBも使わない」（※）という調査結果があるんや。多くの人は格安SIMで十分やと思うで。最後に、乗り換え方法についても教えるで！

（※）総務省「携帯電話ポータルサイト（リーフレット版）」

誰でもできる！ 格安SIMの乗り換え方！

1　SIMフリーのスマホを用意しよう

- 今使っているスマホを使う場合
  契約中の会社に依頼してSIMロックを解除しよう

- 新しくスマホを買う場合
  乗り換え先の格安SIM会社で契約と共にスマホも購入
  または、ネットショップや家電量販店で一括購入しよう

  ＊ただし1円スマホは実質リース契約になり、トータルでは割高な購入方法になってしまうため避けること！

現在利用中の電話番号を引き継ぎたい場合

2　MNP予約番号を取得しよう

MNPとは：現在使っている電話番号を乗り換え先でもそのまま使える制度

現在契約中の会社のショップかWebサイトでMNP予約を申し込んで、MNP予約番号を取得しよう

電話を使わないまたは電話番号が変わってもいい場合はMNP予約番号の取得は不要！

※補足：2023年5月から「MNPワンストップ（MNP予約番号の取得ナシでも電話番号を引き継げる仕組み）」が開始。2024年7月時点で20サービスが対象。

3　乗り換え先の会社と契約しよう

Webサイトから簡単に申し込める。
申し込み後に届いたSIMカードをスマホに差し込んで…

乗り換え完了！

気になるギモン！〜 教えて！ヒトデ先生 〜

Q.1 格安SIMは品質が悪い？

A. 格安 SIM の会社も、**大手キャリアと同じ回線**を使用してるよ。
格安 SIM 会社が大手キャリアの設備をレンタルして、余分なサービスを削ってユーザーに貸してくれてるイメージ。同じ設備だから、**格安 SIM だと電波が届かないとか、品質が悪いなんてことはない**よ。

Q.2 格安SIMは通信速度が遅い？

A. LINE や SNS を使う分には問題のない速度だよ。
確かに回線が混雑する時間帯は遅くなる時もある。でも、**普通に使ってたら困ることはまずないよ！**

Q.3 格安SIMは通話料金が高い？

A. 格安 SIM だからといって通話料金が高いワケじゃないよ（大手キャリアと同じような料金水準）。
「月〇分までは通話無料」とか「1 回 5 分までの通話なら無料」みたいなオプションもあるし、そもそも LINE を使えば通話料金はかからないし、通話料もかなり抑えられるよ。

Q.4 解約時に「分割払いしている端末料金」の支払いが残っていたら、一括で支払わないといけないの？

A. **そのまま分割で支払えるよ！**
特に申請しなくても、今までのように支払えば OK。
逆に申請すれば一括清算することも可能だよ。

おすすめ格安 SIM 業者は入れ替わりが激しいので、以下の Web ページにて最新情報をご紹介しています！
https://liberaluni.com/book2#p35

STEP 1　お金を《貯める》― サブスクを見直そう ―

毎月のサブスクを抑える方法
サブスクを可視化しよう

💪 実践すると ⋯▶ 年間1万〜3万円の節約に！

☑ 見直しリスト　1. 通信費　**2. サブスク**　3. 保険　4. 家　5. 車　6. 税金

ほな、次はサブスクの見直しや。
今、どれぐらい契約してるん？

たいした数じゃないよ。えっとね。Amazon プライム、Netflix、新聞ぐらいかな。いや、まだあるな。Apple Music、d マガジン、YouTube Premium、Google フォト……。

やりすぎや！ はよ見直さんと、**一生金が貯まらんで。**

💪 家計の穴 サブスクを見直そう

サブスクは、サブスクリプションの略で、以下のような仕組みのことや。
・月額や年額といった定額料金を支払うことで
・一定期間、商品やサービスを利用できる

　動画配信や音楽配信に限らず、電子書籍・漫画、ゲーム、洋服、車、家具・家電、食品に至るまで、何でもサブスクで揃うのが今の時代や。サブスク市場は、年々拡大傾向。油断してバンバン契約してると、あっという間にサブスク地獄に陥るで。

👉 サブスクの管理ポイント **3選**

管理ポイント① 抜け漏れなく一覧にせよ

　サブスクの費用に関しては、必ず「一覧表」を作るべきや。理由はシンプル。**その存在・支払っている金額を忘れがち**だから。人間には、

　「お財布からリアルマネー＝現金を出して支払うと、"払っている実感＝痛み"を感じやすい」

　「クレカやら自動引き落としやらで支払うと、"払っている実感＝痛み"を感じにくい」

という特徴がある。

　ちなみに、カジノがチップを使わせる理由もこれや。もしリアルマネーを賭けさせたら、みんな恐怖＝痛みで楽しめなくなるからな。チップという玩具で感覚を麻痺させるワケや。

　クレカ払いは現金払いに比べて、ただでさえ痛みを感じにくい。サブスク＝自動的な定額払いとなると、ますます痛みを感じにくくなる。だから、サブスクはバンバン契約しているうちに「何に」「いくら払ってるか」分からなくなってきてしまうんやな。分からなくなってしまったら、サブスク業者の思うツボ。意地悪な言い方をすると、チューチューとお金を吸われ続けてしまうで。

　だから、必ず一覧表を作るべし。作る過程で、「うっかり解約し忘れ」が見つかることもあるしな。

名称	契約形態	金額	契約開始日	いつまで
YouTube Premium	月契約	1,280円	2024/3/18	毎月自動更新
マネーフォワード ME	年契約	5,300円	2024/3/25	2025/3/24

❓ 月単位の契約？ 年単位の契約？　　❓ いつから使い始めた？　　❓ 契約期間の終わりはいつ？

このあたりが必須項目や！

管理ポイント② 何かを入れたら、何かを抜け

　サブスクには**「ひたすら増え続ける」**という特徴がある。一度使い始めると、便利さに慣れきって止めにくくなってしまう。一度味わってしまうと、ない頃には戻れなくなる。企業は、そういうサブスクサービスを一生懸命開発しとるからな。

　でも、**「時間は有限」**や。ネットフリックスを見てる時間は、Amazon の Prime Video は見れない。日経新聞を読んでいる間は、週刊ダイヤモンドは読めない。サブスクには、契約すればするほど、1つあたりの利用頻度が下がっていく傾向があるというワケやな。つまり、**どんどんコスパが悪くなっていく**。

だから、**何かを入れたら、何かを抜こう。**仮に、今5個のサブスクを契約していたとする。新しいサブスクを契約したいのなら、今契約している5個のサブスクのうち、**一番満足度（利用頻度）の低いものを切れ**ということやな。こうすれば、時間とお金を守れるで。

管理ポイント③ 価値判断は、投資額で

月1,000円のサブスクがあったとする。お金持ちはこう考える。

「1年使ったら12,000円かぁ。これを資産所得で賄おうとすると、少なくとも30万円は必要だな（30万円×利回り4％＝12,000円）。それだけの価値が、このサービスにあるかな？」

サブスク月額	資産所得で賄おうとするといくらの投資が必要？※
1,000円	30万円
5,000円	150万円
1万円	300万円！
2万円	600万円！！
3万円	900万円！！！

※利回り4％で計算

多額の固定費契約＝一生の労働や！
契約すればするほど経済的自由が遠のくで

どひゃー、こんな考え方したことなかった！ 小さな支払いの積み重ねが、経済的自由を遠ざけるんだね……。

そういうこと。利用頻度が低いサブスク・投資額に見合わんサブスクを切っても、生活満足度は大して下がらんからな。どんどん切るとええで。

💪 サブスクを育てず、貯金額を育てるべし

　サブスクは、企業にとって非常に魅力的なビジネスモデルや。毎月、毎年、チャリンチャリンと**安定的な収益**を見込めるからな。ここ最近どんどん新しいサブスクサービスが生まれてきてるし、これからも生まれ続けるやろな。

　だからこそ、くれぐれも注意して欲しい。
「サブスクを、大物に育ててはいけない」

　新聞・雑誌代、NHK 受信料といった**昔からあるサブスク**。

　音楽 / 動画配信、電子書籍 / 漫画、ゲームといった**新しいサブスク**。

　いずれにしても、1 契約あたりで見ると月額数百円〜数千円程度のものが多い。つまり、サブスクは、他の固定費と比べると小物なんや。

　せやけど、こいつをうっかり**大物**に育ててしまう人が少なくない。あの手この手で課金させようとしてくる企業のマーケティングにノセられて、**「塵を積もらせて山にしてしまう」**んやな。

　大きくしたいのは、**サブスクではなく貯金額**。
　育てるもの、間違えたらアカンで!

　　　　　　　はいィ! 管理ポイント 3 選、すぐに実践して見直します!

39

STEP 1　お金を《貯める》― 保険を見直そう ―

実はほとんどの保険は不要！
保険を正しく見直そう

👉 実践すると …▶ 生涯で数百万円の節約に！

☑ 見直しリスト　1. 通信費 〉 2. サブスク 〉 **3. 保険** 〉 4. 家 〉 5. 車 〉 6. 税金

身体が温まってきたところで、いよいよ大物の退治にとりかかるで。通信費やサブスクなんて、こいつに比べたら可愛いもんや……。

通信費とサブスクの見直しだけでも、月1万円節約できたからなー。さらに節約できると思うと、ウキウキしてくるね。で、大物ってナニ？

それは、保険や！　生命保険料だけでも、1世帯あたり平均年37.1万円（※）も払ってるんやで。
30年で約1,100万円以上やな。他の保険も合わせると、とんでもない金額になるな。

保険かぁ。確かに金額は大きいけどさぁ、それだけ重要ってことでしょ。
保険は見直すところがあんまりないと思うけどなぁ。

愚かなり！！！！
保険の見直しなくして、経済的自由なしや。ガッツリ教えていくで。

（※）生命保険文化センター「2021（令和3）年度 生命保険に関する全国実態調査」

👉 保険の役割を正しく知ろう

　まず、そもそもの「保険の役割」についてしっかり理解しておこか。最悪な保険の入り方と、最高な保険の入り方は、次の通りや。

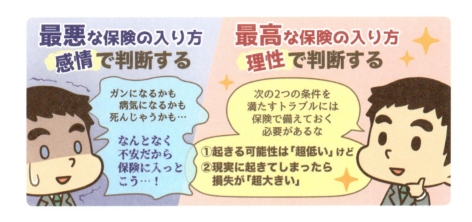

む、難しい…どういうこと？ 単純に、不安に備えるのが保険なんじゃないの…？

ちゃうで。具体例で説明しよか。

「低確率」でも、実際に起こると「大損失になる」トラブルの例

たとえば、40歳男性が死亡する確率は、0.1%（1,000人に1人）や。これは**低確率**と言えるやろ？ この男性の年収を500万円とすると、生きていれば、40歳～65歳までの間にトータル1.25億円稼げたはずや。死亡により、これがすべて失われるわけやから、残された家族にとっての経済的な**損失は大きい**わな？ 下手すると、生活が立ち行かなくなるレベルや。

低確率・大損失。つまり、家計を支えている人の死亡に備えて、生命保険に入るのはOKというわけやな。

「低確率」で、実際に起こっても「大損失にならない」トラブルの例

一方で、「がんになったらどうしよう？」という不安があるとする。今30歳の男性が、40歳になるまでにがんになる確率は0.6%や。これも**低確率**と言えるわな。がんになった場合の治療費は、約6割の人が50万～100万円で済んどる。痛い出費であることには変わりないけど、100万円以上の貯金があれば、**生活が破綻するほどの大損失にはならない**というわけや。

低確率だけど大損失ではない。つまり、ある程度の貯金がある人にとって、がん保険というのは不要なんや（※貯金がほとんどない人は、生活が破綻するので大損失になる）。

41

結局、まとめるとこういうことになるで。

 高確率で大損失が発生するというのは、たとえば政情不安な国や、紛争地域に渡航するとかやな。

保険というのは
・みんなで少しずつお金を出し合って
・運悪くトラブルにあった少数の人に、お金を渡す

そういう仕組みで成り立っとるから、高確率で発生するリスクについては、保険商品は成り立たんで。保険金をもらう人がめちゃくちゃ多くなるわけやからな。

なるほどね〜。「確率」と「損失額」、この2つを必ずおさえて考えろってことなんだね。

 その通りや。不安という"感情"とオサラバして、"数字"だけで考え抜く必要があるで。
それをしないから、ほとんどの人は無駄な保険に入りすぎて、お金が貯まらなくなるんや。

必要な民間保険は3つだけ

低確率・大損失。この観点で考えると、結局のところ必要な民間保険は3つだけやで。

① 生命保険（※自分が亡くなったら、生活に困る家族がいる場合のみ）
② 火災保険
③ 対人・対物の損害保険（自動車保険／自転車保険）

保険で備えろ！ 低確率・大損失 の主要リスク

	確率	損失額	備考
死亡	0.1% *1	数千万〜数億円	死亡時の年齢・年収次第
火災	0.035% *2	数千万〜数億円	住宅価格・周囲への損害賠償価格次第
自動車事故で人を死なせてしまう	0.0032% *3	数千万〜数億円	損害賠償額次第

＊1：40歳男性の死亡確率。厚生労働省の「簡易生命表（令和4年）」より
＊2：1年間での住宅火災発生率。総務省消防庁「消防統計（令和4年）」より 概算
＊3：令和4年の交通事故死亡事故件数を運転免許保有者数で割った概算。
　　警察庁交通局「令和4年における交通事故の発生状況について」より概算

まさに 低確率・大損失 の代表格やな。
不運にもこの低確率を引いてしまうと人生が大きく狂うで！
こういうところには、保険が必要や。

いやいや、まさか！ いくらなんでも3つでOKなわけないじゃん！ もっといろいろあるはずだよ！ だって、あれとかそれとか……いろいろ不安だよ！？

キミのその漠然とした不安は、国の賢〜い人達が作ってくれた社会保険でほとんどカバーされてるで。

……社会保険？ そういえば、毎月給料から保険料が天引きされてたような……。

社会保険がカバーしてくれるリスクを、一覧で見せたるわ。
全体像が見えた方が安心するやろ。

社会保険がカバーしてくれる7つのリスク

① 病気・ケガのリスク
② 障害リスク
③ 死亡リスク
④ 失業リスク
⑤ 老後リスク
⑥ 介護リスク
⑦ 出産費用のリスク

うんうん、こうやって全体像が見えると安心するね。って、ほら！ ケガとか、障害とか、失業とか、介護とか、いろんなリスクが出てきたじゃん！ かえって不安になったよ！ もっと保険に入っておかなくて大丈夫なの？

 大丈夫や。これからこの①〜⑦のリスクについて、どれだけ社会保険がカバーしてくれるか、ひとつずつ丁寧に説明していくで。

保険の基礎：まとめ

　日本は「皆保険」の国や。生活の土台がひっくり返ってしまうようなリスクについては、頭の良い人たちが考えた、社会保険という仕組みで**最低限保障してくれてる**んやで。

　だから、これがリスク対応の「基本戦略」になるで。

　①**社会保険を使う**（次のページ以降、1つずつ説明）
　②社会保険で**カバーできない分は、民間保険**で補う（必要な民間保険は3つだけ！）

　これで、人生が狂うような「低確率・大損失」のリスクにはしっかり対応できるというわけやな。その他のリスクについては、**貯金で対応するのがセオリー**や。

　保険というのは、有料商品や。買えば買うだけ保障がついてくる。それは間違いないで。問題は、そのコスパや。生活が台無しになるリスクのないところに、バカ高い保険料を払っててもしょうがないやろ？

　保険というのはリスクに対処する「**選択肢の1つ**」でしかない。肺がんを恐れてがん保険に入るより、タバコ吸うのをやめる方がよっぽど賢いで。交通事故の加害者になるのを避けるために、そもそも車に乗らないという選択肢をとることもできるやろ。

　リスクというのは、**総力戦でコントロールする**もんなんや。そういう視点も忘れずにな。

「保険にはできるだけ入らない」が世界の常識。
社会保険が充実してる日本で、さらに民間保険に入りまくる
なんて、ほんまオカシな話やで。

ふ〜ん。じゃあ、本当に民間保険が要らないって、納得できるように説明してくれるんだよね？
お手並み拝見させていただきます！

STEP 1　お金を《貯める》― 保険を見直そう ―

リスク① 病気やケガをしたら、経済的に困るよね？
病気・ケガのリスクを見直そう

実践すると ⋯▶ 医療費の自己負担額が激減！

見直しリスト 〉 1.通信費 〉 2.サブスク 〉 **3.保険** 〉 4.家 〉 5.車 〉 6.税金

なんといっても怖いのはケガや病気だよね〜！ しっかり備えておかないと、安心して暮らせないよ。

リーマンくん、民間保険に入らんでも、すでに「医療保険」に加入してるのは知ってるやんな？

うん。毎月の給料から「健康保険料」を天引きされてるしね。
高いんだよね〜これ。
毎月１万5,000円ぐらい取られてる気がする。

その保険料で、自分がどんなことを保障されてるか、理解しとるか？

実は、あんまりよく分かってないんだよね。病院での自己負担が3割になるってことぐらいしか……。

せやろ。「保険料を払っているのに、保障内容はよく知らない」。こんなん、ありえへんわ。公的保険についてしっかり説明していくで！

公的医療保険の基礎

最低限知っておいて欲しいことは、この3つや。
①日本は「国民皆保険（こくみんかいほけん）」
②理念は「必要最小限・平等」
③自己負担は**原則3割**（そして、自己負担額には「上限」がある）

① 日本は「国民皆保険(かいほけん)」

　国民みんなが保険に入れるようになったのは、1961 年のこと。ほんの 60 年ほど前は、国民の 3 分の 1 にあたる約 3,000 万人が無保険状態だったんやで。この制度が実現する前は、医療を受けられずに亡くなる人が大勢いて、戦後の日本が復興していくうえで大きな課題になってたんや。

　今では、職業などによって、加入する保険に違いはあるものの、国民全員が保険に入れるようになったで。

　ちなみに、アメリカでは、医療保険に加入していない人が約 2,640 万人（※）もいると言われとる。所得が低いために医療が受けられない人が大勢いるんや。国民皆保険制度というのは、決して「当たり前」の制度ではないんやで。

(※) ASPE「National Uninsured Rate Reaches All-Time Low in Early 2022」

② 理念は「必要最小限・平等」

　健康保険制度の理念は、**「必要最小限・平等」**というものや。「必要最小限」という言葉からわかる通り、こういったものは保障の対象にならんで。

公的医療保険でカバーされないもの

- 先進医療
- 治療以外の医療行為（美容整形・レーシック等）
- 保険対象外の医薬品
- 病院の個室（いわゆる差額ベッド代）

　健康保険証を持っていれば、医療機関は全国どこでも自由に選ぶことができるで。職業や所得などが理由で、病院・医師に治療を断られるということはないし、治療費が変わるということもない。「平等」に扱ってもらえるということや。

　日本で盲腸の手術をした場合、かかる費用はどこでも約 30 万円ほど。アメリカのニューヨークの私立病院だと、600 万〜 800 万円ほどかかると言われとる。カネを積めば積むほど、良い病院の、腕の良い医師に治療してもらえるようになるで。平等もへったくれもない世界があるんやな。

③ 自己負担は原則3割（そして、自己負担額には「上限」がある）

病気やケガの治療費を支払った場合、窓口での負担額は**原則3割**になるで。もし保険がなければ、本当は「もっとお金がかかってる」ということや。そして、ここからが超重要ポイントやで。**自己負担額には上限**があるんや。

上限……？

たとえば、手術・入院代で1ヵ月100万円かかったとするやろ？窓口で支払うお金は3割の30万円になりそうやけど、実際は9万円ぐらいで済むんや。
どういうことか、詳しく説明していくな。

高額療養費制度とは

高額療養費とは、こういう制度やで。

- ▶ 条件：同じ月（1日から月末まで）にかかった医療費の自己負担額が高額になった場合
- ▶ どうなる：**自己負担限度額**を超えた分が、あとで払い戻される

自己負担限度額がいくらになるかは、年齢と収入水準で決まるんや。70歳未満・年収500万円（下の表の③）の人が、総医療費100万円の治療を受けると、自己負担限度額は約8.7万円になるな。窓口で3割負担の30万円を払っても、差額の21.3万円が後で返ってくるというわけや。
詳細についてはこの表を見てな。

✦ 自己負担限度額（70歳未満の人）平成27年1月診療分から

出所：全国健康保険協会

所得区分	自己負担限度額	多数該当
①区分ア （標準報酬月額83万円以上の方） （報酬月額81万円以上の方）	252,600円＋（総医療費－842,000円）×1％	140,100円
②区分イ （標準報酬月額53万円～79万円の方） （報酬月額51万5千円以上～81万円未満の方）	167,400円＋（総医療費－558,000円）×1％	93,000円
③区分ウ （標準報酬月額28万円～50万円の方） （報酬月額27万円以上～51万5千円未満の方）	80,100円＋（総医療費－267,000円）×1％	44,400円
④区分エ （標準報酬月額26万円以下の方） （報酬月額27万円未満の方）	57,600円	44,400円
⑤区分オ（低所得者） （被保険者が市区町村民税の非課税者等）	35,400円	24,600円

＊多数該当 … 診療を受けた月以前の1年間に、3ヵ月以上の高額療養費の支給を受けた（限度額適用認定証を使用し、自己負担限度額を負担した場合も含む）場合には、4ヵ月目から自己負担限度額がさらに軽減される

＊標準報酬月額 … 毎月の給与を区切りのよい幅で区分した金額。概ね、4月～6月の給与の平均額。

＊総医療費 … 保険適用される診察費用の総額（10割）。

あらかじめ「**限度額適用認定証**」の交付を受けておけば、病院の窓口で支払う金額が「**最初から自己負担限度額（先程の例では 8.7 万円）**」になるで。後で返金されるとはいえ、一度に多額のお金を用意するのは大変やろ？ そういう人のためのナイスな仕組みや。

こ、こんな制度があったなんて……！
もし 1 ヵ月で 300 万円の医療費がかかったとしても、自己負担額は 3 割の 90 万円じゃなくて……？

大丈夫。いくらかかっても「**自己負担限度額**」までの支払で OK や。さっきの表で計算すると、10.7 万円やな。

高額療養費制度のおかげで、悪いケースを想定したとしても、貯金が 100 万円ぐらいあれば医療費が払えなくなるということは考えにくいで。

全国健康保険協会の調査によると、高額療養費の認知度は 73.3％。つまり、**4 人に 1 人は高額療養費制度の存在を知らん**というわけやな。「限度額適用認定証」にいたっては、認知度が 42.3％しかない。

こういった便利な制度があることを知らない人たちが、不安に駆られて多額の民間保険に加入しとるんや。あえてこの制度のことを教えない、悪〜い保険勧誘員もいるんやで……。

まだまだあるぞ！ 健康保険のメリット

会社員が加入してる「健康保険」の場合は、まだまだたくさんのメリットがあるで。健康保険のメリットは、下記の通りや。

めっちゃ手厚い！	保険料負担	扶養制度	その他お得な制度
健康保険 会社員・公務員	会社と折半	あり	傷病手当金 出産手当金 など
国民健康保険 自営業 フリーランス	全額自己負担	なし	なし

まず、**保険料**。国民健康保険の場合は、全額が自己負担や。一方で、会社員の場合は保険料の**半分を会社が負担**してくれとる。つまり、保険料が割安ということやな。

次に、**扶養制度**。国民健康保険の場合は、扶養という考え方がない。妻1人、子1人いたら、妻子もそれぞれ国民健康保険に加入して、保険料を負担する必要があるんや。一方で、会社員の場合は、扶養という考え方があって、**妻子を扶養に入れると、彼らは保険料を負担する必要がない**。

傷病手当金というのは、病気やケガで働けなくなった時に生活を保障するために支給されるお金や。次の4つの条件を満たす時にもらえるで。

1. 業務外の病気やケガにより、休業していること
2. 療養のために仕事に就くことができないこと
3. 連続する3日間を含み、4日以上仕事に就けないこと
4. 休業中に、給与の支払いがなかったこと

受給期間は最大で**1年6ヵ月**。受給額は、ざっくり直近1年間の**平均月収の3分の2**になるで。参考として統計データを紹介すると、受給者の平均休業期間は19.28日、受給額は10万5,992円になってるで（全国健康保険協会　現金給付受給者状況調査報告　令和4年度）。

 まとめ：日本の健康保険は、世界最強の保険！

 日本の健康保険は、世界最強の保険と言われることもあるんや。民間の医療保険に入りまくっとる会社員は、よ〜く考え直した方がええで。

なるほどね〜。まだまだ不安はあるけど、見直してみるよ！

謎の不安を解消しよう！ 保険にまつわる Q&A

Q.1 必要最小限ではない保障、たとえば「先進医療」を受けたいなら、民間保険は必須じゃないの？

A. 先進医療って聞くと、「最先端の医療技術を使った素晴らしい医療」に聞こえるけど、実態は「効果があるかどうか検証中の、まだ保険適用になっていない医療」に過ぎないよ！
本当に効果がある医療は、ちゃんと保険対象になっていくからね。お金持ちだけが受けられる「病気が治る可能性の高い最先端の治療」なんて勘違い……してないよね？

Q.2 日本人の2人に1人はがんになるんでしょ？
がん保険はさすがに必要でしょ？

A. 「2人に1人はがんになる（※）」はホントだけど、若いうちはめったにならないよ。20歳〜40歳の人が、今後10年でがんになる確率は0.3%〜4.2%程度。（※）
がんの治療費は、高額療養費制度のおかげで、3人に2人は50万〜100万円の自己負担で済んでるよ。若いうちから、普通に貯金していけば良くない？
ど〜しても不安な人は、貯金が貯まるまでは加入してても良いかもね。

（※）国立がん研究センター　がん情報サービス

Q.3 実際に病気にかかった友人が、保険に入ってたおかげで助かった！って言ってたけど……。

A. もちろんそういう人だっているよ。でも、それは「保険」っていうギャンブルに勝っただけだね。確率的に言えば、金銭的に得する人の方が少ないんだ。
もし加入者みんながお得な思いをするなら、保険会社が潰れちゃうのはわかるよね？
パチンコで勝った人に「パチンコやった方が良い？」って聞いたら「絶対やった方がいいよ！」って言うのと一緒だね。
そもそも、保険料という名のギャンブル代を払わなくて済むように、普段から健康に気を遣った生活（バランスのとれた食生活、運動、ストレスを減らす、予防医療を受けるなど）と、しっかりとお金を蓄えていくことが大事だよ。

51

STEP 1 お金を《貯める》― 保険を見直そう ―

リスク② 障害が残って今まで通り働けなくなったら?
障害リスクを見直そう

実践すると ⋯▶ 等級に応じて障害年金を受給できる

見直しリスト　1. 通信費　2. サブスク　**3. 保険**　4. 家　5. 車　6. 税金

1年半以上の長い期間働けなくなっても、本当に大丈夫なの……?

これも社会保険でかなりカバーされてるで。それくらい社会保険は手厚いんや。次は障害年金の話や。

障害年金とは

　障害年金というのは、病気やケガによって、生活や仕事などが制限されるようになった場合に受け取ることができる年金や。年金という名がついているが、**現役世代の人も受給できるで**。障害年金には、次の2種類があるで。

①障害基礎年金（2級、1級）
②障害厚生年金（3級、2級、1級）

　自営業者・フリーランスは①だけ、会社員なら①＋②がもらえるで。受給額は、障害の程度や家族構成などによって変わるんや。

障害の程度は、次のようなイメージやな。

> **障害の程度**
>
> 1級：他人の援助を受けなければ、ほとんど自分の用事を済ませることができない。
> 2級：必ずしも他人の援助を受ける必要はないが、日常生活を送ることが極めて困難で、労働収入を得ることができない。
> 3級：日常生活を送ることはできるが、フルタイム勤務に耐えられない、軽作業しかできない。

1級・2級は日常生活が制限される状態、3級は日常生活は送れるものの労働が制限される状態や。

具体的に、どういう条件を満たすと、いくらもらえるの？

 重要なポイントやな。解説していくで。

障害年金を受給できる条件は？ いくら貰えるの？

障害年金は、ざっくり次の3つの条件を満たせば受給できるで。

> **受給条件**
>
> ① 「**初診日**※1」を証明できること
> ② 初診日に国民年金（厚生年金）に加入しており、**加入期間の3分の2以上、保険料を納めていること**（免除や猶予もOK）
> ③ 「**障害認定日**※2」に障害状態であること

※1 **初診日とは**
病気やケガで医師等に初めて診察してもらった日。

※2 **障害認定日とは**
初診日から**1年6ヵ月経過した日**、その期間内に病気やケガの症状が固定し**これ以上治療しても効果が期待できない状態**になった日。

ややこしいやろ？ ひとまず、「**原則、1年6ヵ月経っても働けない場合にもらえる**」ということだけ覚えておいたらええ。細かい条件がたくさんあるから、実際に受給を検討しなければいけないような状況になったら、会社の人事部や年金事務所へ相談すべきやな。

受給金額は、次のページの通りや。

障害年金の受給金額		3級	2級	1級
厚生年金	ベース	報酬比例(*)	報酬比例	報酬比例×1.25
	配偶者加給年金	—	234,800円	234,800円
国民年金	ベース		816,000円	1,020,000円
	子の加算		第1子・第2子 各234,800円	第1子・第2子 各234,800円
			第3子以降 各78,300円	第3子以降 各78,300円

＊612,000円の最低保障額あり（令和6年4月時点）

厚生年金の「報酬比例」と「配偶者加給年金」について補足するで。

報酬比例というのは、「年収水準や厚生年金の加入期間によってあなたの受給額は変わりますよ」ということやな。ざっくり、**平均年収×加入年数×0.005481**で計算できるで。加入年数が25年に満たない場合は、**加入年数＝25年とみなして計算される**から、若いうちに障害になってしまっても安心できるというわけや。

配偶者加給年金というのは、障害になってしまった人に生計を維持されている65歳未満の配偶者がいるときに加算される年金やな。

数字がゴチャゴチャしてきたから、モデルケースでまとめるで。35歳会社員。勤め始めてから今までの平均年収300万円。妻1人・子1人の会社員が「障害1級」に認定されたら、受給額は、ざっくり**年200万円（月額約16.7万円）**や。内訳は次のとおり。

35歳会社員。
勤め始めてから今までの平均年収300万円。
妻1人・子1人の会社員が「障害1級」に認定。

＊子とは…18歳になった後の最初の3月31日までの子、または20歳未満で障害等級1級または2級の状態にある子

障害基礎年金 … **816,000円 × 1.25 + 234,800円**（子の加算）
障害厚生年金 … **約41万円 × 1.25 + 234,800円**（配偶者の加算）

合計で 年額 **約200万円**（月額 **約16.7万円**）

なるほど〜。万が一働けなくなっても、**収入がゼロになっちゃうわけではない**んだね。

まさにセーフティネットということやな。

民間の就業不能保険は必要か？

めったに起きないけれど、万が一起こったら生活できなくなってしまうかもしれない。こういった出来事に備えるのが保険の意義であることを考えると、**「生きたまま稼ぐ力を失う」**という障害リスクについて、**就業不能保険も利用するというのは検討の余地がある選択肢**やで。公的保障の薄い（障害厚生年金のない）自営業者・フリーランスは特にやな。

一方、知っておいて欲しいのが障害年金（受給者数：約251万人）(※1)の受給原因の**約7割がうつ病などの精神障害**(※2)だということや。

そして、民間の就業不能保険は、そもそも精神障害を保障していない、保障していたとしても一生涯ではない、ということが多いんや。

精神疾患を抱える患者数は、平成14年：約260万人 → 令和2年：約615万人（厚生労働省「患者調査」より）と、激増しとる。それにもかかわらず、**多くの就業不能保険は精神障害について保障していない**ということは、認識しておくべきやで。

(※1) 厚生労働省「障害年金制度」 (※2) 日本年金機構「障害年金業務統計」

就業不能保険は**「必要性は大きいけど、かゆいところに手が届くコスパの良い保険が少ない」**というのがワシの意見や。公的な制度である障害年金よりも、障害認定の基準が厳しくて「保険金をもらえると思ったのに、もらえない！」というケースも少なくないようやしな。最近は保険内容が改良されてきとるようやから、今後に期待やな。

今の時点で、もしどうしても加入したいのなら、
・障害認定の基準が、公的制度と同じ
・精神疾患も多少はカバーしてくれる
・月額5万〜15万円の保険金を、障害の続く限り受給できる
・保険料は月1,000円〜3,000円
このぐらいの保障・保険料におさえておくことをオススメするで。

1年6ヵ月以上働けなくなったとしても、障害年金があれば少しは安心できるね。でも、まだ不安なことがあるよ！

 よっしゃ。この調子で、どんどん不安要素を潰していこか。

STEP 1　お金を《貯める》― 保険を見直そう ―

リスク③ 自分が死んだら家族はどうなるの？
死亡リスクを見直そう

💪 実践すると …▶ 家族構成に応じた補助を受けられる

📋 見直しリスト　1. 通信費　2. サブスク　**3. 保険**　4. 家　5. 車　6. 税金

リーマンくんは独身やし、**生命保険は不要**やな。死んでしまったときに「**経済的な意味で**」困る人が**おらん**からや。

ギクッ……なんとなく入ってたけど、確かに……。
もし僕が結婚して子どもが生まれたりしたら、そのときに検討するのが正解？

遺族年金の金額を踏まえたうえでやな。**民間の生命保険はあくまでプラスアルファ**。遺族年金で**足りない分だけ加入**すればOKやで。
そういうことを知らんと、メタボ保険料になっていくんや。解説していくで。

💪 大黒柱が亡くなった時は遺族年金を使おう

　「国民年金」や「厚生年金」の加入者が亡くなると、死亡当時に生計維持関係があった遺族に「遺族年金」が支給されるで。残された家族が、路頭に迷わないための制度やな。

　遺族年金には、次の2種類があるで。

　①遺族基礎年金
　②遺族厚生年金

　現役サラリーマンは①＋②、自営業者・フリーランスは①だけ（サラリーマン歴のある人なら②ももらえる可能性がある）やな。受給額は、家族構成などによって変わるんや。

56

遺族年金は結局いくら貰えるの？

受給額の計算イメージは、この通りや。（2024年の金額）
①遺族基礎年金…81万6,000円＋子の加算※
②遺族厚生年金…平均標準報酬額によって決まる
※子の加算…第1子、第2子は各23万4,800円。第3子以降は各7万8,300円。

②の遺族厚生年金の「平均標準報酬額によって決まる」というのは、サラリーマン時代の給料や賞与の水準で、受給額が変わるってことや。高給取りなら遺族年金も高額になるで。

もし僕に妻と子がいたら、いくらぐらい貰えるんだろう……。

年収別に受け取れる月額がざっくりわかる早見表があるから、それを見てみるとええで。

夫が死亡した場合に支給される月額イメージ		夫が自営業者	夫が会社員・公務員		
			年収		
			300万円	500万円	700万円
		遺族基礎年金	遺族基礎年金 ＋ 遺族厚生年金		
＊子どものいる妻	子ども3人の期間	約11.4万円	約13.9万円	約15.6万円	約17.4万円
	子ども2人の期間	約10.7万円	約13.3万円	約15.0万円	約16.7万円
	子ども1人の期間	約8.8万円	約11.3万円	約13.0万円	約14.8万円
＊子どものいない妻	妻が40歳未満の期間	なし	遺族厚生年金		
			約2.6万円	約4.3万円	約6.0万円
	妻が40歳～64歳の期間	なし	遺族厚生年金 ＋ 中高齢寡婦加算		
			約7.7万円	約9.4万円	約11.1万円
	妻が65歳以降の期間	妻の老齢基礎年金	遺族厚生年金 ＋ 妻の老齢基礎年金		
		約6.8万円	約9.4万円	約11.1万円	約12.8万円

＊子ども：18歳到達年度の末日までの子、または20歳未満で障害年金の障害等級1・2級の状態にある子。
出所：日本年金機構のwebサイトより「遺族年金の制度 遺族年金（受給要件・対象者・年金額）」をもとに試算

分かりやすい！ 僕の場合、年収約500万円だから、子どもが1人なら、ざっくり月額13万円の遺族年金が貰えるんだね。

そういうことや。仮に子どもが0歳のときに亡くなって約18年受給すると、受給総額は約2,800万円や。結構な金額やろ？

うん！ 生命保険については、遺族年金をふまえたうえで考えることにするよ！

STEP 1 お金を《貯める》— 保険を見直そう —

リスク④ 仕事を失ったらどうしよう？
失業リスクを見直そう

実践すると ⋯▶ 再就職まで一時的に補助を受けられる

見直しリスト　1. 通信費　2. サブスク　**3. 保険**　4. 家　5. 車　6. 税金

傷病手当金とか障害年金が、イザという時に頼りになるのは分かったんだけどさ……。

 なんや、まだ不安そうやな。

病気が原因で通院・入退院を繰り返すようになった結果、会社から戦力外通告されちゃう可能性もあるよね？やんわりと自主退職を促されたりとか……。

 うん、確かにそれはありうるな。

もし、仕事を失っちゃったら…？

 そんな時は雇用保険の「失業給付」が頼りになるで。解説するで。

雇用保険の「失業給付」とは？

　失業給付は、雇用保険の被保険者が失業した場合にもらえるお金や。このお金があれば、次の就職先を見つけるまでの間、生活費に困らんというわけやな。
　失業して雇用保険の被保険者でなくなってしまった人は、次の2つの要件を満たしていれば、失業給付を申請できるで。

失業給付の受給条件

①ハローワークに来所し、求職の申し込みを行い、**働く意思と能力がある**にもかかわらず、職業に就くことができない状態にあること

②原則として、離職の日以前 2 年間に、被保険者期間が通算 12 ヵ月以上あること

受給額の計算方法

受給額の計算方法は、この通りや。

「①賃金日額 × ②給付率 × ③所定給付日数」

うげぇ！と思うかもしれんが、そんなに複雑じゃないで。具体例で説明しよか。

▼ 例

年齢：35歳

勤続年数：13年

退職前6ヵ月の賃金総額：234万円
※賞与は含めない

…な人の場合

▼ カンタン！**3STEP**で受給額は計算できる！

STEP① 賃金日額を求める

234万円÷180日＝1.3万円

STEP② 給付率を掛ける

1.3万円×50％＝6,500円

STEP③ 所定給付日数を掛ける

6,500円×120日＝**78万円**

 受給総額！

給付率は、賃金日額や年齢によって変わるで。最低 45％〜最大 80％やな。賃金が低い人ほど高い給付率になるから、給料の低い人に優しい仕組みになってるんや。

所定給付日数は、手当をもらえる日数のことで、最低 90 日〜最大 360 日や。受給できる期間が短くなるか長くなるかは、次の 3 つで決まるで。

①離職時の満年齢
②雇用保険の被保険者であった年数
③再就職の難易度

自己都合退職なら、再就職の難易度は低め。障害者や急にリストラされた人なんかは、再就職の難易度が高めと判定されるで。

※給付率も所定給付日数も、非常〜に細かく設定されているので、詳細について知りたい人は厚生労働省やハローワークのホームページを見てな。

最後に 1 点だけ注意。自己都合で退職した人は、直ぐにお金をもらえるわけでなく、**約 2 ヵ月後（2025 年 4 月 1 日からは約 1 ヵ月後）**でないともらえないから気をつけてや。

失業給付の受給開始時期

退職理由が 自己都合 か 会社都合 かによって受給の開始時期が変わる。
会社都合 の方が受給の開始が早い。

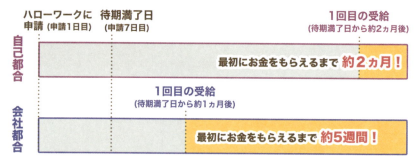

基本的な仕組みを理解できたら、あとは「失業給付の計算サイト」でシミュレーションするのが楽やで。
ググれば一発や！

便利なサイトがあるんだねぇ。計算方法を理解できてるから、何をどこに入力すれば良いかもバッチリわかるね。

まだまだある！雇用保険の手厚い給付

雇用保険のメリットは、失業中に「失業給付」を受けられるだけやないで。

・再就職できた時に支給される「**再就職手当**」
・ビジネススキルや資格の学習費用を一部負担してくれる「**教育訓練給付金**」
・育児や介護のために休業した場合にお金を受け取れる「**育児・介護休業給付金**」

いろいろなシーンで、お金がもらえるんや。国は、雇用を守ってこそ経済が回るということをちゃんと分かってるんやな。自営業者・フリーランスのための保険も、そのうち創設して欲しいとこやな。

 サラリーマンには、本当に手厚い保障があるんだね。だんだん分かってきたよ。

 ひとつずつ不安が小さくなってきたやろ？
よし、次いくで〜！

STEP 1　お金を《貯める》― 保険を見直そう ―

リスク⑤ 老後の生活はどうしよう？
老後リスクを見直そう

💪 実践すると ⋯▶ 年金への不安が減る！

☑ 見直しリスト　1. 通信費　2. サブスク　**3. 保険**　4. 家　5. 車　6. 税金

あとは……そうだ！ 老後の生活も不安だよ！ 僕らみたいな若い世代は、**将来年金もらえなくなる**って聞いたよ。

そんなことないと思うで。

……嘘だッ！ 僕は破綻寸前の公的年金なんかアテにしないぞ！ がっつり**個人年金保険**に入るんだ〜ッ！

愚かなり！！！！
公的年金制度は、**そう簡単には破綻せえへん**で。それに、個人年金保険なんか入らんでも、**経済的自由を目指す過程で十分な資産が貯まるから大丈夫**や。解説していくで。

🚩 年金はもらえなくなるの？

　年金制度は破綻しない！ ということに納得してもらうため、公的年金の財源についてさらっと説明するで。将来、年金をもらうことになった時に、どこからお金がでてくるのか？ という話やな。そもそも、公的年金には3つの財源があるんや。

　①現役世代が負担する保険料
　②税金等
　③積立金

これらが元手になって、高齢者（年金受給者）にお金が届けられるというわけやな。
　公的年金は仕送り方式や。①**現役世代が今支払った保険料**は、そのまま年金受給者へとわたっていくで。自分が将来受け取る年金を、自分で積み立てているわけではないということやな。

②**消費税**などの**税金**も、年金へと姿を変えて年金受給者へ支払われとるで。現役世代から保険料を集めるだけじゃ足りひんから、税金で補てんしているというわけや。

残りは、GPIF（年金積立金管理運用独立行政法人）等が運用している③**積立金**から、年金受給者に支払われるで。

令和3年度時点では、①＋②で**総額約54兆円**ものお金が集められてるんや。③積立金は、人口がもっと減ってきたら取り崩されることになっとる。約255兆円もの大金が、まだまだ大事〜にとってあるで。

- 年金制度の根幹を支える会社員・公務員（約4,600万人）は、強制的に年金保険料を天引きされてるから、**保険料の未納問題が起きない**
- 誰ひとり税金を納めなくなるなんてありえない
- 積立金は**上手に運用されている**（2024年3月時点で累計約154兆円もの収益）

今のところは、「年金制度は破綻しない」という前提で人生設計した方がイケてるで。破綻すると思ってる人は、ハッキリ言って勉強不足や。マスコミに煽られてるんちゃうかな。

なるほど……でも、年金制度が完全に破綻することはないとしてもさ、実際いくらくらいになるの？ それなりの金額をちゃんともらえるの？

 ええ質問やな。次は、受給額について見ていこか。

年金の受給額ってどれぐらい？

2024年4月時点では、受給額はざっくりこの通りや。

国民年金の受給額

　国民年金は、40年（480ヵ月）フルに保険料を納めた場合の金額やな。納付月数が少ないと、その分だけ受給額が減少するで（60ヵ月の未納がある場合：82万円×420ヵ月÷480ヵ月＝約72万円）。ちなみに、納付済期間（免除等含む）が**最低10年以上**ないと受給できないから、そこは注意してな。

厚生年金の受給額

　厚生年金の受給額は、仮に、
・勤続年数が40年
・その期間の平均年収を500万円
とした場合、40年×500万円×0.005481＝約110万円（年額）になるで。
　あくまで概算やから、正確な受給額は、その時になってみないと分からん。ただ、人生設計のうえでは十分に役に立つ数字やと思うで。

例：一般的な家庭（会社員の夫と専業主婦）の受給額

　ちなみに、厚生労働省のモデルによると、一般的な家庭（会社員の夫と専業主婦）の場合、受給額は月額約23万円になっとるな。内訳はこんな感じや。
・夫の国民年金：月額6.8万円
・夫の厚生年金：月額9.4万円
・妻の国民年金：月額6.8万円
　65歳で受給開始して、90歳まで生きるとしたら**総額6,900万円**になるな。これだけの金額を自力で用意しようとしたらキッツイで。

一般的な家庭（会社員の夫と専業主婦）の場合の受給額

- 夫（会社員）の厚生年金：月額9.4万円
- 夫（会社員）の国民年金：月額6.8万円

＋

- 妻（専業主婦）の国民年金：月額6.8万円

夫婦であわせて月額約23万円受給できる！

出所：厚生労働省HP

月額23万円かぁ。確かに、これなら生きていけないってことはなさそうだね。
でもさ、そもそも払い損になるならやっぱり保険料払いたくないなぁ。自分が納付した保険料より、もらえる金額の方が少なかったら意味ないじゃん？

損得の問題やな？ キッチリ、数字で解説したるで。

年金は払い損？

国民年金の場合

まず、国民年金から見てみよか。納付する保険料は次の通りや。

・国民年金保険料（40年総額）：約815万円

一方で、国民年金の受給額は、さっき説明した通り年額約82万円。平均寿命をベースに考えると、総受給額はこうなるで。

・男性（平均寿命81歳）：約1,300万円
・女性（平均寿命87歳）：約1,800万円

男性は支払った保険料の**約1.6倍**、女性は支払った保険料の**約2.2倍**の年金が貰えるというわけや。ざっくり65歳から**10年生きればモトがとれて**、その後は長生きすればするほど得になる。確率的にみると**払い損になる可能性の方が低い**な。

ちなみに、利回りでいうと、年利1.6％（男性）、年利2.3％（女性）に相当するで。定期預金金利が0.02％～0.4％程度のこの時代に、こんなに有利な利回りの商品は他にないやろな。

厚生年金の場合

次に、厚生年金。40年間の平均年収が500万円とすると、納付する保険料はざっくり次の通りや。
・厚生年金保険料（40年総額）：約1,800万円（※国民年金保険料も含まれる）

一方で、厚生年金の概算受給額は、40年×500万円×0.005481＝年額約110万円。国民年金の受給額（年額約82万円）を足すと、平均寿命をベースに考えた場合の総受給額はこうなるで。
・男性（平均寿命81歳）：約3,100万円
・女性（平均寿命87歳）：約4,200万円

年収・勤続年数次第やけど、男性は支払った保険料の**約1.7倍**、女性は支払った保険料の**約2.3倍**の年金が貰えるわけや。ざっくり**65歳から10年生きればモトがとれて**、その後は**長生きすればするほど得**になるで。

ちなみに、会社員・公務員に扶養されている専業主婦（主夫）は、**保険料を払っていなくても国民年金を受給できる**んや。めっちゃ優遇されとるやろ。これを考慮すると、さらにお得になるで。

世間で言われているような「確実に払い損になる」というもんではないということや。

まとめ：年金制度はよくできている

国民年金にしろ、厚生年金にしろ、
・生活の支えになる金額を受給できて
・払い損になる可能性は低く
・**長く生きれば生きるほど得**になり（終身年金）

- 保険料が所得控除になるので**節税**になる（所得控除については P.136 を参照）
- **受け取り時にも有利**な税制がある
- **遺族年金**や**障害年金**といった保障もある

といった感じで、国だからこそ作れる超優良な保険やと思うで。

ちなみに、年金制度の趣旨は「**相互扶助**」や。加入者同士、または現役世代と老後世代が、支え合って良い社会を作ろうというのが目的。だから、あまり損得だけで語るもんでもないということは、知っておいた方が良いで。

なるほど。制度の趣旨から考えても、保険料に見合う保障があるかという観点でも、年金制度はよくできてるんだね。

そういうことや。特に、民間保険の保険料を支払って、国民年金を未納にしてる自営業者・フリーランスとか、損得的にもありえへんで。

老後の生活は 公的年金＋個人資産 で！

結論、国民年金・厚生年金は、**民間の保険会社では決して作れないレベルの良い保険**ということやな。民間の個人年金保険とか話にならんで。お金を増やしたいのなら、まともな投資商品を買えば良いだけの話や。

日本は、これからますます少子高齢化が進行するんや。そういう意味では、年金制度が「今よりも改悪されていく」ことは避けられないやろな。とはいえ、日本がしっかり経済成長していけば、**30年後も今と変わらないレベルの受給額が維持されるという試算**もある。

最終的にどう転ぶか分からんが、多くの人にとって公的年金が「**老後生活の柱**」であり続けることは間違いないで。

いや～勉強になったよ～。もし僕が経済的自由に到達できたら、年金受給開始後は、公的年金＋資産所得ならゆとりのある生活ができるのかな！？

せやで。資産所得を得る方法は「増やす力」の章で解説するから楽しみにしててな～！

STEP 1　お金を《貯める》― 保険を見直そう ―

リスク⑥ 要介護状態になったらどうしよう？
介護リスクを見直そう

実践すると …▶ 老後の不安が減る！

見直しリスト 〉 1.通信費 〉 2.サブスク 〉 **3.保険** 〉 4.家 〉 5.車 〉 6.税金

あとは……そうだ！ 介護が必要になった時とかもお金かかるじゃん！ その辺はどうなの？

そういう時は**介護保険**があるで。
要介護状態になって介護サービスを利用した時に「その費用の自己負担が原則1割で済む」という保険や。
例えばヘルパーさんにサービス料5万円かかっても、自分が払うのは5,000円だけでOKなんや。

1割でいいなんてすごいね。どういう仕組みなの？？

40歳から保険料を納めることで、将来、自分がもし要介護認定されたら、**介護保険の恩恵を受けられる**ということや。

なるほどね〜〜。でも一応さ、社会保険だけじゃなくて民間の保険にも入っておいた方が良くない？

結論から言うと、「民間の介護保険」は**入る必要「一切無し」**や。

ええ！？ でもさ、日本ってこれからどんどん高齢者が増えて、どんどん子供が減るわけじゃん？ そしたらその介護保険だって維持できなくなるかもしれないじゃん！
そんな時に民間の保険があったら安心じゃない？

せやな。気持ちはわかるんやけど、まさに「**国ですら維持できない介護保険**」ってのがこの話のミソなんや！
介護保険の仕組みと合わせて、その理由について説明していくで！

介護保険制度の仕組み

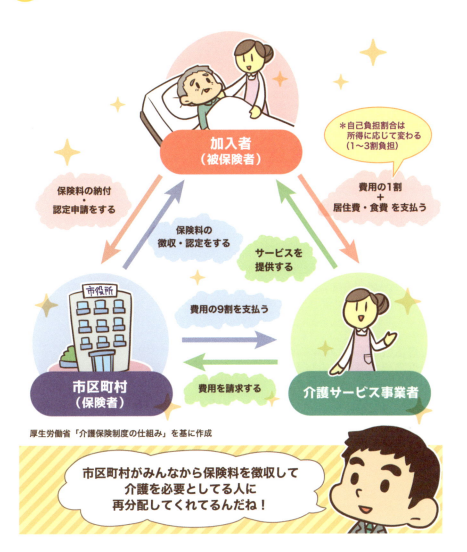

厚生労働省「介護保険制度の仕組み」を基に作成

市区町村がみんなから保険料を徴収して
介護を必要としてる人に
再分配してくれてるんだね！

STEP 1 お金を《貯める》— 保険を見直そう —

民間の介護保険はなぜ不要？

　民間の介護保険が不要な理由。それは、介護保険は、国・市町村でさえ運営が難しい「割に合わない保険」だから。

　保険は本来「めったに起きないけど起きたらヤバいこと」に備えるものや。だから、たくさんの人から保険料を集めるけど、実際に申請して保険を使う人数は超少ないことになる。

　それに対して、**年を重ねて「要介護状態」になってしまうのは「めったに起きないこと」ではない**んや。厚生労働省の調査によると、現在の要介護認定者数は707万人。この人数は、65歳以上の約5人に1人が要介護認定を受けているということや。つまり、介護保険に加入した人の多くが給付を申請することになってしまう。

　参加した多くの人が勝つギャンブル。そんなもん、まともにやってたら商売にならへんで。これを保険会社が商売として成立させるためには、**「かなり割高な保険料」**をとるしかない。

　つまり、**「ぼったくり保険」**にでもせんと、成立させることができへんのや。いくら将来が不安やからってわざわざ「ぼったくり保険」に入っても仕方ないやろ？　だから、おすすめはできへんねん。

STEP 1

お金を《貯める》― 保険を見直そう ―

そっか……。確かに病気やケガとはまた違うもんね。でも民間保険を使わないとなると、「社会保険」+「貯金」で備える必要があるんだよね……? 大丈夫かな……。

介護保険の存在を考えると、ひとまず「500万円」ほどの備えがあれば足りると言われとるで。
500万円って聞くと驚くかもしれんけど、これは40歳から65歳まで毎年20万円貯金すれば足りる金額や。
月々1.7万円弱やな。

う〜ん。40歳なら給料も上がってるだろうし、保険と違って要介護にならない場合は他のことに使えるお金だし、そう考えると意外といけそうかも。

せやで。もしこの金額を準備できなかったとしても、民間の介護保険がコスパ良く機能するとは到底思えへん。
コスパの悪い民間の介護保険のために、毎月お金を払い続けるのは筋が悪いで。
少なくともその分貯金しておく方がええな。

「介護保険」について、リベ大YouTubeチャンネルにて、学長が動画でも解説しています! 以下のURLをチェック!
https://liberaluni.com/book2#p71

STEP 1　お金を《貯める》― 保険を見直そう ―

リスク⑦ 出産時にかかるお金はどうしよう？
出産費用リスクを見直そう

👍 実践すると …▶ 出産・育休中に補助を受けられる

✅ 見直しリスト　1.通信費　2.サブスク　**3.保険**　4.家　5.車　6.税金

結婚して子供が生まれるとさ〜。出産費用がかかるし、仕事を休まなきゃいけなくなって給料も減るしで大変だよねぇ。もしかして、社会保険はこのあたりの不安も…？

そう、しっかりカバーしてくれとるで。子どもが生まれた時に受給できる「3種類のお金」を紹介しよか。

👍 ①出産育児一時金：出産費用をケアする制度

　出産時には約50万円の「出産育児一時金」が支給されるで。会社員やその家族(被扶養者)が入っとる「健康保険」や、フリーランスや自営業者が入っとる「国民健康保険」の制度やな。

　平均的な出産費用は50万円前後や。出産育児一時金は、健康保険から病院にダイレクトに支払ってもらえるで。

出産育児一時金は、会社員でもフリーランスでも同じようにもらえるんだね。

👍 ②出産手当金＆③育児休業給付：収入減をケアする制度

　出産や育児のために仕事を休んだ時の、一時的な収入減をケアしてくれる制度やな。もらえる金額は、産休・育休前の給料によって違ってくるで。

1. 出産のために仕事を休んだ場合（健康保険・共済組合）
　産前42日＋産後56日目まで、給料の3分の2程度の「出産手当金」が支給されるで。

72

2. 1歳未満の子のために育児休業をとった場合（雇用保険）

育休開始～180日目までは**給料の67%**、181日目以降は**給料の50%**の「**育児休業給付金**」が支給されるで。さらに、保育所に入れない時等は、支給対象期間は子どもが2歳になるまで延長されるんや。

会社員の保障は特に手厚い！

さて、具体例を使って、トータルでまとめてみよか。
・月給20万円の女性会社員が
・子供が1歳の時点で職場に復帰する場合

総額で約210万円ぐらいもらえることになるな（①出産育児一時金、②出産手当金、③育児休業給付金の合計）。出産費用だけじゃなくて、出産や育児で働けない間のお金も出してくれるわけやから、会社員の保障は本当に手厚いわな。

ちなみに、帝王切開とか切迫早産とかの場合は……？

それは、普通の病気・ケガと同じで原則3割負担やな。もちろん、高額療養費制度や傷病手当金の対象にもなるで。通常の出産費用＋10万円ぐらいで見ておけば安心やろ。

なるほど～。結局、出産のために民間保険に入る必要はないってことだね！

STEP 1　お金を《貯める》― 保険を見直そう ―

こんなにあるぞ不要な保険！
君の入っている○○保険は不要！

実践すると　⋯▶　毎月数万円の節約に！

見直しリスト　1. 通信費　2. サブスク　**3. 保険**　4. 家　5. 車　6. 税金

 というわけで、公的保険がカバーしてくれる**7つのリスク**について解説してきたわけやけど、感想はどうや？

いや〜、**想像以上に手厚い保障**があってびっくりしたよ。民間の保険は加入必須なものばかりだと思ってたけど、そんなことなさそうだね……。

 世の中、知らないと損することばかりなんやで。
よし、公的保険の知識が身についたところで、**必要な民間保険・不要な民間保険**を整理してみよか。

おさらい：保険の役割

本題に入る前に、重要なことやからもう一度「保険の役割」をおさらいしておくで。

　基本的に、保険というのは**「低確率・大損失」**のできごとに備えて加入するものや。必要な民間保険・不要な民間保険は、この視点で判断していくことになるで。

　日本国内で保険を売っている生命保険会社は、約40社。彼らが保険ビジネスをやることで手元に残る利益は、年間約2.7兆円もあるんや（生命保険協会調べ）。

　業界別の年収ランキングで上位に入る給料を支払える会社たちやからな。さすが、ガッポリ稼いどるわ。年収1,000万円を超える保険の営業マンはいくらでもおるで。

74

・大勢の人からお金を集めて
・少数の不運な人にお金を渡す

これが保険の仕組みやけど、保険会社はこの過程で**た〜っぷり利益を抜いている**というわけや。

保険というのは、言わば「**不幸が起きること**」に賭けたギャンブルみたいなもんや。自分が不幸に見舞われれば保険金が貰えるし、そうじゃなければ保険料はまるまるドブに捨てることになるわけやからな。確率的に、**数少ない得する人**と**大勢の損する人**が生まれるのが、保険の本質や（大勢が得する商品は、ありえない）。

一方、民間の保険会社というのは**カジノの胴元**みたいなもんで、ギャンブルの参加者（＝保険の購入者）が勝とうが負けようがどうでもええんや。なぜなら、自分たちはギャンブルの参加者達から「**参加料＝手数料**」を抜くことで、安定的に儲けられるからな。一番おいしいポジションにいるんやで。

なるほどねぇ。保険会社に手数料たっぷり抜かれるし、そもそも自分に不幸が起きる確率も低い。
保険は、損する確率の方が高いんだね。

そういうことや。だから「**民間保険は入るな**」が基本戦略になるんや。ど〜しても必要な時だけ、しょうがなく加入するもんやで。

※補足：公的保険の保障が厚い理由
みんなから集めた保険料だけではなく、**税金等を投入**して運営しているから。なんと、財源の約4割は税金なんやで。お客さんから集めた保険料だけでやりくりしている民間の保険会社が、公的保険より良い保険を作るのが難しいのは当然のことやな。

STEP
1
お金を《貯める》── 保険を見直そう ──

必要な民間保険は3つだけ

以上をふまえて**厳選された民間保険**が、次の3つの保険や。

① 火災保険

掛け金に見合うリターンありなので入ろう。賃貸なら年間4,000円程度で入れる。入居の際に業者オススメの保険に入った場合は、保険料が高い可能性があるので見直しをしよう。

② 対人対物（無制限）の損害保険
＊車・自転車持ちのみ

もしも大きな事故を起こしてしまったら、巨額の賠償金が必要になる。相手のためにも自分のためにも必ず入っておこう。なお、車両保険はコスパが悪いため不要。

③ 掛け捨ての死亡保険
＊子供（自活できない身内）がいる場合のみ

自分が一家の大黒柱の場合は、遺された家族が生活に困らないように入っておこう。ただし遺族年金と貯金で生活できる場合は加入不要。

＊ちなみに住宅ローンがある場合は？
ローン契約時に団体信用生命保険に加入していれば名義人が死亡するとローンの支払いはなくなるぞ！

　火災・事故・早逝。いずれも低確率で起きることやけど、万が一発生したら損失が非常に大きいできごとやな。公的保険でカバーされていなかったり、保障額が不足していたりするので、民間保険の出番があるというわけや。（火災保険は P.104、自動車保険は P.124 で解説するで）

　なお、自営業者・フリーランスの場合は、注意すべき点も多いものの、**就業不能保険**（P.55）を検討する余地があるで。
　生命保険は**掛け捨て一択**や。貯蓄型の保険は一切不要や（理由は後述）。

せっかくだから、もっと具体的に知りたいなぁ〜。
おすすめの掛け捨て生命保険ってないの？

あくまで2024年9月現在ということで、おすすめ商品を例示しておくで。
「**同じ保障額なら、保険料は安いところを選べ**」。
この鉄則に従って選んでるで。

おすすめ掛け捨て生命保険（2024年9月 現在）

① FWD生命【FWD収入保障】

特徴

- 非喫煙優良体なら保険料が最安水準
- 30歳男性で月10万円（保険期間65歳）の保障をつけて**月額2,072円**
  （例：40歳で亡くなると、40歳〜65歳まで毎月10万円・**総額3,000万円**もらえる）

② メットライフ生命【スーパー割引定期保険】

特徴

- 非喫煙優良体なら保険料が最安水準
- 30歳男性で、**2,000万円**の死亡保障をつけて**月額2,280円**（保険期間20年更新タイプ）

遺族年金（P.56）も考慮すれば、それなりの保障額になるで。

- 住宅ローンを組んで団体信用生命保険（亡くなるとローン返済がチャラになる保険）に加入している人
- それなりの貯金・資産を蓄えている人
- 稼ぐ力のある配偶者がいる人

　こういう人は、上記レベルの保険で十分やと思う。「子どもが社会人になるまでの養育費・教育費をケアすればよい」と考えれば、**保険金額・保険期間をさらにカットできる**かもしれんし、そもそも民間保険自体が不要かもしれん。もちろん、個々人の生活水準・価値観によるところはあるけどな。目安としては、生命保険料だけで月5,000円以上払っとるなら「保険をかけすぎ」の疑い濃厚や。

おすすめの保険会社は都度変わるので、以下のWebページにて最新情報をご紹介しています！
https://liberaluni.com/book2#p77

不要な民間保険

最後に、「不要な民間保険」についてまとめて解説していくで。

①医療保険
②養老保険・終身保険
③個人年金保険
④学資保険
⑤その他の不要な保険（ペット保険、地震保険、外貨建て保険等）

① 医療保険

病気やケガで入院・手術をした時に、給付金を受け取れる保険やな。国民1人あたりの医療費の平均額は、年間約35.9万円（このうち、**原則3割が患者負担**）や。

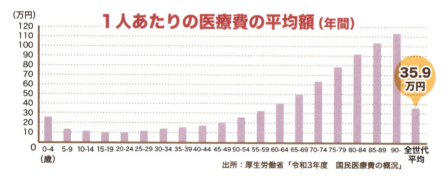

出所：厚生労働省「令和3年度 国民医療費の概況」

治療に大金がかかると言われる「白血病」だと、1入院あたりの医療費は約200万円（※）。公的保険・高額療養費制度を考慮すると、**自己負担は数十万円程度**やで。平均入院日数も50日弱やし（※）、「死亡」と比較して**経済的損失が大きいリスクとは言えへんやろ？**

上のグラフを見ればわかるとおり、歳を重ねると医療費は多くかかるようになる。これを見ると将来を不安に感じるかもしれんが、歳を重ねるにつれて病気にかかるリスクが高まるというのは、当たり前のことや。何回も説明してきたように、**高確率で発生するリスクに対しては、保険商品は成り立たん。**

・将来に備えて年間10万円の保険料を払い続けて
・20年後（保険料合計200万円）、病気やケガになって150万円保険金が返ってくる

なんていう、アホみたいな話になりかねへんで。

結論、病気・ケガには「**公的保険＋貯金**」で備えるべきや。百歩譲って、民間の医療保険の出番があるとしたら、貯金が貯まるまでの繋ぎやな。

なるほど〜。たしかに自己負担の金額を考えると、万が一の備えは貯金で十分まかなえそうだね。

それに、保険金は病気にならな使えへんけど、貯金やと、もし仮に病気にならんかったとしても、いつでも自分の好きなタイミング・用途で使えるで！

（※）健康保険組合連合会「令和2年度 新生物（悪性及び良性・その他の新生物）の動向に関する調査」より

② 養老保険・終身保険

「保険」と「貯蓄」の両方の機能を備えた、掛け捨てじゃないタイプの生命保険やな。**高い保険料・少ない保障額**が特徴や。

少ない保障という点で、保険として意味を成してないことがわかるやろ？ **大損失に対する備えにならん**わけやからな。何のために保険に入ろうとしているのか、もう一度考え直すべきや。

・「保険」をかけたいなら、掛け捨てで「少額保険料」「高額保障」の保険を選ぶ
・「貯蓄」したいなら、預金を選ぶ

これが、もっとも効率的やで。保険加入の目的にも合うし、ムダな手数料を抜かれへんおかげで、しっかりお金も貯まるからな。

「医療保険」「養老保険」についてリベ大 YouTube チャンネルでも解説しています。詳しくはこちら！
https://liberaluni.com/book2#p79

③ 個人年金保険

老後に備えて自分で積み立てる年金やな。以下の理由で、まったく不要や。

・終身年金ではない（長生きリスクに対応していない）
・利回りが低すぎる
・インフレに対応していない

国民年金と比較すると、こんな感じやな。

✦ 国民年金と個人年金保険の比較

	形式	利回り	インフレ対応	税優遇
国民年金	終身年金	1.6〜2.5%(*)	あり	掛金金額が所得控除
個人年金保険（円建て）	有期年金	0.5%前後	なし	掛金金額または一部が所得控除

＊平均寿命（男性81歳、女性87歳）まで生きた場合

最近の研究では、「2007年に日本で生まれた子供の約50%が107歳より長く生きる」という研究結果（※）もある。**「かな〜り長生きする」というのは、高確率で起きる出来事**なんや。高確率で発生するリスクに、保険商品は成り立たん。お金を増やしたいのなら、保険ではなく、「投資」をすればええ。

※節税メリットをやたら強調して、個人年金保険を支持する人もおる。そういう人は、たいてい利回りの計算方法を間違ってるから気をつけてな。

（※）厚生労働省「「人生100年時代」に向けて」

 利回りの詳しい計算方法については、YouTube で学長が解説しています。以下の URL をチェック！
https://liberaluni.com/book2#p80

④ 学資保険

学費を貯めるのによく使われる保険やな。以下の理由で、まったく不要や。

・利回りが低すぎる
・保障が少なすぎる
・インフレに対応していない
・途中解約で元本割れのリスクがある

子供の教育費が必要になるというのは、**高確率で（ほぼ確実に）発生する出来事や。保険商品は成り立たん**で。しっかりとした資金計画を立てて、貯蓄・投資で対応すべきやな。

もっとも、学資保険そのものは、契約者が損するリスクはそれほど高くない。超低利回りで毒にも薬にもならない中途半端な保険やけど、いわゆる「ぼったくり保険」の類ではないな。

問題は、これが「**ドアノック商品**」ということや。学資保険の契約がきっかけで保険会社とお付き合いが始まって、あれやこれやと**余計な保険**に加入させられてる人、結構おるんやないか？

ドアノック商品とは
新規のお客様との接点を作るための呼び込み商品のこと

⑤ その他の不要な保険（ペット保険、地震保険、外貨建て保険等）

ペット保険も不要やな。**低確率・大損失に備えたものじゃない**からや。しかも、

・保険適用外の病気が多すぎる
　（慢性疾患、予防医療、高額手術には使えない）
・病院代が全額出るわけではない（3割は自己負担）
・1年毎更新のものでは、老齢になると更新できないケースも

など、使い勝手も最悪や。飼い主の責任としてすべきことは、保険加入以外にいろいろあると思うで。

地震保険も微妙やな。

通常の火災保険では補償されない、地震・噴火・津波を原因とする損害に備える保険や。「大災害」という低確率・大損失の事態に備えるという意味では、価値ある保険のはずなんやけど……意外と**保険金が出にくい**んや。次の3つが原因やな。

①保険金額は、**火災保険の50%**が上限
　（例：火災保険で建物の保険金額を3,000万円にしたら、地震保険の保険金額は1,500万円が上限）

②保険金の支払額は、**時価**が上限（経年劣化・使用に伴う消耗分は**補償されない**。）

③**損害の状況**によって、保険金の支払額が「**(時価の) 5%、30%、60%、100%**」と変わる（100%出るケースは少ない。）

東日本大震災のときでさえ、被災した人の**7割**が「**一部損**（補償額は時価の5%）」という判定やった。あと、マンションはほとんどの場合「一部損」になるで。

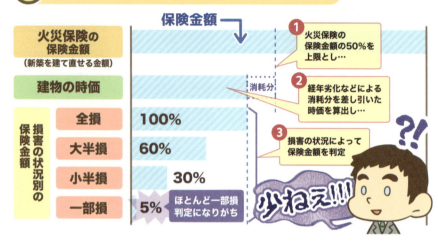

　最後に、**悪名高き外貨建て保険**について。養老保険・終身保険・個人年金保険などの貯蓄性のある保険に関して、外貨建て保険が非常に流行っとる。売り文句は「保険でお金が増やせます！」
　せやけどその実態は、ぼったくりや。外貨建て保険で安全にお金を増やせるのは、お客さんじゃなくて、これを売った「銀行」「保険会社」やで。

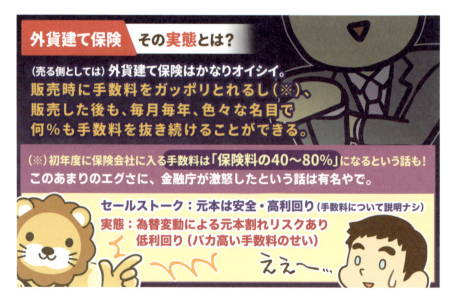

カラクリに気づいたお客さんから、生命保険会社に寄せられる「苦情」は、毎年軽く 1,000 件を超える（生命保険協会によると、2019 年度にはなんと 2,822 件）。気づいてないだけで、損している人はもっともっと多いはずや。

　詳細を知れば、ほとんどの人が買わなくなるのが外貨建て保険や。契約して数年内に解約すると、支払った保険料の 50％とか 60％しか戻ってこない。こんなゴミみたいな投資商品、他にあるやろか？　差額のお金は、いったいどこに消えたんやろな？　お金を増やしたいのなら、まっとうな「投資」をすべきやで。

いや～、あまりにも「不要な保険」が多くて目が回ったよ。でも、これらの保険をカットできたら、めちゃくちゃ家計が良くなりそうだね！

保険の見直しは、**効果抜群**やで！
最後に、「払い済み保険の罠」について解説しとこか。

払い済み保険の罠

　保険の見直しをした結果、「この保険はいらない！」ということが判明したとするわな。掛け捨て保険は、解約 or 減額しておしまいなんやけど、問題なのは**「貯蓄型の保険」**や。きっと、保険の営業マンはこんなこと言ってくるで。

保険の営業マン

解約したいんですか？　でも、今解約すると、せっかく積み立てた 100 万円が 70 万円しか戻ってきませんよ？
もったいなくないですか？　払い済み保険にしましょうよ。

払い済み保険というのは、
・現在の契約の保険金額を減らす代わりに
・保険料を軽減する方法

のことや。たとえば、保険金額 1,000 万円の終身保険を払い済み保険にすると、今後の保険料を 1 円も払わなくてよくなる代わりに、保険金額が 300 万円になるといった感じや。

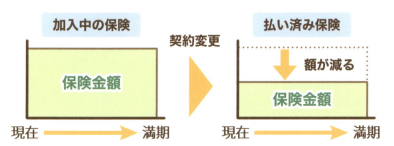

へー、それなら損しないじゃん。
今後の保険料も発生しなくなるから家計にも優しいし、悪いモノじゃないんじゃない？
解約して損が出ちゃう方がイヤだな〜。

愚かなり！！！！
これも、保険会社がよく使うトリックの１つなんやで。

払い済み保険は、要は「**保険の再契約**」なんや。イメージとしては、

①今の保険をいったん解約する
②解約返戻金を受け取る
③その解約返戻金を全額使って、すぐに新たな保険に入り直す

こんな感じやな。これらを、**まとめて一瞬でやっとる**わけや。

例えば今まで総額 100 万円の保険料を払っていたとして、解約返戻金が 70 万円だとする。払い済み保険にした場合の新たな保障額は、**70 万円がベース**になって決まるで。

解約返戻金を受け取って、その解約返戻金で加入できるレベルの保険に入り直しただけなんやから、**いったん損が確定した事実に変わりはない**んや。何が手元に残るかの違いやな。

解約する	払い済みにする
現金（解約返戻金）が手元に残る	解約返戻金で加入できるレベルの保険が手元に残る

⚠ 保障内容が格下げされた保険を再契約しているのと同じこと！

でも、払い済み保険の場合は、「解約返戻金」が増えていきますよ？
70 万円 → 71 万円 → 72 万円みたいに。
長く契約を続ければ、最終的にはお得に……。

これもよくあるトークやけど、本筋に戻って考えるべきやな。

・払い済み保険の保障額で、**そもそも保障は足りるのか？**
・払い済み保険では、**特約（保障）が失われてしまう**がそれでいいのか？
・お金を増やしたいのなら、**保険より投資の方が良いのではないか**？

ワシとしては、

・解約して解約返戻金を受け取る（損切り）
・保障が必要なら、掛け捨てで最低限のものに加入する
・余裕ができたら、投資にチャレンジする

というのをオススメするで。解約返戻金70万円を投資に回して、年利5％で運用すれば15年後には約150万円になる。そういう考え方ができるかどうかやな。

そもそも最初の数年〜十数年で解約したら、何十％もマイナスになるような保険を契約しちゃいけなかったってことだね。貯蓄型とか言ってるけど、貯金とは全然違うじゃん！

そういうことやな。高い勉強代やったと思って、諦めるしかないわな。さて、ここまでの話をまとめるで！

まとめ

・保険は、**低確率・大損失**に備えて入るべきもの
・日本は公的保険が充実しており、**7つのリスクをカバー**している
・公的保険が優秀なのは、保険料の他に税金を投入して制度を支えているから
・必要な民間保険は**3つだけ**
・払い済み保険に気をつけろ

結局、こうやって**シンプルに考えるのが一番**ええんや。

・**貯蓄は貯蓄**
・**保険は保険**
・**投資は投資**（「増やす力」の章で、解説するで）

貯蓄＋保険、保険＋投資みたいな商品はいらん。**混ぜるな危険！** というやつやな。

 まだまだ保険への不安がぬぐえない方は、YouTubeで学長が詳しく解説しています。以下のURLをチェック！！
https://liberaluni.com/book2#p85

STEP 1 お金を《貯める》― 家にかかる費用を見直そう ―

賃貸 VS マイホーム お得なのはどっち？
家の《リセールバリュー》を考えよう！

実践すると ⋯▶ 生涯で数千万円分の"家の負債"を回避

☑ 見直しリスト ＞ 1.通信費 ＞ 2.サブスク ＞ 3.保険 ＞ **4.家** ＞ 5.車 ＞ 6.税金

毎月の保険料も下がったし生活が凄く楽になってきたよ！ あと気になるのは家賃かな〜。
毎月の家賃を考えるとマイホームを買った方がお得なのかな？ 学長はどう思う？

人によって前提条件が違うから「マイホームだから得」「賃貸だから得」って答えの出し方はできへんで。
ただ、「経済的自由に近づきたい」という前提であれば、

・リセールバリューの高い家を買えるならマイホームの方が得する
・リセールバリューの高い家を選ぶ自信がない人は賃貸の方が得しやすい

ということになるな。

り、りせーるばりゅう？

聞いたことない言葉かもしれんけど、大事なことやから順を追って解説していくで。

リセールバリュー（いくらで売れるか）の考え方

　リセールバリューとは、「購入した物を、再度販売するときの価格」のことや。昔買ったものが今いくらで売れるのか？という考え方やな。買った時と同等か、それ以上の金額で売れるものを買える人は経済的ゴールに近づくで。

リセールバリューを意識して買うと こんなに差が出る！

例 一戸建てを買うとして…	Aの家	Bの家
購入価格	4,000万	3,000万

そして30年後、いろいろあって家を売ることになり…

売却価格	3,000万	1,500万
実質の負担額	1,000万	1,500万

Bの家の方が安いな

あれっ Aの方が得してる?!

Aの家の方がリセールバリューが高い（＝資産価値が高い）ので最終的には負担が少ない！

リセールバリューの考え方は どんな買い物の時にも役立つ！

 スマホとか… ゲームとか…

iPhoneは高いけど売る時も高く売れるな…
1〜2年ごとに売却して最新機種を乗り継いだらコスパ良く使えるかも！

このゲームは中古でも高く売れるから値下がりするまで我慢せずに発売日にゲットだぜ！

売る時の価格（リセールバリュー）を意識すると、目先の価格に惑わされずに**未来のことまで見据えた満足度の高い買い方ができるようになる！**

なるほどね〜。買う値段も大事だけど、**売った時の値段も考えないといけない**ってことか。……でもリセールバリューの高い家ってどんな家のことを言うの？

それじゃあ具体的に、リセールバリューが高い家ってどんな家なのかを教えるで。

リセールバリューの高い家ってどんな家？

マイホームを、「建物」と「土地」に分けて考えてみよか。

まずは「建物」やけど、イギリスやアメリカの建物と違って日本の建物は「**完全な消耗品**」ってことを覚えといてな。どんな建物でも毎年価値が減少していって、木造の場合は20～25年ぐらい経つと価値がほぼゼロになるで。

「建物」の価値はゼロになるんやから、つまり**リセールバリュー**が高くなるマイホームというのは、「良い土地に建っているマイホーム」のことになるんや。もっと具体的に言うと「**値上がりする土地**」に建っている家ということやな。

リセールバリューが高くなる例

- 一等地（都心・駅近）
- 人気エリア（住みたい街ランキングで上位）
- 住環境が良い（日当たりが良い、閑静、有名な公立学校が近くにある）
- 人口増加地域 etc…

リセールバリューが安くなる例

- 残念な立地（田舎、駅遠）
- 不人気エリア（住みたい街ランキングなどで話題にならない）
- 住環境が悪い（日当たりが悪い、騒音、近くの公立学校が荒れている）
- 人口減少地域 etc…

リセールバリューの高い家は
- **売ってよし**（売却益が出る）
- **持ってよし**（自分で住み続けても、住宅の価値が下がらない）
- **貸してよし**（ローン返済額や住宅維持費以上の家賃収入が入る）

と、どうなってもお金を生んでくれる。

なるほどね〜！ OKOK、理解した。それじゃ、サクッとリセールバリューの高い家を買うことにするよ！

さて、ここでリーマンくんに大事なお知らせです。
モチベーション上がってるところ悪いんやけど、**不動産の素人がリセールバリューの高い新築マイホームを買うのは…………無理です！！！ 99%無理！！**

 えーーーーーっ！？ リセールバリューの高い新築マイホームって買えないの！？

 まあ不動産の素人には無理や。
ホンマやめといた方がいいマジで。

いや……なんで決めつけるの！？ 全然納得いかないよ！
僕は1%の希望に夢見て頑張って探すよ！

 夢見るリーマンくん、まずはこちらをご覧なさい。

リセールバリューの高い物件の購入は難しい

〜経済成長もないこんな世の中じゃ〜

　日本は「人口減少・空き家増加・地価下落」と散々な状態に陥ってる（これらのデータを表したグラフは次のページを参照してな）。基本的に、**資産価値の上昇は見込みづらい。**

　海外だと使用価値がある物件にはちゃんと値段がつくんやけど、日本ではさっき説明したとおり、20年〜25年で資産価値がゼロ円になる傾向がある（日本の不動産市場では、税制上、築古の建物は必ず評価額が低くなる。そして、最終的に上物の価値がゼロ円になるんや。たとえ使用価値が残っているとしてもやで）。

　もっと言うと、一等地はすでに開拓済みで、とうの昔に建物が建ってしまってるんや。資産価値のある良い土地は資産家が手放さんしな。これから新築が建つような土地なんて、余りものもいいとこやで。

　こんな状況で**リセールバリューの高い新築マイホームを探すのは超高難度**。たまに出るわずかな当たり物件も、不動産投資上級者の投資家や資産家が優先的に手に入れるから、素人が当たり物件を手に入れるのはかなり難しいねん。

89

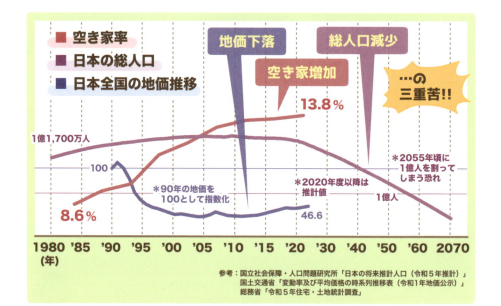

というわけで、リセールバリューの高い家を買うのはマジで難しいんや。そんな中から当たり物件を探し出せるなら新築マイホームを買ってもいいけども……買う自信ある……?

………ないっすね。
でも、マイホームなら結局自分が住むわけじゃん? 少々リセールバリューの低い家を買っても、賃貸で家賃を払い続けることを考えたら釣り合いが取れるんじゃない?

あっアカンで! その考え方は危険や!
よく「賃貸で家賃を払い続けるくらいなら、そのお金でマイホームを買う方がお得」っていう意見を聞くけども、その考え方で家を買うと 99% 負債になるんや。

「家賃を払うよりマイホームがお得」って本当?

　よく聞く「家賃を払うくらいならマイホームを買う方がお得」って意見は、不動産屋が家を売るために言ってるだけやで。仮に、
・賃貸の場合の家賃が 10 万円
・マイホームのローン返済が 8 万円
としてみよう。

一見マイホームの方が2万円お得に見えるけど、マイホームっていうのは「買った瞬間が一番コスパが良い」んや。新築ピカピカの家に月8万円で住めるんやから、得な気がするやろ？

でも残念ながら、住宅は日々劣化するんや。10年後、20年後、家がボロくなった後にもローン返済額は変わらず8万円なんやで。住宅の劣化＆地価下落のダブルパンチで資産価値が落ち続けてるのに、**ローン返済額は変わらへんのや。**

しかもそれだけちゃうで。住宅の劣化・地価下落の他に、もっとたくさんのリスクがあるんや。

リスクの例

- 金利が急上昇してローンが払えなくなる
- 病気やリストラで収入が減り、ローン返済が滞る
- 転勤やご近所トラブルで住めなくなる
- 津波、地震などの災害で住めなくなる
- 離婚や死別などにより、家族構成が変わる
- 周囲の住環境が変わる（高層マンションが建つなど）

さらに言うと、新築マイホームには**多額のコストが上乗せ**されてるんや。不動産会社の人件費、広告費などやな。

- 価値が下がり続ける可能性が高いものを
- 多くのリスクを背負って
- 多額の手数料を払って買う

残念やけどこれが今の新築マイホームの現実や。

なるほど……「買った瞬間が一番コスパ良く見える」っていうのは盲点だったかも……。
10年、20年後まで意識しておくことが重要なんだね。

 そうそう、だからリセールバリューを基準にして考えることが大事なんやで。
一生にかかわる大きな買い物やからこそ、手放す時のことまでイメージしておこうな。

STEP 1 お金を《貯める》— 家にかかる費用を見直そう —

こんな場合はマイホームの方がメリットがあるのでは？

Q.1 この先35年分の居住費を試算したら、賃貸の家賃よりマイホームの購入費の方が安い！ これなら買う意味があるのでは？

A. 「購入価格以外にかかる費用」もちゃんと計算に含めた？ 家賃以外にも、
- ローンの金利
- 火災保険
- 固定資産税
- 修繕費 などなど、マイホームはいろいろお金がかかるよ！

～ 自分の35年後の居住パターンを色々想像してみよう！～

築35年のマイホームに住んでいる
ローン返済 8万円

築35年の賃貸物件に住んでいる
家賃 4.2万円

築4年の賃貸物件に住んでいる
家賃 7万円

Q.2 高齢者になった時に住む場所に困るのでは？

A. お金があれば高齢者でも貸してくれる家はたくさんあるよ！ 人口はどんどん減ってるから、今でも空き家は急増中で貸したい人の方が多くなっていってるのが日本の現状なんだ！

う～～ん、賃貸の方がリスクが少ないのはわかってきたけど、でもマイホームは夢だし「自分だけの家」に憧れがあるよ！

 その気持ちはわかるで。でもな「経済的自由」を目指すのであれば、数字と感情は分けて考える必要があるで。

マイホームのメリット

マイホームを「建物」と「土地」に分けて考えた時に、以下の点からリセールバリューの高い物件を選びにくいというのは、解説してきた通りや。

- 「建物」…木造の戸建ては、20年〜25年で価値がゼロになる
- 「土地」…人口減少・空き家増加等に伴う地価下落の可能性

 一方、この10年でぐんぐんと資産価値を伸ばしてきたマイホームもある。それが、**都市圏のマンション**や。

不動産価格指数(住宅) ＜令和6年4月分・季節調整値＞　　出所：国土交通省

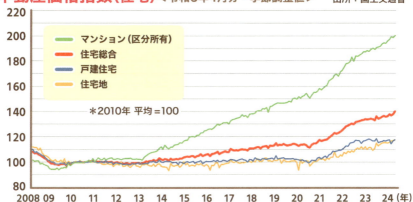

値上がりの主な要因は次の4つ。

① 2013年の異次元の金融緩和以降、**超低金利**が続いていること（ローンを組みやすい）
② 好立地マンションの**供給数が少なくなった**こと（希少性UP）
③ マンションを**相続税対策**として利用する富裕層が増えたこと
④ コロナ禍（2020年〜）や ウクライナ戦争（2022年〜）などの影響で、**建物の原価（建築資材価格、人件費等）が高騰**したこと

追い風に追い風が重なって、過去10年は土地・建物ともに価格が上昇。都市圏のマンション価格は2倍近くに成長したというわけやな。

都市圏のマンションを買えた人達は、

- 一国一城の主になれたという達成感／充実感
- マイホーム（＝縄張り）を確保したという安心感
- 終（つい）の住処について考えなくて良くなるという安心感

という、マイホームが持つ「感情面でのメリット」を十分に享受したうえで、「経済的なメリット」も得られた。まさに万々歳や。

ワシは、マイホームに感情面で大きなメリットがあることも、経済的に得する可能性があることも分かっとる。それでも「マイホームの購入は慎重に！」と言うのは、**マイホームが足かせになって経済的自由が遠のいてしまった人**を多く見てきたからや。

　日本で不動産を買おうとすると、手数料、登記費用、各種保険料・税金等でざっくり物件価格の 7%ぐらい持っていかれる。建物には **10%の消費税**がかかるし、物件価格には不動産屋の人件費・広告費などがたっぷり乗っとる。**物件の本来的な価値とは無関係なところで、いきなり 20%～30%ぐらいのお金が消える**わけや。

　今後 25 年で人口が 3000 万人も減る日本で、このデメリットを覆すのは簡単な話じゃない。確かに今、日本では念願のインフレが起き始めとる。「**失われた 30 年**」から脱却して、賃金やマイホーム価格も上がり続けるかもしれん。せやけど、**もし脱却できなかったら？**

・4,000 万円で買った家を、2 年後に売ろうと思ったら 3,200 万円にしかならなかった
・月 15 万円の住宅ローンの支払いが重すぎて、貯金や投資どころじゃない

こういう人は、本当に少なくないで。

- **賃貸暮らしだったせいで、経済的自由が遠のいた人はいない**
  （引越しすれば、すぐにでも家賃を下げられる）
- **マイホームを購入してしまったせいで、経済的自由が遠のいた人はいる**
  （損切りにより、数百万円～の損失が確定する）

　　　　このことは、しっかり認識しておくべきやな。

数字と感情を分けて考えよう

　家について考えるときは、数字と感情を分けて判断するのが大切や。家選びで失敗しない大切なコツのひとつは「感情は置いておいて、まずは金銭的な損得だけを計算すること」やで。

「家族のためにいい家に住みたい」
「マイホームを持つのが夢」

みたいなのは感情。ほとんどの人間は感情の話を別にして考えな、的確な判断ができへんねん。

　だからまずは**金銭的損得**だけで判断して、その上で**感情を加味**して判断するようにしたらええで。そうすれば、身の丈以上のお金を使ってしまって、家の**ローンで苦しむ未来は回避**できるはずや。

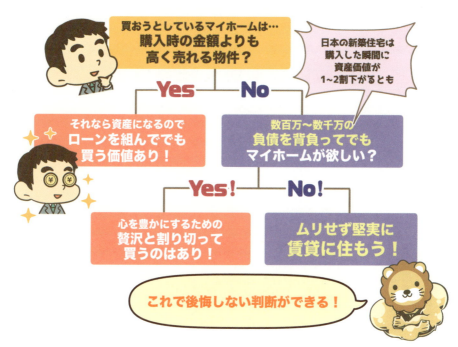

ワシもマイホーム買う人を全員止めたいわけじゃないねん。金銭的負担や負債になる確率が高いことをきっちり理解した上で買うのは全然OKや。
ただ「経済的自由を目指す」という意味では大きな足かせになるのは間違いないんや。

リセールバリューの高い家を買う自信はないし、経済的自由は諦められないから、賃貸に住むしかないかも……！

今はその考えでええ。後の「稼ぐ」の章で不動産賃貸業についても教えるから、どうしても諦めきれんなら、リセールバリューの高い家を買えるぐらい目利きができるようになってから検討しよう。

家の出費を抑えたい人の王道は、やっぱり「賃貸に住む」ことやな。次はお得に賃貸に住む方法を解説していくで〜。

STEP 1　お金を《貯める》─ 家にかかる費用を見直そう ─

リセールバリューが高い家を選べない人は
賃貸に安く賢く住もう！

💪 実践すると ⋯▶ 生涯の住居コストがグッと下がる

✅ 見直しリスト　1. 通信費　2. サブスク　3. 保険　**4. 家**　5. 車　6. 税金

リセールバリューの高い家を買う自信もないし、浪費として数千万の負債を背負って家を買うのも嫌だから、**家は賃貸でほどほど快適に住めればいい**や。

せやで、それなら賃貸の方がいい。ワシは「家を買わなきゃ一人前じゃない」みたいな考え方は**もう古い**と思っとるしな。

 賃貸の利点：状況の変化に応じて住居を変えやすい

変化の激しいこの時代、「気軽に引越しができる」のは賃貸ならではの大きなメリットや。

・**家族構成の変化に対応しやすい**
　結婚・離婚、子供が生まれたり自立して出ていったり、歳をとった親と同居したり、といった家族構成の変化に柔軟に対応できる。

・**転勤や転職で勤務地が変わっても大丈夫**
　持ち家の場合、貸したい値段で貸せないリスク・売りたい値段で売れないリスクがある。賃貸なら気にせず引っ越せる。

・**経済状況の変化にあわせて家のグレードを変えやすい**
　「収入が減ってしまったから家賃を下げたい」「収入が増えたからもっと良いところに住みたい」にタイムリーに対応できる。

・**住環境が悪化した時に引越ししやすい**
　建物が老朽化したり、周辺環境が悪化（日当たりが悪くなる、隣人トラブルが発生した時）した際に場所を変えられる。

・**世界レベルの環境変化にも対応しやすい**
　ウイルスのパンデミックに伴う生活の変化（職住近接・リモートワーク）や災害・気候変動に伴う住環境の変化にも柔軟に対応できる。

"最も強い者が生き残るのではなく、最も賢い者が生き延びるのでもない。唯一生き残るのは、変化できる者である"（By ダーウィン）

どんな変化にも対応して生き残れる人こそ、まさに「**一人前のオトナ**」やろ。

なんとなく、賃貸に住み続けるのは持ち家と比べて不安定で弱いイメージがあったんだけど……。
こうして情報整理してみると、身軽っていうポジティブなイメージかも！

無理な住宅ローンを組んで、リセールバリューの低い家を買うくらいなら、**賃貸の方が将来の選択肢を広げやすい**で。それに、賃貸にかかる費用ってもっと下げられるんやで。

えっ！ どういうこと！？

フフフ……、賃貸で借りるのに「お金を払いすぎ」ているケースは非常に多いんや。

①正しい予算を認識して、適正家賃の家を選ぶ
②正しい知識を身につけて、ムダなコストをカットする

これらを上手くやれば、**一生のうちに数百万円のコストが浮く**！ これから詳しく解説するで！

STEP 1 お金を《貯める》― 家にかかる費用を見直そう ―

家を借りる前に
「正しい予算」を認識しよう！

💪 実践すると ⋯▶ 家賃貧乏にならない

☑ 見直しリスト　1. 通信費　2. サブスク　3. 保険　**4. 家**　5. 車　6. 税金

家を借りる前に、まずは予算の確認からや。
「適正な家賃」っていくらやと思う？

手取り月収の3割ぐらい？

一般にはそんな感じで言われとるな。でも、よく気をつけて欲しい。「払える家賃」と「経済的自由に繋がる家賃」はまったく別物なんや。

「払える家賃」と「経済的自由に繋がる家賃」は別物

　賃貸物件を借りる時には、必ず「入居審査」が行われる。大家さんや保証会社が、「この人は本当に家賃を払えるかな？」といったことをチェックするワケや。この時には、入居希望者に月収ベースで「家賃の3倍以上」の収入を求めることが多いと言われとる。（※）

希望する家賃別　月収・年収の目安　＊ボーナスを含まない手取り年収

月々の家賃	月収	年収
5万円	15万円	180万円
6万円	18万円	216万円
7万円	21万円	252万円
8万円	24万円	288万円
9万円	27万円	324万円
10万円	30万円	360万円
11万円	33万円	396万円
12万円	36万円	432万円
13万円	39万円	468万円
14万円	42万円	504万円
15万円	45万円	540万円

　家賃7万円の部屋を借りるには、月収21万円以上が基準になるということやな。家を借りる人の目線で見ると、家賃の目安は「手取り月収の3割ぐらい」になるというワケ。

（※）UR「賃貸物件の入居審査で求められる年収基準。収入額別の家賃の目安は？」
https://www.ur-net.go.jp/chintai/college/202105/000675.html

ただ、勘違いしないで欲しい。これは、あくまでも「**払える家賃**」や。このぐらいなら、家賃を滞納せずに払い続けられそうでっせ、という目安に過ぎない。「**経済的自由に繋がる家賃**」ではないんやな。

経済的自由を目指す人にとって、「良い家」というのはズバリ「**お金がゴリゴリ貯まる家**」や。**今住んでいるところで、貯金や資産が増えているか？**

Yes → 「経済的自由に繋がる家賃」を払っている → 良い家！
No → 「払える家賃」を払っているだけ → 良くない家……

というワケやな。

経済的自由なんてどうでも良い！ただ快適に暮らしたい！そういう人が「払える家賃」を払うことは何にも否定せん。何にいくらお金を払って豊かに暮らすかは、個人の価値観の問題やからな。

一方で、経済的自由を手に入れたい！という人は、適正な家賃についてあらためて考え直して欲しい。自分が「このぐらいが適正かな？」と感じる家賃水準の **8 割〜 9 割**が「**経済的自由に繋がる家賃**」であることが多いで。皆、払いすぎや！(笑)

家賃を制する者は、蓄財レースを制す

住居は、生活の土台や。限界まで予算を割り当てて、快適な暮らしをしたい気持ちはよく分かる。でも、モノゴトには順序があるからな。経済的自由を優先するなら、「家賃の高いところに住む」のは後にしないとアカン。

・先に家賃の高いところに住む → 一生、経済的自由に到達できない
・**先に家賃の安いところに住む → 経済的自由に到達できる**
　（蓄財が進めば、今まで考えられなかったような「家賃の高い家」にも住めるようになる）

家賃の高い家に住むと、高い家具、高い車、高い洋服、高い雑貨、全部セットでついてくるからな（家賃 50 万円のタワマンに住んでるのに、軽自動車には乗れんやろ？(笑))。ライフスタイル自体が高くつくようになるワケや。逆に言えば、質素な家にはシンプルなライフスタイルがついてくる。家賃を制する者は、蓄財レースを制す。ここで倹約できる人は、強いで！

自分が思ってた家賃から、**1 割〜 2 割落として物件を探して**みるよ！

その意気や！くどいようやけど、お金が貯まれば「**豪華な家**」にも住めるようになる。あくまで**順番**の問題やからな。未来は明るいで〜。

STEP 1 お金を《貯める》— 家にかかる費用を見直そう —

仲介業者の相見積もりで"ぼったくり"回避！
賃貸物件を安く借りよう

💪 実践すると ⋯▶ 賃貸契約時の料金が数万円安くなる

☑ 見直しリスト　1. 通信費 〉 2. サブスク 〉 3. 保険 〉 **4. 家** 〉 5. 車 〉 6. 税金

賃貸物件を安く借りる方法を教えるで。この4ステップや。
1. ネットで物件を探す
2. 【重要】仲介手数料が **0.55ヵ月以内** の仲介会社に、問い合わせフォーム等から初期費用の概算見積もりをお願いする（複数社ある場合は **必ず相見積もりをとる**）。
3. 2で **一番安い値段を出してくれた会社** に内見をお願いする。
4. 内見して物件が気に入ったら正式な見積もり書を貰う。値下げ余地がある項目があれば交渉（お願い）してみる。

えっ、そもそも「仲介手数料」って仲介業者によって変わるの？ 法律とかで決められてるんじゃないの？？

仲介手数料の **上限は原則家賃の 0.55ヵ月** と法律で決められてるのに、法律を無視したり、都合の良い解釈をしたりで上乗せしてる業者がめっちゃ多いねん。
適正料金で部屋を紹介してくれる仲介業者を選べば、10万円以上安くなる 場合もざらにあるで。

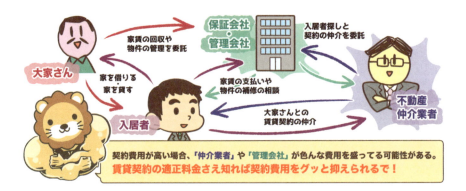

契約費用が高い場合、「仲介業者」や「管理会社」が色んな費用を盛ってる可能性がある。
賃貸契約の適正料金さえ知れば契約費用をグッと抑えられるで！

STEP 1

お金を《貯める》― 家にかかる費用を見直そう ―

ええ！？ 知らなかったよ！

仲介手数料に限らず、賃貸契約はぼったくられポイントが多すぎるんや。みんな大好きラーメンのトッピングに例えて説明するで。

 賃貸契約時のぼったくられポイント

盛りすぎだろ！！！！

せやで。それやのに、みんな賃貸となると知らずに払ってるんや。だから、とにかく最初に相見積もりで良心的な業者を選ぶのが大事や。
店舗で色々な物件を紹介・案内してもらいたいタイプの人（ネットを使って自分である程度物件を決めてしまうことができない人）は、最初に相見積もりがとれない分ぼったくられリスクが高くなるから注意してな。

賃貸契約の初期費用・チェックポイント一覧

仲介業者の出した請求書をチェックしてみよう！

■…「強気」で値下げ交渉
■…「相見積もり」で上乗せリスクを回避！

項目	金額	備考
敷金	72,000	
礼金	72,000	業者が上乗せしている可能性。
賃料	72,000	
共益費	8,000	
保証会社加入料	80,000	家賃の50％が相場。100％だと業者が上乗せしている可能性。
仲介手数料	72,000	賃借人の同意がなければ、法律的には家賃の0.5ヵ月分までしか請求できない。
書類作成費/事務手数料	10,000	仲介手数料に含まれると明確に法律で定義されている。別途支払う必要はない。
ハウスクリーニング	20,000	業者が上乗せしている可能性。
鍵交換費用	30,000	相場は1万円ぐらい。業者が上乗せしている可能性。
火災保険	22,000	業者指定の保険は割高。なお、契約後の乗り換えによっても安い保険にできる。
その他オプション 宅配ボックス・室内ディフューザーなど	20,000	オプションはあくまでオプション（任意）なので、不要な場合は毅然と断ろう。
合計	478,000	

※相見積もりで上乗せリスクを回避できる項目は、交渉（値下げ）でも値下げ・拒否できる余地がある。ただし、業者も百戦錬磨なので、難しい交渉をするよりも最初から良心的な業者を選ぶ方がラク。

相場を知れば悪徳業者にぼったくられない！
必ず相見積もりを取って良い仲介業者を見極めよう！

各項目の交渉ポイント

・仲介手数料

　法律で入居者から取れるのは**原則家賃の 0.55 ヵ月以内と決まっとる**（※）で。その上で最近は最初から無料にしてくれている業者も多いんや（仲介手数料は大家からも貰っているため）。

　悪い業者は契約前に手付金を要求してきたり、あたりまえのように 1 ヵ月分の仲介手数料を要求してくるけど、0.55 ヵ月分を超える仲介手数料をもらうためには客側の同意が必要やから、同意できないなら払う必要はないで。

・家賃・共益費

　家賃交渉が入る想定で**元々少し高めの設定にしていることが多い**で！交渉ポイントや！

　ただ漠然と下げてほしいというよりも、近隣住宅の家賃や相見積もり時の家賃を参考に、「この金額になれば契約する」という交渉の仕方がおすすめやで。

・害虫駆除・室内消毒

　費用だけとって実際は作業しない業者もいるから注意や。やったとしても市販の消臭スプレーをちょっとシュッシュッってやって終わりとかな。効果がないから「要りません」とハッキリ伝えような。

・保証会社加入料

　入居者が家賃が払えなくなったとき、大家さんに家賃を立て替え払いするのが保証会社やな。連帯保証人をつけるなどすることで、「保証会社への加入ナシで契約したい」と交渉してみるのもアリ。

（※）出典：国土交通省 宅地建物取引業者が宅地又は建物の売買等に関して受けることができる報酬の額
https://www.mlit.go.jp/totikensangyo/const/content/001750229.pdf

見積書に違和感があるところはしっかりと交渉するんやで。
最初の時点で相見積もりを取らなかった人は特に気をつけてな。
もし先方の回答に誠意を感じなければ、次の仲介業者さんに行くべきや。

分かった！まずは相見積もりで**適正料金を提示してくれる良い業者**を選ぶ！交渉できるところは交渉する。断るべきものは断る。
これでだいぶ安くできそうだな〜！

STEP 1 お金を《貯める》― 家にかかる費用を見直そう ―

仲介業者がすすめる火災保険に要注意！
火災保険を安くしよう

実践すると …▶ 年間で数千円安くなり補償もアップ！

見直しリスト 〉 1. 通信費 〉 2. サブスク 〉 3. 保険 〉 **4. 家** 〉 5. 車 〉 6. 税金

家を借りる時にほとんどの人が加入する「火災保険」は、**見直せば、さらに安くできる可能性が高いで。**

火災保険って火事の時の保険だよね？ **賃貸契約時に仲介業者の人に勧められた火災保険じゃダメなの？**

火災保険自体は必要や。でもそうやって**業者にオススメされた火災保険ほど、価格が高く、補償が薄い「ぼったくり保険」である可能性もある**んや。
どういうことか解説していくで。

 ## 業者指定の火災保険は、ぼったくりの可能性大

業者指定の火災保険は、業者側にマージンが入ってるで。
・必要な補償がついて無くて使い勝手が悪い。
・なのに無駄に保険料が高い。
と、良いこと無しや！ 火災保険は以下のどちらかから選んでや。

・【格安プラン】価格は安いけど、補償は必要最低限の火災保険（年間 3,000 円前後）
・【しっかり補償】価格はそこそこで、補償はしっかりしている火災保険（年間 8,000 円前後）

間違っても「価格は高いクセに、補償は必要最低限の保険（年間 1 万円前後）」に入ったらあかんで（補償内容の違いは P.115 で解説してるで）。

今まで一度も火災保険を見直したことがない人は「今すぐ」見直した方がいい。補償内容にもよるけど、場合によっては年間 1 万円かかっていた火災保険が、4,000 円くらいまで下がる可能性もあるんや。

104

気になるギモン！〜教えて！ヒトデ先生〜

Q.1 賃貸契約時に「火災保険を自分で選びたい」と言ったら、断られた場合はどうすればいい？

A.
火災保険の紹介料が仲介業者や管理会社の儲けになっている面もあるから、断られることもあるよ。
交渉するだけしてみて、無理そうなら<u>いったんは言われる通り契約しておいて後日乗り換えを検討</u>しよう。
ここでモメて、借りたい部屋を借りられないのも本末転倒だからね。

Q.2 管理会社に確認せずに勝手に火災保険を乗り換えて大丈夫？

A.
契約書を確認しよう。「指定の火災保険」と記載がなければ<u>自由に乗り換えてOK</u>だよ。そもそも法律的に、火災保険の加入自体を義務付けることはできるけど、加入する保険会社を指定することはできないからね。
ただし、契約書で指定されている場合は勝手な変更はできないから、管理会社に相談してね。
保険を解約すると保険の残存期間に応じて返戻金（へんれいきん）があるから、早めに火災保険を乗り換えることで、最低限の支払いのみで済むよ！

Q.3 持ち家でも見直した方がいい？

A.
持ち家でも<u>業者に勧められるままに入ったなら見直した方がいい</u>よ！
持ち家の場合は賃貸に比べて条件が複雑だから、一括見積もりサイト等を利用して比較するのがおすすめだよ！

Q.4 最低限の補償としっかり補償の違いがわからないよ

A.
P.114で火災保険の本当の活用方法について教えるよ！活用すれば家を無料で直せたり、何十万もお得になるんだよ！

おすすめの火災保険は移り変わりが激しいので、以下のWebページにて最新情報をご紹介しています！
https://liberaluni.com/book2#p105

STEP 1 お金を《貯める》― 家にかかる費用を見直そう ―

入居後でも家賃交渉はできる！
賃貸物件の家賃を下げよう

💪 実践すると ⋯▶ 家賃が数千円安くなるかも

☑ 見直しリスト　1. 通信費　2. サブスク　3. 保険　**4. 家**　5. 車　6. 税金

もうこの家も住み始めて 5 年になるよ。家賃も入居前にもっと交渉すればよかったな〜。

別に入居中でも家賃交渉って超簡単にできるんやで。とりあえず ネットで自分の住んでるマンションを検索 してみ？

ん？ それと家賃交渉になんの関係が……（検索中）
……って、あれっ！ 家賃 6 万円 !?
ウチ、同じ間取りの部屋で家賃 7 万円なんだけど！

キミが入居した頃より家賃相場が下がったんや。今の相場に合わせて、大家さんに交渉してみる価値はあるで。

 ## 家賃交渉って本当に成功する？

　日本では、基本的に **家の価値は古くなるほど下がる**。ということは、**家賃もそれだけ一緒に下がる** んやで。数年前に入居した人と、今入居する人で家賃が違うなんてこともザラや。
　だから自分の部屋の家賃相場を調べて「家賃を現在の相場の○万円にしてください」って大家さんに交渉すると良いで。

　大家からすると、「**退去されるくらいなら、家賃を下げてでも長く住んでもらいたい**」のが心理やから、交渉に応じてくれることも多いで。大家は空室になるのが一番困るからな。

　だって大家の立場で考えてみ？ もし君が引越してしまったら、新規入居者を募集するためには、部屋のリフォームをしなあかん。さらに入居者募集のための広告費も家賃 1 〜 2 ヵ月分かかる。
　もちろん現在の相場まで家賃を下げないと結局次の入居者は見つからん。しかも入居者が見つかるまで、空室の家賃分の売上は 0 のままやしな。

な？めっちゃお金かかるし、結局家賃は下げなあかん。それなら、家賃を1万円下げてでも今の入居者に長く住んでもらう方が、**大家からしても得**なんや。

だからダメ元で「家賃を現在の相場の◯万円にしてください」って言ってみ？もちろん状況や大家さんのスタンスによっては通らんこともあるけど、値下げ交渉は正当な権利。気後れせずに堂々と交渉しよう！

 ## 交渉のポイント！〜教えて！ヒトデ先生〜

Q.1 家賃の相場ってどうやって調べたらいいの？

A. ネットで今住んでいるマンションの、間取りが同じ部屋の家賃を調べよう！
ネットに自分のマンションの賃貸情報が載ってない場合は、近隣の似たような間取り、築年数のマンションの家賃を調べればOK。

Q.2 家賃交渉って誰に連絡すればいいの？

A. まずは管理会社へ連絡しよう。
管理会社がなかなか動いてくれない時は、大家さんに直接連絡しよう！

Q.3 交渉する時期はいつがいい？

A. 家賃の値下げ交渉はいつでも可能。
2年に1回の更新時期が交渉しやすくはあるけど、もし直近で契約更新をしていたとしても値下げ交渉は法的に認められてるよ！

Q.4 交渉のコツはある？

A. 交渉前に要求する家賃の値下げ額をきちんと決めること。「いくらでもいいから安くして！」では絶対にNG。近隣相場を必ず調べてから交渉に臨もう。

▼ 交渉時に使える言い回し
①今の相場と同じ家賃にしてください。（値下げの根拠）
②家賃下げてくれたら長く住むつもりです。（交換条件）
③家賃を下げてくれないなら退去予定！契約の更新もしません！（ダメ押し）

大家さんも人間だから、値下げ根拠は示しつつ、感情を逆撫でしないような交渉をするのが大事だね！

STEP 1 お金を《貯める》— 家にかかる費用を見直そう —

不当請求されてないかチェック！
賃貸の退去費用を適正金額まで下げよう

💪 実践すると ⋯▶ 退去費用が数万円安くなる

✅ 見直しリスト　1. 通信費　2. サブスク　3. 保険　**4. 家**　5. 車　6. 税金

賃貸は入居時だけじゃなくて、退去時もぼったくりが横行してるで！退去費用は賃借人の無知につけこんで上乗せされることが多いねん。

えっそうなの!?　いや、高いなとは思ってたけど、適正金額が分からなくて結局相手の言い値で払っちゃってたよ……。

明らかに自分の過失で部屋を傷めてる状態でもなければ、ワンルームの退去費用の相場は高くても5万くらいやで。それより高いとボラれとる可能性がある！

ボラれてない？退去費用のチェックポイントはここ！

ぼったくられポイントを探せ！
右の退去費用請求書でぼられている項目はどこかな?!

請求項目	単価	数量	金額
清掃費（契約書記載）			¥40,000
クロス			¥100,000
床			¥150,000
ダボ			¥3,000
洗面台			¥50,000
ゴム			¥2,000
諸経費			¥10,000
修繕費合計			¥355,000
消費税			¥35,500
請求金額			¥390,500

STEP 1 お金を《貯める》―家にかかる費用を見直そう―

- 答え - ほぼ全部

原状回復ガイドラインに基づいて交渉するとこうなる！

俺のターン！国土交通省の『原状回復をめぐるトラブルとガイドライン』を召喚!!

請求項目	単価	数量	金額
清掃費（契約書記載）			¥40,000
クロス	貼り替え範囲の㎡記載がない。汚した一面だけを貼り替えればいい。		¥100,000
床	修繕の範囲と費用の根拠が不明。そもそも負担する義務がない場合も。		¥150,000
ダボ			¥3,000
洗面台	何をどう修繕する必要があるのか詳細不明		¥50,000
ゴム			¥2,000
諸経費	内容が不透明		¥10,000
		修繕費合計	¥355,000
		消費税	¥35,500
		請求金額	¥390,500

⚠ これは退去者の無知につけこんでカモろうとしているパターン！

ぐわああ

請求項目	単価	数量	金額
清掃費（契約書記載）			¥40,000
クロス	¥1,100	15㎡	¥16,500
		修繕費合計	¥56,500
		消費税	¥5,650
		請求金額	¥62,150

修繕の対象、範囲、費用が明確になった！

ええ、こんなに金額変わるの!?
こんなのぼったくりどころか不当請求じゃん！

そう。悪意のある管理会社や立ち会い業者に当たってしまうと、退去者の無知につけ込んで、本来支払う義務のない退去費用を上乗せしてくるんや。

怖っ！ うーん、でもなぁ……。
ぼったくられてるのか、それとも本当に僕が支払うべきものなのか判断できないんだよな。全部の業者が悪徳ってわけじゃないし。

だから退去前に「自分で支払うべきもの」は何かを知っておくことが大事やで。
ここからは退去時に賃借人が負担すべきものと、そうでないものを解説していくで。

退去時に無駄なお金を支払わないために、理解しておくべきものは《原状回復義務》やで。

「退去時は原状回復費用を払わないといけない」ってよく聞くね！……けど、そもそも《原状回復》って何？ 部屋を借りた時の状態に戻さないといけないってこと？

ちゃうで！《原状回復》とは！
普通に生活していれば発生してしまう傷みや汚れ「以外で」物件に与えてしまったダメージを復旧することやで。 よく勘違いされてるけど、「賃借人が借りた当時の状態に戻すこと」ではないから注意してや！

ざっくりわかる《原状回復》

原状回復とは「借りた当時の状態に戻すこと」じゃない！
自分が負担すべき箇所を正しく理解しておこう！

賃借人が負担しなくていい損耗
通常の生活で発生する傷みや汚れ

- 経年による壁紙の黄ばみ
- 畳の日焼け
- 家具設置によるフローリングの凹み

など

賃借人が負担すべき損耗
自分の過失で発生した傷みや汚れ

- 子供の落書き
- タバコのヤニ汚れや焦げ跡
- 物をぶつけた破損

など

＊鍵交換代とハウスクリーニングは契約書内容による

退去者負担の場合も全額負担が必要なわけじゃない！

原則、傷めた箇所だけ直せばいい
壁紙やフローリングは基本的に㎡単位で修繕。（一部例外を除き）一面・居室全体の修繕は不要。

経年劣化・通常消耗で部屋の価値は下がるので…
耐用年数に基づいて、残存価格で賠償する。（新品の値段で払わなくていい）

　《原状回復》の詳細は国土交通省のホームページで公開されている『原状回復をめぐるトラブルとガイドライン』で確認できる。
　ガイドラインを読んで《原状回復》の定義を理解しておくと、不当請求を見抜けるようになるで！

原状回復でぼったくりを回避する2つのポイント

原状回復の費用でぼったくられないために、まず知っておいてほしいのは以下の2つや。

① 経年劣化は負担しなくて良い

日常使いですり減ったり汚れたりする分は負担しなくても良いんやで。例えば、冷蔵庫を置いてて床が凹んでたり、クロスが日焼けしてしまったり、畳が擦り減ったり、時計をかけるために開けた小さな穴等は負担しなくてOKや。

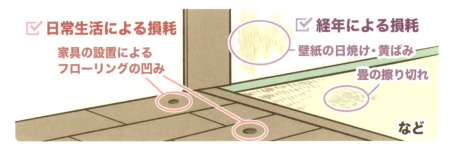

☑ **日常生活による損耗**
- 家具の設置によるフローリングの凹み

☑ **経年による損耗**
- 壁紙の日焼け・黄ばみ
- 畳の擦り切れ

など

② こちらの過失であっても、新品価格を負担しなくて良い

例えば、新品のクロス。この価値は6年で1円になると決まっとる。だからキズをつけてしまった場合でも、新品代金を負担する必要はない。「6年住んだ後だから負担ナシ（3年住んだ後なら半額負担）」「わざと落書きしたから、落書きを消す人件費は負担してね」くらいの話が基本や。

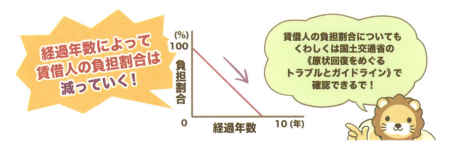

経過年数によって賃借人の負担割合は減っていく！

賃借人の負担割合についてもくわしくは国土交通省の《原状回復をめぐるトラブルとガイドライン》で確認できるで！

借りてた家を傷つけたら直すのが当たり前ってなんとなく思っちゃうけど、確かに時間が経てば劣化したり、通常の使用でも損耗するものはたくさんあるよね。

無知につけ込んで請求してくる業者も多いからホンマに気を付けてや。

実践！退去時の交渉を有利に進めるための5つのポイント

ここからは退去時の交渉をトラブルなく進めるためのポイントをまとめて紹介していくで。

❶ 退去に関するやりとりは、メールや録音で必ず記録を残す

後から言った言わないでもめないように、**記録を残すことが超重要！** 業者がいい加減なことを言えないように、入居時・退去時ともに、必ずメールやLINEでやりとりを残そう。電話や口頭でやりとりした時は、「確認のためメールも欲しい」とお願いするとええで。記録があると、いざという時に専門家にも相談しやすいで。

❷ 部屋の状態を、写真や動画で必ず記録に残す

入居時や明け渡し前に、**部屋の状態を写真や動画で詳細に撮影しておく**のを忘れずにな。写真や動画が、不当な請求から守ってくれるで。5分で作れるお守りや。

❸ 解約の精算書は金額に合意できるまで絶対にサインや支払いをしない

請求金額に納得できるまでは書類にサインや支払いをしないことも覚えておいてや。「サインをしないと退去が完了しない」「清掃費などの特約に記載されている費用は先に支払いしてください」「払わないと解約できないから、来月も家賃が発生する」等と言われる場合もあるけど、合意していない請求を支払う必要は一切ないで。

❹ 解約申請書は管理会社が用意したものを使わず自分で用意する

管理会社が用意した解約申請書は、相手に有利な条件が記載されていることが多いで。例えば「退去にかかる費用に全て同意し、必ず支払うこと」とかやな。
業者のやり方に怪しさ・不誠実さを感じる場合には、**自分で解約申請書のフォーマットを用意・記入して配達証明で送る**ことを検討してや。

❺ 退去立ち会いをしない

立ち会い時に強面の人が来て、強引に解約の精算書へサインを求められるという事例は少なくない。業者に不信感がある場合は、**立ち会いをしないことも選択肢の1つ**やで。実は法律上、部屋の明け渡しに立ち会いは不要。解約予告期日までに退去申請をして、退去日までに対面配達で鍵を返送すれば明け渡し完了や。

ちなみに、契約書に「退去立ち会い必須」の記載がある場合に、仕事や家族の事情で立ち会いが出来なかったとしても、解約通知と鍵の返却で退去自体は完了するで。

👉 おさらい：退去費用を下げるポイント

1 退去前に《原状回復》の定義を知っておこう
国土交通省のホームページで公開されている《原状回復をめぐるトラブルとガイドライン》を必ず読んでおこう！

2 退去に関するやりとりは必ず記録に残しておこう
退去に関するやりとりはメールで！
立ち合いや部屋の明け渡し前には、部屋の状態を写真や動画で詳細に撮影しておこう。

スマホ撮影でOK！

3 解約の精算書にサインをしないこと
請求金額に納得できるまでは、サインや支払いを求められても応じてはいけない！

4 自力で対処が難しい場合は専門家に相談しよう
相談先がない場合は
お金のコミュニティ『リベシティ』でも相談できるで！

リベシティの説明はこちら→

身を守るってこういうことなんだね……。

 日本は法治国家や。法律を知っておけば、不当な請求にははっきりNOと言うことができるで。

そうだね。基本だけでも知っていれば、取れる選択肢が増えるし。知識武装してぼったくりを見抜けるようになるよ！

 目指せ！ 知識マッチョ！

STEP 1 お金を《貯める》― 家にかかる費用を見直そう ―

意外と知らない"お得な使い方"！
退去費用に火災保険を活用しよう

🖐 実践すると ……▶ 退去時の追加費用が0に！？

☑ 見直しリスト　1. 通信費　2. サブスク　3. 保険　**4. 家**　5. 車　6. 税金

ヤバ！ お皿落として床にめちゃくちゃ傷つけちゃったよ〜。
これは僕の過失だし、退去費用が上がっちゃうよ〜〜！

あ、大丈夫やで。実はそれ、火災保険で対応できるんや。

火災保険で！？ どういうこと！？

 みんな知らない「本当の火災保険」の使い方

　例えばこんな時も火災保険で直すことができる場合があるんやで。

・引越しの時に壁に物をぶつけてクロスを傷つけてしまった
・目を離した隙に子どもが落書きしてしまった
・うっかり物を落として洗面台を壊してしまった
・家具を誤って倒し、クローゼットの扉を壊してしまった

　こんなケースなら、補償されることが少なくないで。しかも火災保険の良いところは、**何回使っても保険料が上がらへん**とこや。つまり逆に使わないと損やな。火災保険のことは「火災保険」ではなく「**家災保険**」と覚えておいたら良いで。

でも、なんで火災保険で家が直せるの？

ポイントとして、火災保険の補償内容に「**借家人賠償**」の「**不測かつ突発的な事故（破損・汚損）**」がついてれば直せるで。

114

これは借りている部屋（家主）に損害を与えてしまった時の費用を負担してくれるというものや。
ただし格安プランの火災保険には、この補償がついていないか、自己負担額の割合が大きいので注意が必要やで。

これが P.104 の「格安プラン」と「しっかり補償」の違いなんだね！

みんな本当に火災保険の使い方を知らんねん。もったいな！
ワシの友人は子供がデカいクローゼットを壊してしまったんやけど、火災保険で 8 万円補償してもらってたで。

すごい！ 実際に傷つけちゃったら、具体的にどうすればその補償が受けられるのか教えてよ！

いざキズをつけてしまった！ 具体的にどうする？

実際にキズをつけてしまった時に、補償してもらう流れはこんな感じや。

①キズをつけてしまった箇所の写真を必ずすぐに残す
②保険証券を準備する（ちなみに無くなっても連絡したら再発行してもらえるで）
③保険会社に連絡
　その際に以下の順番で情報を伝えると、相手側にとっても分かりやすいで。
　　1. 保険証券の番号を伝える
　　2. 借家人賠償をお願いしたいという旨を伝える
　　　この時「借家人賠償請求の結果、対象外となる可能性があることは承知の上で、審査はしてほしい」と保険会社へ明確に伝えることが大事やで！
　あとは向こうの窓口から案内がくるから、それを待つだけや。

注意点は**入居中じゃないと使えない**点やな。「どうせ無料なら後にしよ〜！」と思って放置しても、退去時には使えないこともあるで！ キズをつけた時に都度連絡して直すのが大切や。修繕箇所がなければ原状回復の負担も減るから、退去費用も安くなるで。

さらに詳しい火災保険の使い方については、以下の URL をチェック！
https://liberaluni.com/book2#p115

STEP 1　お金を《貯める》― 家にかかる費用を見直そう ―

大手引越し会社 VS 大手以外の業者どっちがお得？
引越し費用を安くしよう

💪 実践すると ⋯▶ 引越し費用が数万円安くなる！

📋 見直しリスト　1. 通信費　2. サブスク　3. 保険　**4. 家**　5. 車　6. 税金

退去費用はかなり抑えられそうだよ！ あと大きいのは引越し費用だよね〜〜。何とかもっと安くならないかな？

できるで。引越し費用を安くするコツは2つ。
①大手の引越し業者を使わない。これが最も安くなるで。
②大手で相見積もりをする。大手以外の業者に抵抗がある場合も、相見積もりは必須やで。

大手以外の業者〜？ 無名の業者なんて怪しいし、それこそぼったくられるんじゃないの？ 仮に安くてもサービスの質が不安だよ。

いやいや、それはただの思い込みや！ 説明するで。

💪 大手以外の引越し業者って大丈夫？

　大手以外の業者と言っても、主に以前大手で働いてた人や、現在進行形で大手の下請けをしてる人が行ってることが多いで。
　つまりサービス品質は大手と変わらんのや。大手よりCMコストや手数料がかかってない分、安くなりやすいで。もちろん業者によって当たり外れはあるから、不安な場合は口コミをチェックしてから申し込むとええで。

へ〜。質はあんまり変わらないんだ。それなら大手以外の業者で良いかもだけど……。
なんとなく大手の方が安心な気がしちゃうな〜。

確かにいきなり名前も知らない会社にお願いするのは少しハードルが高いわな。ただ、大手の引越し業者を使う場合は必ず**相見積もりをするべき**や。

大手を利用する場合も相見積もりは必ず取ろう

基本的に、引越し費用は大手を使うとめっちゃ高いねん。理由は簡単で、大手は広告費がかかってるからや。大手の高〜いCM料や事務所代がどこから捻出されてるかと言うと……ズバリ君たちの払う引越し料金やで。

「大手なら良心価格」なんてのは幻想で、基本的に**初回見積もりの料金はかなり高め**に出してくる。「言い値で払ってくれたら儲けもん」って考え方やな。

だから、大手以外の業者も含めて複数社で見積もりを取るだけで、めっちゃ安くなるで。最初は20万円かかるって言ってたのが、交渉や相見積もりで8万円くらいまで下がるとかザラにあるんや。

引越し業者は星の数ほどいる。**必ず相見積もり**を取って、相場を知るのが大事や。相場も知らずに一社で即決は絶対ダメ！業者の言い値で高〜い料金を払う羽目になるで！

相場がわからないなら相見積もりを取るのは全ての基本やな！

あとは、業者の手間を減らせばもっと安く引越しができるで。
例えば

・業者の**繁忙期（GW・年末・3〜4月上旬）を避ける**
・作業の**時間帯を指定しない**
・不用品を**自分で処分する**
・自分で行える**荷造りはできるだけ自分でする**

とかは代表的な方法や。

いろいろやれることがあるんだね！
できる限りやってみるよ！

おすすめ業者やサイトについては、以下のWebページにて最新情報をご紹介しています！
https://liberaluni.com/book2#p117

STEP 1　お金を《貯める》― 車にかかる費用を見直そう ―

車の必要性を見直そう
車は買うな！買うなら中古！

🏋 **実践すると ⋯▶ 生涯で数千万円の節約に！**

☑ 見直しリスト 〉1. 通信費 〉2. サブスク 〉3. 保険 〉4. 家 〉**5. 車** 〉6. 税金

続いては人生の大きな支出のひとつ「車」の見直しをするで。

あーはいはい。
今までの保険と家はともかくね。これは絶対いるよ。
学長は都会に住んでるからわからないかもしれないけど、田舎に住んでたら車は絶対に必要なんだから。これだけは譲れないよ。

まあそう焦るんやない。
ひとまず、車にかかる費用を具体的に見ていこか。
「数字と感情は分けて考える」やったな？

🏋 **車を所有すると生涯で約 4,000 万円かかる！**

　車っていうのは本当にお金がかかるで。でも、それはただ単に**「買うと高い」って話だけではない**んや。

　具体的には、20 〜 70 歳の 50 年間、車を所有した場合で、

・車体代金等：1,750 万円（7 年に 1 回程度買い替え）
・ガソリン代：520 万円
・保険代（自動車保険、車両保険）：490 万円
・駐車代金：720 万円
・自動車税、自動車重量税（車検時）：470 万円
・その他消耗品費

合計**約 4,000 万円**のお金がかかると言われとるんや。

　つまり**月々約 6 万 6,000 円**やな。車を所有するだけで、間違いなく経済的自由は遠のくで。

維持費も結構かかる！

うっ……。本当に高い……。
でも、実際車無しの生活なんて無理だよ。

ほんまにそうか？ 例えばこんな選択肢もあるで。

👉 できるだけ車を持たない努力をしよう

車は本当に金食い虫や。可能であれば、今の車は売却して、

・公共交通機関（電車、バス、タクシー等）を使う
・レンタカーやカーシェアリングを利用する
・高性能な自転車（電動アシスト自転車やクロスバイク等）を使う
・歩く！！

なんて対策ができたらええな。2台以上持っている場合は、1台だけ残して家族でシェアするとかな。

タクシーやレンタカーは高く感じるかもしれんけど、使う日数が少ない場合は結局安くつくで。また、最近は高性能なチャリがあるからな。5km〜10kmぐらいならサクサク快適に移動できるし、良い運動になって**健康寿命も延びる**で。生活習慣病の予防になって、将来の医療費削減にも繋がりうる。

「車がないと買い物ができない！」という人は、ネットスーパー等で注文して届けてもらうのもアリやで。**時短**にもなるし、一石二鳥や。

もちろん車を手放せば今まで程快適ではなくなるし、自分の車がある方が都合が良いこともあるやろ。でも**経済的に自由**になりたいと思うなら、**欲望をコントロール**する力は絶対に必要やで。

どうせ我慢するなら、チマチマした部分じゃなくて、**効果が大きい物**を我慢する方が経済的自由に大きく一歩近づくで。

STEP 1　お金を《貯める》― 車にかかる費用を見直そう ―

それでも車が必要な人へ
車はリセールの良い車を一括で買おう

実践すると …▶ 正しい "価値の考え方" が身につく

☑ 見直しリスト　1. 通信費　2. サブスク　3. 保険　4. 家　**5. 車**　6. 税金

学長〜〜！ 考えてみたけど、やっぱり通勤のためには車がどうしてもいるよ！
生活はきつくなるけど、ローン組んで買うよ！

ほーん、ちなみにどんな車買うつもりなん？

え？ うーん、やっぱ SUV かなぁ。見た目が本当にカッコイイんだよね。あとやっぱ買うなら新車だよね〜。人が乗った中古はちょっとな〜。

リーマンくん、キミは何のために車買うんや？

え？ 移動手段だけど？？

ほんなら見た目とかどうでもよくない？ 「消費」と「浪費」を混同させたら絶対あかんで。

消費と浪費を混同しない

消費 … 生活に必要なもの
浪費 … 生活に不要。贅沢

もし経済的に自由になりたいなら、浪費はできる限り避けるべきや。

君が車を買う目的は移動手段やろ？ これは浪費やなくて消費や。今回のリーマンくんみたいに、どうしても車が必要なことはある。でも、移動手段として考えるならわざわざ新車をローンで買う必要は一切ないわな。無理なく貯金で買える価格の中古車で充分やで。

つまり、車に**「移動手段」以上の部分**を求めたらそれは**浪費**なんや。「カッコイイのが良い！」「車が好きだから！」「中古は他人の目が気になる！」こういう理由で新車を買うのは、認識は無くても「無駄遣い（＝浪費）」なんやで。

必要なもの（消費）と欲しい物（浪費）を一緒にしてると**経済的自由は遠のいてしまう**で。

なるほど……。
確かに車に「移動」以外のものを求めていたかも……。

せやろ？ そこを混同させないのがめっちゃ重要なんやで。

あくまで移動手段としての車を買うことにするよ！
その場合はどうやって選んだらいいの？

車をどうしても持つ必要がある場合、何よりも意識せんとあかんのがマイホームの話でも出てきた「**リセールバリュー**」や。（P.86 参照）ちゃんと覚えとるか？

えっと、もう１回お願いしていい……？？

おさらい：リセールバリューとは？

改めて、経済的自由を目指す人にとって非常に重要な言葉が「リセールバリュー」や。これは絶対に覚えておいてほしい。

リセールバリューについて復習すると**「購入した物を、再度販売するときの価格」**のことや。

車のリセールバリュー

例	車種	購入価格		売却価格	差額 (実質の負担額)
	中古の超高級車	2,000万円	そして3年後、車を売ると…?	1,900万円	100万円
	新車の高級車	700万円		600万円	100万円
	中古の軽自動車	50万円		30万円	20万円
	新車の普通車	300万円	▶	150万円	150万円 実質一番損してる?!

　これは一例やけど、めちゃくちゃな値段じゃないで。結局3年後に売った場合、新車の中では一番安かったはずの普通車が一番損してるんや。

　なぜこうなるかと言うと需要と供給の関係で、「リセールが良い車＝中古でも欲しい人が多い」ということなんや。

　大衆車は新車でも大体3年で半額になるのに、高級車はなかなか値段が落ちにくい。つまりこれが「リセールバリューが高い」ということなんや。

そ、それはわかったけど、だからって高級車なんて買えないよ！

 さすがに「リセールバリューが高いから高級車を買え！」とは言わへん。あくまでも、この「考え方」を大事にしてほしいって話なんや。
「リセールバリュー」を考慮すると、「新車を買う」というのはどうしても難しくなるで。
車は価格が落ちやすいからな。

🔰 リセールバリューを考えると、新車で買うのは難しい

これまで話してきたように、賢い人は良い車を買って高く売ることで、かなり安く乗り継いでるんや。

極端な話、リセールバリューが本当に良くて、買った瞬間に値上がりするものなら、借金してでも買うべきやな。1,000万円でも、すぐに1,100万円の価値になるものなら、借金してでも買ったほうが得するで。それはわかるやろ？ でも、お金に余裕がない人はなぜか「**買った瞬間損するものを、借金して買ってしまう**」んや。ローンを組んで新車を買うのなんかは、その典型やな。これは**お金持ちとは真逆の行動**や。お金持ちになりたければ、リセールバリューを意識して「これ以上は**価格が落ちにくいものを買う**」のが大事なんやで。

となると、やっぱり買って3年で価格が半分になってまう新車は厳しいわな。 必然的に中古車をおすすめすることになるで。一番値落ちする時期を他人が引き受けてくれた後やからな。

なるほど……。理解できた！
理解できたけど……でもやっぱり「無駄遣い」だとわかっててもイケてる車にも乗りたいなぁ～～～～。

そう思うことは悪くないで。ただ、「順番」は考えなあかんな。

✒️ 浪費（無駄遣い）が駄目なわけではない

散々「浪費はやめよう」と言ってるワシやけど、浪費が全部駄目だとは思ってないんや。それこそ我慢して我慢して超節約して、**死ぬ時に人生で一番お金持ちになっても仕方ない**しな。

でもな、「自覚のないまま負債を背負って将来しんどくなる」のもやっぱり駄目なんや。ようするに**バランスが大事**ってことやな。だから、買うのを我慢するんじゃなくて、**買う順番を変える**と考えてほしいんや。

お金を貯めるのって、最初が一番しんどいねん。でも、**段々楽になっていく**で。まずは浪費を抑えて余分な支出は減らす。

収入を増やして、**お金に働いてもらう仕組みを作る**。その仕組みができてきたら、徐々に浪費もしていくのがおすすめやで。

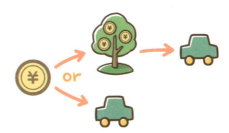

STEP 1 お金を《貯める》— 車にかかる費用を見直そう —

必要な保険は対人対物のみ！ 車両保険は外せ！
自動車保険を見直そう

実践すると ⋯▶ 年間数万円の節約に！

見直しリスト　1. 通信費　2. サブスク　3. 保険　4. 家　**5. 車**　6. 税金

僕は経済的自由を目指すから、新車はやめて中古車に決めたよ！ でも車って購入してからも維持費が結構かかるよね？ なんとか安くできないかな？

車の維持費で見直すべきは、まず自動車保険やな。とりあえずやるべきなのは保険会社の見直しや。「代理店型」「対人販売」はやはり高いで。
年間2～3万円変わることもあるから、しっかりと比べるようにしてや。

年間2～3万は大きいね……。比べるようにするよ。

 自動車保険について

まず自動車保険には2種類ある。

　①自賠責保険
　②任意保険（民間保険）

　①の自賠責保険は、車を持つなら**全員が強制で入らないといけない保険**や。事故を起こして死亡させてしまった時に3,000万円、傷害による損害は120万円まで被害者に対して支払われるで。
　入っていないつもりでも、これに入っていないと車検に通らんから、普通に乗ってる人は絶対入ってるで。自賠責保険はどこで入っても内容や値段は変わらないから、特に気にしなくてOKや。
　②の任意保険（民間保険）は、さらに以下の2種類に分けられる。
1. 事故で相手にケガ・死亡させてしまった時、相手の物（自動車など）に損害を与えてしまった時のための「**対人・対物賠償責任保険**」

2. 事故で自分の車が壊れた時の修理代が保険から出る「**車両保険**」

　任意保険のうち、「**対人・対物賠償責任保険**」は絶対に入っといた方がいいで。自賠責保険の3,000万円だけじゃ交通事故を起こした相手に慰謝料を払ったり、壊してしまったものを支払うには全然足りん。限度額無制限で入っておくとええで。

交通事故高額賠償判決例（人身事故）

認定総損害額	被害者	職業	損害
5億2,853万円	男・41歳	医者	死亡
4億5,381万円	男・30歳	公務員	後遺障害
4億5,375万円	男・50歳	コンサルタント	後遺障害
4億5,063万円	男・19歳	大学生	後遺障害
4億3,961万円	女・58歳	専門学校教諭	後遺障害

出典：損害保険料率算出機構「自動車保険の概況　2022年度（2021年度統計）」

ひえ〜！
生涯賃金より高いじゃん…

対人・対物賠償責任保険の契約条件を見直そう

　次は契約条件の見直しやな。見直すべき項目は以下の2つや。
①**運転者限定条件**
②**年齢条件**
この2つは、場合によっては不要な条件で契約していることがあるんや。

　特に注意が必要なのが「②**年齢条件**」やな。年齢条件が適用される人の範囲は、契約者、配偶者、同居の親族のみで、**友達、知人は適用外**や。だから「友達や知人が運転するかも〜」と年齢条件を気にする必要はないで。
　例えば、
　・運転者限定条件「限定無し」
　・年齢条件「35歳以上」
の補償に入っていて、30歳の友達が事故を起こしてしまっても、保険はきちんと下りるで。

なるほどね〜。「友達が乗るかどうか」は①の運転者限定条件だけ気にしといたら良いってことだね！

そういうことや、そんで3つ目。「車両保険」は全くいらんで。

事故はめったに起きひんけど、起きたら損失が大きい、まさに保険でカバーすべき内容や。
でも「車両保険」は不要!!

えぇ～～～～! でも車壊れたら修理費とかで困るじゃん! 入っておいた方が絶対良いでしょ!

それが、なかなか不便な保険やねん。詳しく説明するで。

車両保険が不要な理由

　日本人の4割強くらいが入ってる車両保険、まずは当然加入するだけで保険料が高くなるわな。具体的にはつけた場合とつけていない場合で、**年間約3万5,000円の差が出る**んや。結構な金額やろ?

　そんでな、自動車保険には「等級」という制度があって、これが問題をややこしくしとるんや。

　等級は簡単に言うと、「事故を起こしてない人は保険料を段々安くします。代わりに事故を起こしてしまった人は保険料が上がります」といったものやな。

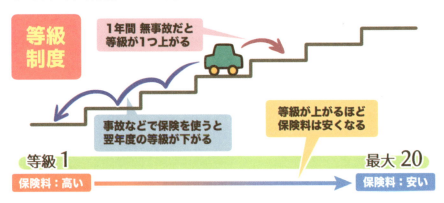

　そんでここが問題なんやけど、**事故時に保険を使うとこの等級が下がんねん!(=来年からの保険料が上がるということ)**。

　これを考えると、軽い事故だと保険が全然使えへん。たとえば修理費5万円くらいの軽い事故の場合、以下のようなことが起こるんや。

【例】
バンパーが壊れた、ボディが凹んでしまった等で保険を使うと等級が下がる
→ 3年間保険料が上がる
→ その上がった保険料が修理費以上になって、保険を使わない方が得になってしまう

　じゃあ逆に全損事故みたいな大きな事故（車が盗難にあったり、物理的に全損した場合）だったらどうかというと、それだと**新車の価格分の保険代って絶対に出ない**ねん。
　保険の計算をする時に、車の時価額は毎年20%程度下がっていく上に、業者用の安い価格で見積もられてしまうんや。

　ちなみに車両新価特約をつければ回避できるけど、するとまた月々の保険料は上がってしまう。しかも（勝手にぶつかった場合は別やけど）普通の事故の場合は相手の保険からもお金が出る。
　つまり、「かなり使うタイミングが少ない保険」ということになるんや。だから**車両保険は不要**やで。

なるほどね……。軽い事故だと使いにくいっていうのは意外と盲点かも。
でもさ、保険に入らずに事故ったりしちゃって修理費用が払えない！ なんてことになったら困るんじゃない？

そう、車両保険はそもそも修理代金が払えない人のものや。
でもワシはな、修理代金が払えないくらい貯金のない人が、そこまで無理して車を買うべきではないと思うんや。
最低限の修理費用を貯めてから買いさえすれば、車両保険で毎月払うお金は貯まっていくんやで。
（P.78の医療保険と同じやね）

逆に余裕がないのに無理して買うから、毎月の不要な保険に入らないといけなくなってしまうということや。

なるほどね……。確かに保険料を払うために貯金ができないんじゃ本末転倒だもんね。

万が一事故が起きても、自分の車の修理代は人生が終わってしまうようなリスクではないねん。

　P.42のおさらいになるけど、この下の図で言うと、車両保険は左上の部分で、対人対物は左下の部分や。
　しかも車両保険を使った所で結局修理費用を後払いしてるだけやから、結局車の修理代は貯金で備えるのが正解や。だから**対人・対物賠償責任保険は必要**やけど、**車両保険はいらん**ねんで。

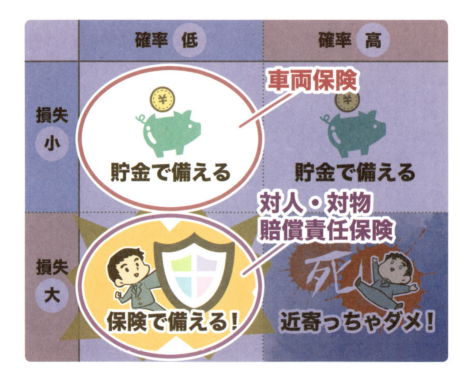

おすすめ保険商品は移り変わりが激しいので、以下のWebページにて最新情報をご紹介しています！
https://liberaluni.com/book2#p128

気になるギモン！〜教えて！ヒトデ先生〜

Q.1 つけておいた方が良い特約は？

A. 基本的には特約はなくて大丈夫だよ！
- 弁護士特約
- ファミリーバイク特約（原付所有者の場合）

これらは、つけておいても悪くはないけどね！

Q.2 人身傷害補償はいらないの？ ぶつかった相手は補償できても同乗してた友人の補償はどうするの？

A. P.125で"絶対に入っておいた方がいい"と説明した「対人・対物賠償責任保険」で、人身傷害補償の役割をカバーできるから不要だよ。
無駄に保険を増やす必要はないよ。

Q.3 どこの保険に入ればいい？

A. 保険商品は移り変わりが激しいから、一括見積もりサイトで毎年ちゃんと比較するのがおすすめだよ！
一括見積もりサイトやおすすめの保険商品の情報は、リベ大のWebページに掲載しているから、チェックしてみてね（P.128の"もっと詳しく！"へ）。

Q.4 ネット保険とか安い保険って、いざという時の対応が悪いんじゃないの？

A. 必ずしもそうとは言い切れないよ！ 例えば、価格.comの自動車保険 満足度ランキング2024（※）でネット型の保険を売っている会社が総合満足度1位だったしね。顧客対応や事故対応でもTOP3にランクインしてるよ。
そもそも、保険でアフターフォローを重視してる人は9.9%程度。保険料と保障内容を重視する人が70%弱なんだ。保障内容が同じなら、保険料は安い方がいい。それだけだよ！

（※）自動車保険 満足度ランキング（2024年）
　　https://hoken.kakaku.com/kuruma_hoken/ranking/

STEP 1　お金を《貯める》― 税金について知ろう ―

節税しない人は税金をめちゃくちゃ払ってる！
サラリーマンも節税しよう

実践すると ⋯▶ 節税の基礎知識が身につく

見直しリスト　1.通信費　2.サブスク　3.保険　4.家　5.車　**6.税金**

6大固定費の締めくくりは非常に大きな支出の1つ「税金」や。

え？ 税金？？ 税金って言われた通りに払うしかないんじゃないの！？

その意識じゃまだまだ経済的自由は遠いで。税金は明確な「コスト」やねん。お金持ちにとって節税は常識や。まずは具体的に1年でどれくらい税金を払ってるのか見てみよか。

サラリーマンは1年でざっくりこれだけの税金を払ってる！

年収からみる税金の早見表

実は税金は家・車・保険に並ぶ支出の一つ

何も節税しないとこんなに税金で引かれるんやで

年収	−	税金（社保込）	＝	手取り
200万		39万		161万
300万		63万		237万
400万		86万		314万
500万		111万		389万
600万		140万		460万
700万		173万		527万
800万		209万		591万
900万		241万		659万
1,000万		274万		726万

税金茸…

改めて見るとめっちゃ引かれとるやんけ…

年収の20％が税金で引かれるということは…週5で働くうちの1日は税金を払うために働いてるようなもん

＊2024年4月時点の条件
＊介護保険料の支払い義務のない40歳未満で扶養家族なし
＊賞与は考慮せず、年収の12分の1を月額給与（標準報酬額）として概算

こ、こんなに払ってるんだね……。よく考えたら税金のことなんて全然知らないや……。お給料から毎月勝手に引かれてるくらいのイメージだったよ。

せやろ？これからは「節税」という意識を持つ必要があるで。例えば平均的なサラリーマンの生涯賃金は約 2.5 億円と言われとるけど、その内いくら税金で持ってかれると思う？

え？ えっと〜〜……全然想像できないよ！

正解は……
・所得税と住民税で約 2,000 万円
・社会保険料で約 3,600 万円
合計 5,600 万円やで！

ご、ごせ……、5,600 万円！？ 本当！？ 計算ミスしてない！？

ほんまやで。しかも、源泉徴収という仕組みで、キミたちの財布に入る前に自動的に税金を天引きされてしまうんや。だから普通にサラリーマンしてたら言われるがままにノーガードで支払うしかないんやで。

それじゃあどうしようもないじゃん！ どうしたらいいの！？

もちろんワシが教えるで。「彼を知り己を知れば百戦あやうからず」や！ まずは税金の仕組みから勉強していこか。

STEP 1 お金を《貯める》 — 税金について知ろう —

仕組みを知れば節税の方法もわかる！
サラリーマンの納税額の決まり方を知ろう

実践すると ⋯▶ 節税の基礎知識が身につく

見直しリスト 1.通信費 ／ 2.サブスク ／ 3.保険 ／ 4.家 ／ 5.車 ／ **6.税金**

まずは「**所得税**」と「**住民税**」や。所得税が国に払う税金で、住民税が都道府県や市区町村に払う税金やな。この2つの税金についてしっかり理解してもらうで。
社会保険料の計算はまた別やから後で話すで（P.150参照）。

どっちも給与から天引きされているやつだね。

せや。具体的にはこれくらいの金額がかかるで。

👉 **所得税と住民税の税率表**

課税される所得金額	所得税率	住民税率
195万円以下	5%	10%
195万円を超え 330万円以下	10%	10%
330万円を超え 695万円以下	20%	10%
695万円を超え 900万円以下	23%	10%
900万円を超え 1,800万円以下	33%	10%
1,800万円を超え 4,000万円以下	40%	10%
4,000万円超	45%	10%

住民税は一律10%

所得税は累進課税

出所：国税庁HP等

注目するのは「所得税」や。稼げば稼ぐほど税率が上がってるのがわかるやろ？

本当だ。これってつまり……、せっかくたくさん稼いでも、その分だけより多くの税金がかかっちゃってるってこと！？

その通りや。それが「累進課税」という仕組みなんやで。ただし一気に増えるわけじゃなくて、段階的に増えていくで。

一方で住民税は超簡単で、一律10％や。あと、それぞれ納税のタイミングも違うんや。さらに解説していくで。

所得税は「先払い」・住民税は「後払い」

　サラリーマンの所得税は毎月の給与から「先払い」で大まかに天引きされてるで。多く払わされてしまった場合は年末調整で返ってくる仕組みや。

　逆に少なく支払っていた場合は、年末調整で不足分を支払わなあかんで。

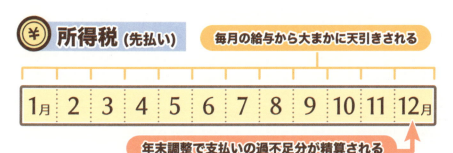

一方で住民税は翌年に「後払い」で納税していることを覚えておいてや。

住民税（後払い）					去年の課税所得×10%を今年6月〜翌年5月の月給から納める（天引き）						
今年 1月	2	3	4	5	6	7	8	9	10	11	12月
翌年 1月	2	3	4	5	6	7	8	9	10	11	12月

※自営業者などの場合は、6月、8月、10月、翌年1月の4回に分けて自分で納付

普通に会社員をしている分には問題ないんやけど、注意せなあかんのは**会社を辞めた時**やな。前の年の所得に住民税がかかるから、収入は減っていても前年分の住民税を支払う必要があるんや。退職する際は住民税で困らんようにしっかりとお金を貯めとこな。

会社員の僕の給与は年400万円だから、僕が払ってるのは所得税が20%の80万円、住民税が10%の40万円、合わせて120万円てことになるの？
……さすがにこんなに払ってないはずだけど……。

リーマンくん、惜しい！ これが重要ポイントなんやけど、税金は「給与」じゃなくて「課税所得」に対してかかるんや。

か、課税所得……？

課税所得とは、「給与」から「控除」を引いたものや。

給与 − 控除 ＝ 課税所得
（控除についてはP.136で詳しく解説するで！）

さっき勉強した所得税の税率をかけるのは、「給与」ではなく「課税所得」に対してなんや。

課税所得が上がれば税金も上がる。課税所得が下がれば税金も下がる。課税所得を下げるのが節税やで〜〜。

でも、課税所得を下げるって言っても、給与が下がったら税金も安くなるってことでしょ？ そんなの意味ないじゃん！！

だから控除が大事なんや。例えば給与が400万円のキミに控除が100万円あったとする。すると課税所得はいくらや？

400万円 − 100万円だから300万円が課税所得だね！

せや。その300万円に対して税金がかかるわけや。
ほんじゃあ、仮に控除が150万円になったらどうや？

400万円 − 150万円で課税所得が250万円……。そしてこの250万円に税金がかかるってことは……。

そう！ 税金が下がるねん！ だからサラリーマンの節税っていうのは、控除を活用して課税所得を下げることやで！

なるほどね〜〜！ OK、OK、完全に理解した！
使うぜ！！ 控除！！！

STEP 1　お金を《貯める》― 税金について知ろう ―

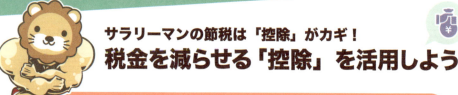

サラリーマンの節税は「控除」がカギ！
税金を減らせる「控除」を活用しよう

💪 実践すると ┈▶ 税金の納めすぎを回避できる

☑ 見直しリスト　1. 通信費　2. サブスク　3. 保険　4. 家　5. 車　**6. 税金**

課税所得を減らせば税金が減ることはわかったよ！ そのためには「控除」を増やすんでしょ？ で、「控除」ってなんなの？

わかってなかったんかーい！！
控除にはいくつか種類があるんやけど、まずサラリーマンとかの給与所得者は、給与収入金額に応じて一定金額が問答無用で給与収入から差し引かれる。
これを「給与所得控除」と言うんや。

おー！ お金を払っている訳でもないのに、給与収入から控除してくれるんだ！

そういうことや。
そこからさらに、各自の状況によって一定の金額を控除できる。これを「所得控除」と呼ぶ。
全部で15個あるで！

人に関する控除

背景	名称	超ざっくり条件
最低生活費の保障 （収入のうち、税金をかけない部分を保障）	① 基礎控除	基本、誰でもOK
	② 配偶者控除	所得48万円以下の配偶者がいる
	③ 配偶者特別控除	所得133万円以下の配偶者がいる
	④ 扶養控除	所得48万円以下の親や子がいる
個人的事情の考慮	⑤ 障害者控除	自分または家族が障害者である
	⑥ 寡婦控除	夫と離婚・死別した妻
	⑦ ひとり親控除	ひとり親である（男性も可）
	⑧ 勤労学生控除	働いている低収入の学生である

背景	名称	超ざっくり条件
保険加入・寄付の促進	⑨ 社会保険料控除	社会保険料を支払っている
	⑩ 小規模企業共済等掛金控除	iDeCo等の掛金を支払っている
	⑪ 生命保険料控除	生命保険料などを支払っている
	⑫ 地震保険料控除	地震保険料を支払っている
	⑬ 寄附金控除	一定の所へ寄付している
税金を減らしてあげないと可哀想	⑭ 医療費控除	一定額を超えた医療費を支払っている
	⑮ 雑損控除	災害・盗難等で、損失が生じている

参考：書籍より＜図解 所得税（令和5年版）田仲正之編 一般財団法人大蔵財務協会＞

いや、多すぎて意味わかんないんだけど……。
確かに聞いたことあるやつもあるけどさ……。

全部覚える必要はないで！ 会社員なら、①～⑫までは年末調整の時に会社に資料を提出すれば、控除の手続き完了や。

知らないと損する？ 控除の手続き方法・おすすめ控除

それぞれの控除の手続き方法には以下の2パターンあるで。
①会社が年末調整で計算して申告してくれる控除
②自分で確定申告しないといけない控除

①の**年末調整で申告できる控除**は、会社からいろいろと資料の提出を求められるから、**会社の指示に従えば問題なく適用**できるんやで！

②の**確定申告しないと適用できない控除**は、**使えるなら申告しないと損する**ということやな。知らなかったり、面倒臭がったりして、申告せずに損している人も多いねん。もったいないな。

特に会社員が使えるものとして、対象者が多く、実用的な控除は以下の3つやな。

・ふるさと納税（本ページ上の表の⑬）
・医療費控除（本ページ上の表の⑭）
・扶養控除（P.136の表の④）

次ページから、それぞれ説明していくでー！

STEP 1　お金を《貯める》― 税金について知ろう ―

寄附金控除のお得な活用方法！
ふるさと納税をしよう

🏋 **実践すると** ⋯▶ **お得なお礼品がもらえる**

☑ 見直しリスト　1. 通信費　2. サブスク　3. 保険　4. 家　5. 車　**6. 税金**

まず、サラリーマンを含めて誰にでもおすすめできるのが
「**ふるさと納税**」や。

ふるさと納税……って聞いたことはあるけど、よく知らないや……。それになんだか面倒くさそう……。

簡単に言ったら、自治体に寄付をすると**実質負担2,000円で返礼品が貰える**んや！
わかりやすいよう「節税」として説明される、ふるさと納税やけど、厳密に言えば税金自体を減らすわけではなく、「**寄付**」という名の税金の先払いに近いで。

ふるさと納税は金銭的には節税にならん。
でも **2千円分以上のお礼の品がもらえる**。
だから **その分お得＝実質節税** って考え方や！

＊控除対象になる寄附の上限額は年収や家族構成などによって違う

 寄附額 40,000円 の場合

㊞ **控除額 38,000円**　　**実質自己負担額 2,000円**

＊自己負担額は特殊なケースを除いて基本的に2千円

なるほど、**普通に納税したらただお金が出てくだけ**だもんね。
米でももらって食費浮かそうかなー

ふるさと納税の簡単3ステップ

ふるさと納税は**ネットで買い物する感覚で手続きできる！** Webサイトから好きなお礼の品を選んでクレカで決済できるぞ

1 まずは控除の上限額を確認しよう

控除される金額の上限は年収や家族構成によって違う。**上限額はネット上で簡単にシミュレーションできるよ！**
「ふるさと納税 上限 シミュレーション」と検索すると簡単にシミュレーションできるサイトが見つかるよ。

2 寄附する自治体を選んで申し込もう

「ふるさと納税　サイト」で検索しよう。
全国の各自治体のふるさと納税の寄附を受け付けているふるさと納税紹介サイトが見つかるよ。
ネットショップで買い物するのと同じ感じで
「お礼の品」を選んで寄附の申し込みができるよ。

A・Bどちらかの方法を選んで控除を受けよう！

3

A：確定申告	B：ワンストップ特例
ふるさと納税先の自治体や紹介サイトが発行する証明書を提出。	寄附先の自治体に申込書を送る方法。確定申告なしで控除を受けられる。

注意

● **名義に注意**
ふるさと納税は税金を納める人の名義で申し込む必要がある。家族が代わりに申し込むことはできない。

● **所得が低いとあまり効果がない**
正直ふるさと納税は、所得が多い人ほど得をする制度や。あまりにも所得が低いと控除できる金額がほとんどなくて意味ないで。それでも普通のサラリーマンやったら全然お得な制度やけどな。

＊ワンストップ特例はもともと確定申告が不要な人で、1年間の寄附先が5自治体以内の場合のみ利用できます。

STEP 1 お金を《貯める》— 税金について知ろう —

STEP 1　お金を《貯める》― 税金について知ろう ―

適用範囲が意外と広い！
医療費控除を申請しよう

👉 実践すると …▶ 医療費の一部が控除になる

✅ 見直しリスト 〉1. 通信費 〉2. サブスク 〉3. 保険 〉4. 家 〉5. 車 〉**6. 税金**

次は「医療費控除」や。ざっくり1年間に支払った医療費のうち、10万円を超えた分が控除額になるんやで。

1年で10万円も医療費使わなくない……？？

あまり知られてないんやけど、インプラント代、レーシック手術代、不妊治療代、なども対象やねん。
この辺は払う金額も大きいから、忘れずに医療費控除を申請してほしいで。

なるほどなるほど。実は僕ずっと鼻をもう少し高くしたいと思ってたんだよね。
医療費控除もあるならお得だし、やっちゃおうかな〜。

残念ながらそれは無理や！ 美容整形は対象外やで！

病院関係なら何でもOKってわけじゃないんだね……。

残念ながらそうやねん。
医療費控除の対象になる具体例は次のとおりや。

医療費控除の対象例

全般

- 医師・歯科医師による診療や治療にかかったお金
- 入院時の治療代、食事代
- 治療のための医薬品の購入費用
- 通院のためにかかった交通費
- 治療のためにあん摩マッサージ指圧師、はり師、柔道整復師などに払ったお金

など

"医療行為そのもの"以外でも治療に関わる費用は対象になるものがあります

眼科
- レーシック（視力回復レーザー手術）
- オルソケラトロジー（角膜矯正療法）

妊娠・出産
- 妊娠中の定期検診・出産
- 不妊治療・人工授精
- 死産・流産による手術
- 母体保護法に基づいて医師が行う妊娠中絶

歯科
- 金を使った治療（金歯など）
- 不正咬合により歯科医師が判断した歯列矯正
- ポーセレンを使った治療（インプラント治療など）
- セラミック義歯を作るための治療

医療費控除の例

『ロードバイクで転倒して歯を3本折ってしまった！インプラント手術をして治療するも、治療費は120万円。自転車保険から30万円の保険金がおりるようだ』

この場合、治療費の120万円から10万円を超えた分、110万円から、保険代の30万円を引いた「80万円」が控除されるで。

 治療費 120万円

 10万 保険金 30万 控除対象 80万

仮に所得税率10%の人の場合は80万×（所得税10%＋住民税10%）で「16万円」の節税になるで。さらに、所得税率が高い人ならもっと返ってくるんや。

 医療に関わる出費だけでなく、**病院に移動するための電車やバスの交通費も対象**になるから、それも忘れずに集計してな！

STEP 1　お金を《貯める》― 税金について知ろう ―

扶養控除等で損する人は、どんな人？
扶養控除等を正しく理解しよう

💪 実践すると ⋯▶ 世帯の税負担を減らせる

☑ 見直しリスト　1. 通信費　2. サブスク　3. 保険　4. 家　5. 車　**6. 税金**

「配偶者控除」「扶養控除」についても簡単に説明するな。妻や夫、子ども、親なんかと生計を共にしている**ファミリー向けの控除**や。

僕は今独身だけど、将来家庭を持った時のためにちゃんと理解しておきたいな〜。

ポイントは2つ。①**制度の趣旨**、②**損する人と損しない人の違い**や。細かい話は抜きにして、大切なとこだけいくで〜。

💪 配偶者控除・扶養控除 何のためにある？

✨ ざっくり概要

名称	対象者		所得要件	控除額
配偶者控除	配偶者		48万円以下	最大38万円
配偶者特別控除	〃		48万円超133万円以下	1〜38万円
扶養控除	扶養親族（16歳〜）※		48万円以下	38万円
	特定扶養親族（19歳〜23歳）		〃	63万円
	老人扶養親族（70歳以上）	同居していない	〃	48万円
		同居している	〃	58万円

※15歳までの子には「児童手当」があるため、控除はナシ

　配偶者控除や扶養控除はファミリーの「**最低生活費**」を保障するための控除や。例えば、「夫 / 専業主婦 /16 歳の子ども /70 歳の親（同居）」という家族構成の場合、配偶者控除・扶養控除の合計は 134 万円。夫本人の給与所得控除・基礎控除を合わせると、夫はざっくり**年収 240 万円稼いでも税金が一切かからない**ということになる。
　こんな感じで、国は国民が最低限の生活を送れるように、税金をかけないラインを決めとるんや。**要件を満たしているなら、必ず申告して使うべき控除**やで。

扶養控除で損する人・損しない人

扶養控除や配偶者控除に関して、「**損する人**」と「**損しない人**」の違いはこの通り。

	💧 損する人	✨ 損しない人
使える控除を…	✕ 使わない（無知）	○ 必ず使う
扶養から…	✕ 外れないよう働く	○ 外れても稼ぐ
働き損ラインを…	✕ 避けない（無知）	○ 避ける

まず、**使えるのに使わないのは論外**や。控除の条件は非常〜に複雑でややこしい。年末調整のタイミングで、人事部などに問い合わせながら「給与所得者の扶養控除等（異動）申告書」などを正しく書こう。同居してない親にも扶養控除を使える場合がある。そういうことも知っておくべきや。

次に、働き方。先ほど解説したように、この控除の趣旨は最低生活費の保障や。**働いたけど収入が低い → 控除が使えそう → だから使う（最低生活を維持）**。これが正しい姿で、「控除を使うためにあえて収入を抑える」というのは本末転倒や。

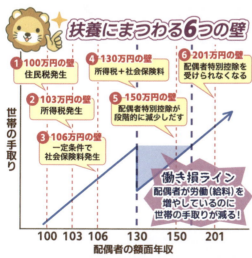

参考：黒田尚子『お金が貯まる人は、なぜ部屋がきれいなのか』日本経済新聞出版

もし収入が増えて扶養から外れることになったとしても（それで、社会保険料や税金が増えたとしても）、**トータルで見て世帯の手取りが増えるならその方がええやろ**って話やな。税金を払いたくない一心で力をセーブすると、かえってお金が増えにくくなるで。

とはいえ、配偶者に関しては明確に「働き損」になるラインがある（働いてるのに手取りが減る）。**年収130万円〜160万円前後**（勤め先が50人超の会社なら手取り106〜125万円前後）や。ここだけは、戦略的に避けるのもアリ！

なるほどねぇ〜。
①使えるなら必ず使う、②使うために収入を無理に抑えようとしない、③働き損ラインは避ける。
「損する人」にならないよう、覚えておきます！

STEP 1　お金を《貯める》— 税金について知ろう —

まだまだあるけど、使いづらい？
控除目当ての契約にご用心！

💪 実践すると ⋯▶ 本末転倒でお金を失わない

☑ 見直しリスト ＞ 1. 通信費 ＞ 2. サブスク ＞ 3. 保険 ＞ 4. 家 ＞ 5. 車 ＞ **6. 税金**

> 控除ってたくさんあるんだねぇ。ここまでの控除の話を一旦整理すると、とにかく**サラリーマンが自分で確定申告する**のは「寄付金控除（**ふるさと納税**）」と「**医療費控除**」ってことだね！他の控除はほとんど会社が年末調整で勝手にやってくれるって覚えておけばOKだね！
> 「**配偶者控除・扶養控除**」の対象になる家族がいるなら、忘れずに「**年末調整**」で申告っと！

> あ、他にもたくさん控除があったけど、あれは使えないの？「**生命保険料控除**」や、「**地震保険料控除**」は？

> ワシ的には、**微妙**や。節税メリット以上に、デメリットが生じうるからやな。

💪 使えるけど使えない？ ちょっと微妙な控除一覧

生命保険料控除

　そもそも保険はなるべく入らないようにって説明したのは覚えてるか？　生命保険料控除は税法上MAXでも12万円までしか控除が受けられへんのやけど、生命保険に入る節税効果なんて、所得税・住民税合わせて数万円税金が変わるか変わらんかや。

　年数万円の節税のために、**ぼったくり保険**を契約するなんて、本末転倒もええとこやで。必要最低限の生命保険に入る。そのうえで、もし使えるなら生命保険料控除を使う。この順番を忘れんようにな。

144

地震保険料控除

そもそも、**皆がイメージするような額の保険金が出にくい**、要らん保険やな。控除目当てで契約するのは、スジが悪いで。

小規模企業共済等掛金控除

iDeCoとかがこれに当たるんやけど、iDeCoは**資金拘束**があって原則として**60歳まではお金を引き出せない**。税金が毎年数万円トクするけど、毎年数十万円ずつ「**引き出せない不自由なお金**」が増えていく。そんなイメージやな。節税目当てで家計がキツくなるとか、これまた本末転倒やろ。

よくある控除の勘違い

よくある勘違いなんやけど、10万円控除 ＝ 10万円**税金**が下がるわけではなくて「**課税所得**」が10万円減るだけなんや。

> 収入 − 控除 ＝ 課税所得

例 生命保険料控除の場合
年収300万円の人が10万円控除されたとして
300万 − 10万 ＝ 290万円
↑この下がった10万円 × 税率分得するだけ

つまり年収300万の人なら
約1.5万円くらいしか所得税の節税効果はないぞ！

保険会社はこの勘違いを利用して「○円節税になるんでお得ですよ」なんて、**あたかも税金がそれだけ下がるような説明**をするから注意でや。

ちなみに、住宅ローン控除は、ここまでに説明した「所得控除（全15種類）」とは違う。「所得」ではなく「税金」をダイレクトに減らせる「**税額控除**」や。節税効果は非常に高い。

せやけど、マイホームの所（P.89）で解説したように、そもそも**リセールが高い家を買うのは非常に難しい**からな。結局、「住宅ローン控除で数十万得したけど、負債を買ってしまってトータル数百万損した」なんて本末転倒な状況になりがちや。**控除はリセールバリューの低い負債を買う理由にはならんで**。

税金について詳しく知りたい方は、オンラインコミュニティ「リベシティ」の現役税理士による相談チャットへ！
https://site.libecity.com/content/chat

STEP 1　お金を《貯める》— 税金について知ろう —

絶望・サラリーマンの節税には限界がある？
「控除」以外で節税する方法を知ろう

実践すると ⋯▶ 源泉徴収の支配から逃れられる

見直しリスト　1. 通信費　2. サブスク　3. 保険　4. 家　5. 車　**6. 税金**

ふむふむ。僕の場合は、ふるさと納税も、医療費控除も活用できそうだぞ。ねえ学長、あとは何したらいいの？

すまんが、目ぼしい控除はそれで終わりや。

え……？ でも「給与 − 控除 ＝ 課税所得」なんだから、控除がないってことはもうこれ以上節税できないってこと！？

大きくはそうや。
そもそもサラリーマンの節税には限界があるねん。

👉 サラリーマンの節税の限界

　サラリーマンの税金は「給与 − 控除 ＝ 課税所得」で決まるわけやけど、そもそも**サラリーマンが無理なく使える控除には限界**がある。今回紹介した3つの控除、
　・ふるさと納税
　・医療費控除
　・扶養控除等
も全員に当てはまるわけではないし、他の控除も使えるシーンが限られてたり、控除額にも限界がある。自分が対象になるなら、申請せなもったいないってぐらいや。

　「じゃあどうすればいいの？」って思うやんな？ 残念ながら、こればっかりはどうにもできん。サラリーマンは源泉徴収で首根っこを掴まれてるから、正直**ほとんど節税のしようがない**んや。

　でも、選択肢は「諦める」の一択じゃないで！

STEP 1

お金を《貯める》 ―税金について知ろう―

いやいや！詰んだじゃん！！ さよなら僕の経済的自由！！！
『サラリーマンの経済的自由への道』 〜完〜

待て待て！節税パワーを最大限に活かしたければ、源泉徴収の支配下から逃れたらええんや。

どうやって……？

源泉徴収の支配から逃れて税金をコントロールする方法はたった1つ！
「副業」を始めて「事業所得」を得ることや！

 副業で収入源を増やそう！

ん〜？ そりゃ副業で儲かれば貰えるお金は増えるだろうけどさ、それだったら頑張って残業とかして給与を増やしても一緒じゃない？

給与を増やすのはもちろん大切や。でもな、事業所得を増やすと「節税」でのメリットがめっちゃあるねん。詳しく解説していくでー。

147

STEP 1　お金を《貯める》― 税金について知ろう ―

キミの人生が変わる節税の仕方
副業を始めて3つの節税をしよう

実践すると ⋯▶ 最強の節税で自由に一歩近づく

見直しリスト　1. 通信費 〉 2. サブスク 〉 3. 保険 〉 4. 家 〉 5. 車 〉 **6. 税金**

事業所得には大きく**3つの節税メリット**があるで。
① 経費が使える
② 青色申告特別控除が使える
③ 社会保険料がかからない

の 3 つや！

🚩 事業所得の3つのメリット

事業（副業）で稼いだ収入なら…?!

計上できる

最大65万円の《青色申告特別控除》が受けられる

副業分にはかからない

① 経費が使える

給与所得は「収入（給与）− 控除 ＝ 課税所得」やったけど、事業所得は以下のようになるで。

> 売上 − 経費 − 控除（青色申告特別控除） ＝ 課税所得

この追加された「経費」が使えるのが非常に大きなメリットなんやで。ざっくり**事業にかかわるもの全てが経費**として課税所得を減らしてくれるんや。事業で使用するために買ったものはもちろん、他にもいろいろなものが経費になるで。具体例は次のとおり。

148

他にも事業に関連する支出なら、経費にできる可能性が高い。特に、新たに支払うわけじゃなくて、「生活費の一部が経費にできる」のは非常に節税効果が高いで！

えぇ～～！ それってすごいじゃん！ しかも使えば使うほど税金安くなるんでしょ！？ 毎日飲み歩いちゃうよ！

経費になるからって無駄遣いはあかんで～。
それにキミが一人で飲み歩いてても、それは事業と関係ないことやから経費にはできひんで。
まあ逆に言えば、「事業に関連していれば経費になる」っちゅーことやけどな。

「事業に関連している」か「事業と関連してない」かはケースバイケースやから、税理士さんにちゃんと相談してや。

② 青色申告特別控除が使える

実は**事業所得にはお得な控除**があるねん。それが「**青色申告特別控除**」や。一定条件を満たせば 65 万円の控除が受けられるで。

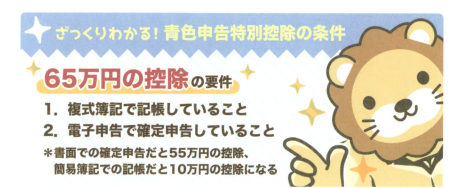

えぇ?! 65万円ってすごく大きくない!? でも、なんだか「複式簿記」で記帳って難しそうだね……。

大人の家計簿みたいなもんやから、覚えていけば大丈夫や。困ったら税理士に頼むこともできるしな。まあ副業が軌道に乗ってから考えていけばええで。

経費も使えて、特別な控除もある……。
事業所得ってすごいんだね……!

せやろ? でもさらにもう1個、超すごいメリットがあんねん。

③ 社会保険料がかからない

　詳細は割愛したんやけど、実は社会保険料って所得税や住民税よりさらに高いねん。しかもやっかいなことに、社会保険は「課税所得」じゃなくて「給与」にかかるんや。
　税金は課税所得にかかるから、控除を増やせば減らせるけど、社会保険は給料の額で決まるから、控除を増やして課税所得を下げてもそのまま。逃れられへんねん。

社会保険料はめっちゃ高い

税金（所得税・住民税）	社会保険料
給与から控除を引いた分（課税所得）から徴収される	控除なし! 給与から徴収される たくさん吸われる!

150

STEP 1 お金を《貯める》─税金について知ろう─

えぇ……、どうしようもないじゃん。しかも所得税や住民税より負担が大きいなんて……。

ところがや！ 副業で稼いだ事業所得には、社会保険料がかからへんねん！

　極端な話、給与所得が300万円、事業所得が700万円やとしても、社会保険料がかかるのは給与所得300万円の分だけ。事業所得の700万円には一切かからへんねん。

　これは脱税でもなんでもない合法的な仕組みやで。サラリーマンの給与所得だけで1,000万稼いだ場合と、サラリーマンの給与所得300万＋副業の事業所得700万円で合わせて1,000万円稼いだ場合の社会保険料を比べると、約81万円も払う金額が違うんやで！

しかも、単純に水源地（収入源）が増えることで、生活の安定度も増すんやで。

……すごすぎるよ事業所得！

な？ こう見ると事業所得の大切さがよくわかるやろ？ 事業所得がないと、経済的自由の道は遠いんや。
ようするにサラリーマンは副業した方がええってことや。
まずは100円でも良いから、給与以外にも稼いでいくのが大事やねん。

よし！ さっそく会社が休みの日に、僕にできそうな副業を何か考えてみようかな！
個人で稼ぐ仕事ならなんでもいいんだよね？

一応伝えておくと、副業には「事業所得」と「雑所得」の区分があって、雑所得になると青色申告特別控除が使えへんから、そうなると事業所得より少し不利やで！

？？？ 事業……、雑……、どうやって決まるの？？

それが、実は明確に法律で決まっているわけではないねん。過去の裁判の判決文とかを参考にして、なんとなーくの判断基準があるだけなんやで！

なんとなーく……って？？？

要は、その事業を継続し、安定的に収入が得られる想定で、「これはちゃんと事業や！」と、客観的に見て言えるかどうかってことやな。なんとも曖昧やろ？
だから、自分で事業所得になると思ったら自信をもって、税務署に「開業届」と「青色申告承認申請書」を提出して、事業を開始すればええねん！！

でも……届出を提出して、指摘された場合はどうなるの？罰金とか取られたりしない？

まず、届出の提出時には指摘されることはないで！指摘されるとすれば、確定申告書の提出後、税務署からお尋ねの連絡が来る可能性がほんのすこーーしあるくらいや。
ただ「あくまでも自分では事業所得としてやってる！」と主張して相手が納得すれば認められるし、万が一認められなくても、捕まるわけじゃないから、そんなに心配せんでも大丈夫とちゃうかな。

そうなんだ！そういうことなら、ちょっと安心したよ！

事業所得には節税以外にも重要なポイントが詰まってるんや。
おすすめの副業など、詳しくは「稼ぐ力」の章で説明するで！

税金について相談したい方は、オンラインコミュニティ「リベシティ」の現役税理士による相談チャットへ！
https://site.libecity.com/content/chat

153

STEP 1 お金を《貯める》— 家計管理をマスターしよう —

もっとお金を貯めたいあなたに
家計管理をマスターしよう

👉 **実践すると** ⋯▶ **自分らしく暮らせてお金も貯まる**

6大固定費をやっつけただけで、かなりの節約になりそうだね！

せやろ。月5万円の節約はカタいで。最低でも年60万円の貯金アップや。

でも、もっとガッツリ貯めたいんだよな〜。どうすればいい？

より細かく家計管理するしかないな。奥深き家計管理の世界。やり方を教えるで。

👉 家計管理 極めるための3STEP

　6大固定費を**徹底的に**やっつける。これだけで十分なインパクトがあるんやけど、経済的自由（働かずに資産所得で暮らす）に**より早く到達**するためには、家計管理の技術を磨く必要があるで。
　家計管理を極めるには、この3STEPを踏む必要がある。
　STEP1：事前準備
　STEP2：四象限分析
　STEP3：永遠の自問自答
順番に見ていこか。

STEP1 事前準備

　事前準備としてやるべきことは、この2つや。
　①余分な銀行口座やクレジットカードを解約する
　②家計管理アプリを使う
準備をせずにエベレストに登頂できた登山家はおらん。経済的自由という「**資本主義社会の頂上**」に登るには必須やで。まず、余分な銀行口座やクレジットカードを**どんどん解約**していこう。

極論、銀行口座はネットバンク1つ、クレカも1枚でええ。

 僕、銀行口座が6個、クレジットカードは10枚ぐらいあるんだけど……、そんなに絞る必要、あるぅ～？？？

 大アリや！ ほんまにメリットたくさんあるで。

余分な口座やカードを解約する理由

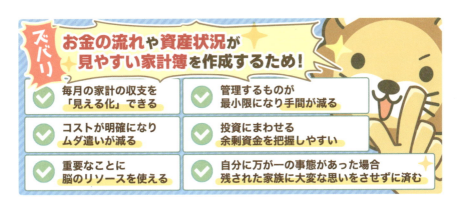

次に、家計簿アプリの導入や。手元に残った「選ばれし銀行口座」「選ばれしクレジットカード」を、家計簿アプリに連携するんや。そして、今後は可能な限り「クレカ払い」「銀行引き落とし」で決済するようにする。現金は使わない！ そうすると、こうなる。

- 家計簿アプリが、**自動で家計簿**を作ってくれる
- いつでもどこでも、**リアルタイム**で家計を把握できるようになる
- グラフで、収支や資産の変動を**分かりやすく見える化**できる

今までの「手書きの家計簿」は何だったんや！ という便利さや。一度使ったらやめられなくなるで。

 ワシのおすすめ家計簿アプリは、マネーフォワード ME。
連携する銀行口座やクレカが4つまでなら、無料で使い倒すことも可能や。
そういう意味でも、銀行口座やクレカの数を絞っておこうな。

155

いや〜、家計簿アプリめっちゃ便利だね。家計の状況がよく分かるよ。

せやろ。支出データも貯まってきたみたいやな。そしたら、今度は「四象限分析(よんしょうげん)」をやっていくで。

はっはっは。学長、僕はそういう難しい言葉は一切分からないよ？

大丈夫、分かりやすく説明していくで。

STEP2 四象限分析

家計管理の理想は、こうやな。
- 1月の支出…30万円
- 2月の支出…30万円
- 3月の支出…30万円

いつどんな時でも支出額が同じ！ めちゃくちゃ分かりやすい！ ところが、現実はこうはならない。実際にはこんな感じになるな。
- 1月の支出…35万円
- 2月の支出…27万円
- 3月の支出…31万円

だから、多くの人はこうなってしまうワケや。
「毎月5万円貯金しようと思ってたのに、今月は貯金が増えるどころか減っちゃった……私はなんてダメなんだろう……。」

なぜ、こんなことになるのか？ その理由は、「敵の姿」をちゃんと認識できていないからや。そもそも、家計管理にはざっくり「4人の敵」がおる。

> 切り口①：**定額**かどうか？
> 切り口②：支出タイミングが「**毎月**」かどうか？

これらの切り口で、敵を4種類に分けるんやな。これが「**四象限分析**」や。

156

具体的に当てはめると、こんな感じになる。

おぉ！ 家計簿アプリでとってたデータを、ちゃんと4種類に分けられたぞ！

そう、これが全体像や。それで、この左側、住居費、社会保険料、生命保険料、通信費、サブスク、税金、火災保険料、自動車保険料なんかは、ここまでに説明してきた話やな。

なるほど〜。固定費の話は済んでるから、あとは変動費をやっつけようって話なんだね。

家計管理のレベルが高い人は
・固定費を洗練させて、**その存在を忘れる**
・日々の生活では、**変動費のコントロールに注力する**

こういうことをやってるワケやな。固定費を最初に見直すのは、「もう見なくて良い」ようにするためや。固定費は、一度見直したらずっと効果が続くからな。脳のリソースや時間を空けていって、**変動費退治に取り組むんや。**

ちなみに、家計管理の一番の「**大敵**」は右下の枠。いわゆる「**特別費**」と呼ばれるヤツや。毎月の変動費（食費、日用品費）なんかは、変動費と言ってもそこまで大きくはブレない。一方で、特別費はコイツ一発で家計を大きく動かすからな。家計管理のプロは、特別費の「予算」作りがとても上手やで。

157

「敵」を見える化して、ようやく家計の状況をカンペキに把握できるようになったよ。でもさ……。

でも、なんや？

やっぱり、変動費との付き合い方がよく分かりません！とにかくお金使わなければ良いんだろうけど、それじゃ人生味気ないし……良いもの食べて、良い服着たいなぁ。

STEP3、永遠の自問自答タイムの始まりやな。

STEP3 永遠の自問自答

- 家計簿アプリに、銀行口座とクレカを連携する
- クレカなどキャッシュレス決済を活用し、支出データを「全自動」で「抜け漏れなく」とる
- 支出データを四象限に分類する
- 固定費は、見直しを済ませて忘れる

　これができたら、あとは変動費から「無駄な支出」「満足度の低い支出」を削るだけのフェーズになる。では、どうやって削るのか？ **買い物の都度**、自問自答するんや。

 繰り返し続けるべき7つの質問

質問① 買う余裕があるのか？

「手元のお金で買えること」と「トータルで考えて買う余裕があること」、これは**まったくの別物**や。「買う余裕があるか」は、数字で客観的に判断すべきやで。

- 毎月、使って良いお金は手取り月収の **8割**まで
  （もし、毎月収入のすべてを使っていたら、老後資金が足りなくなる。将来の生活を犠牲にして買い物をしているだけで、余裕をもって買い物をしているワケではない）
- 大きな買い物の予算は、**貯金総額 ×5%**まで

みたいな感じやな。

質問② いくら稼げばいいのか？

10万円のものを買うためには、10万円稼ぐだけでは足りない。なぜか？ 収入には、税金や社会保険料がかかるからや。10万円のものを買うには、ざっくりその **1.2倍〜1.3倍は稼ぐ必要**がある。それを買うために、頑張って働いて税金を納める価値はあるかな？

質問③ どのくらいの時間と交換しているのか？

時給1,000円の人が3万円の洋服を買うには、40時間近い労働が必要や（税金がかかるから、30時間労働じゃ足りんで）。それを買うために、**人生の時間をそれだけ捧げる価値**はあるかな？

質問④ 他のもので代替できないか？

例えば、「健康は大事だからジムに通いたい」と考えている人は、こう考えてみるのはどうやろか？
「オフィス内ではエレベーターを使わず階段を使う」「一駅分歩いてみる」「近所の公園で筋トレする」「YouTubeで無料のエクササイズ動画を見て実践する」etc…
望んでいる結果は、本当にそれを買うことでしか得られないのか？ **他の手段を検討**してみてもええんちゃうかな。

質問⑤ 快適・安心・お金持ちになる、どれを優先するか？

一般に、お金は使えば使うほど生活が快適になる。安心もできる（セキュリティの強い住宅、手厚い保険等）。せやけど、お金を使っている以上、お金持ちからは遠ざかる。お金持ちを目指すということは、**お金持ちになることを最優先**して、（資産形成過程では）**快適・安心の優先度を下げる**ということや。それができるかな？

質問⑥ その支出がライフスタイルの一部になると、経済的自由は何年遠のくか？

生活費が増えれば、経済的自由のために必要な資産も増える。資産運用の利回りを 4％とすれば、月1万円＝年間 12 万円を賄うのに必要な資産は 300 万円（300 万円×4％＝ 12 万円）。一般に 300 万円貯めるには 3 ～ 6 年はかかる。つまり、**月1万円の生活費アップには、経済的自由を 3 ～ 6 年遠ざける破壊力**があるんや。

質問⑦ そのお金は将来いくらの価値になるか？

目の前の 1 万円、今使わずに年利 7％で 50 年運用すると**約 30 万円**になる。10 万円なら約 300 万円や。経済的自由は、「目の前の 1 万円」をコツコツ積み上げた先にある。**将来、大金に化けるそのお金**。今、どうしても使いたいかな？

確かに、こうやって自問自答を繰り返せば、本当に満足できるお金の使い方しかしなくなりそうだね！

最初は「めんどくさっ！」て感じるかもしれんけどな。慣れてきたら、パッと自問自答できるようになるで。そうなればしめたもの。
どんどん資産が増えるようになること間違いなしや。

うん！ そんな気がする！ ……でもさ……。

なんや、寂しそうな顔して。

固定費……変動費……こうやって、節約ばっかの人生で、本当に良いのかなって。もっと良い暮らしをしたい気もするな……。

良い暮らしって何？

節約ばっかりの人生なんてイヤだ！ という人は、「**良い暮らし**」の定義について考えてみて欲しい。「お金に困らない人生」を歩んでいる人と、いわゆる「フツウ」の人。実のところ「良い暮らし」の定義が全然違うんや。

良い暮らしの定義

フツウの人	お金に困らない人生を歩んでいる人
たくさんお金が使える暮らし！	経済的基盤のしっかりした暮らし
・良い腕時計/アクセサリーをつけられる ・広くて新しい家に住める ・良い車に乗れる ・良い洋服を着られる ・最新の家電が買える ・別荘やボートを持てる	・仕事をクビになっても10年暮らせるだけの貯金がある ・自分に万一のことがあっても残された家族が困らない ・世の中が不況やインフレでも生活が苦しくならない ・子どもに好きな進路を選ばせてあげられる ・老後には働く必要がない

どちらが良い暮らしなのか、正解はない。ただ、これだけは言えるで。

○ 経済的自由を手にしてから、たくさんお金を使う暮らしに移行することはできる
× たくさんお金を使う暮らしをしてから、経済的自由に移行することはできない

自分の人生で「**両方の良い暮らし**」を体験したい人は、**順番を間違えたらアカン**ということやな。

確かに、経済的基盤のしっかりした暮らしって、不安の少ない「良い暮らし」だね！

 せやで。お金に苦労しない、振り回されない。それだけでも、十分価値のある「良い暮らし」や。

お金持ちになれば、使えるお金も増えていく……か。
うん、未来は明るいぞ！ 家計管理頑張ろ〜っと！

 四象限表・ライフプラン表等、家計管理に使えるテンプレートをオンラインコミュニティ「リベシティ」で無料配布中！
https://site.libecity.com/

STEP 1　お金を《貯める》― やってみよう！家計改善チェックリスト ―

やってみよう！
家計改善チェックリスト

いやぁ〜、貯める力編、盛りだくさんだったねぇ。
やるべきことを一覧できる表が欲しいなぁ〜〜。

そう言うと思って、**チェックリスト**を作っておいたで。
「〜について学んだ」みたいな**ふわっとしたやつじゃなくて**、
「**具体的なアクション**」を起こしたかどうかを確認できるよう項目を**厳選**してあるからな。

🗒 家計改善チェックリスト

ジャンル	ページ	アクション	
通信費	32	**格安SIM**に乗り換えた	☐
サブスク	36	**サブスク一覧表**を作って、満足度（利用頻度）の低いものは解約した	☐
保険	48	**高額療養費制度・傷病手当金**などを踏まえて、医療保険を見直した	☐
保険	56	**遺族年金**などを踏まえて、生命保険を見直した	☐
保険	68	**介護保険**の仕組みを踏まえて、民間の介護保険を解約した	☐
保険	72	**出産育児一時金など3種類のお金**を踏まえて、医療保険を見直した	☐
保険	76	**必要な民間保険は3つ**だけ（火災保険、対人対物の損害保険、掛け捨ての生命保険）を踏まえて、**不要な民間保険**（候補：医療保険、養老保険・終身保険、個人年金保険、学資保険、ペット保険、地震保険、外貨建て保険など）を解約した	☐
家	98	家を借りる場合の「**正しい予算**」を認識して、引っ越しを検討・実施した（正しい予算を上回るところに住んでいた場合）	☐
家	104	**業者指定の火災保険**は見直して、自分で安い火災保険に加入し直した	☐
家	106	賃貸物件の**家賃値下げ交渉**にチャレンジした（状況的に、家賃交渉値下げの余地がある場合）	☐
車	118	車が**金食い虫**であることを認識し、**代替策**を踏まえて車を手放すことを検討・実施した	☐
車	124	保険の本質（低確率・大損失に備える）を踏まえて、**車両保険を外す**など、自動車保険の内容を見直した	☐

162

STEP 1

ジャンル	ページ	アクション	
税金	138	会社員が使える数少ない実質節税、**ふるさと納税**をやった	☐
税金	140	医療費控除の対象となる支出を理解し、**医療費控除**の検討・申請した	☐
税金	142	**扶養控除**について理解し、「**損しない人**」になるための方針を立てた	☐
税金	148	会社員最強の節税策「**副業・青色申告**」について理解し、副業の開始を検討し始めた（参考：おすすめの副業15選→ P.246〜）	☐
家計管理	154	不要な**銀行口座・クレジットカード**を解約し、**家計簿アプリ**を導入した	☐
家計管理	156	**四象限分析**を行って倒すべき敵を認識したうえで、支出済みの変動費について「**永遠の自問自答**」を行った	☐

おぉ！ これ、チェックが増えていったら、絶対今よりお金が貯まるようになってるよね！！

その通り。Before → After で見て、数万円レベルで改善されること間違いなしや。しっかり活用してな〜。

もっと詳しく！

日本最大規模のお金のオンラインコミュニティ「リベシティ」では、全300項目以上（2024年10月時点）に及ぶ「5つの力を鍛える宿題リスト」を公開しています。
https://site.libecity.com/content/fiveforces

STEP 1　お金を《貯める》 ― コラム：貧乏ルートまっしぐら！「金利」を敵に回すな！ ―

コラム：貧乏ルートまっしぐら！
「金利」を敵に回すな！

「利息を取ったら地獄に堕ちる」

そう考えられていた時代があったこと知ってるやろか？　旧約聖書には、

「同胞に利息を取って貸してはならない。銀の利息、食物の利息などすべて貸して利息のつくものの利息を取ってはならない」（申命記 23 章 20 節）

とハッキリ書いてあるんやで。

各宗教の立ち位置は、現状ではこんな感じやな。

- イスラム教：いまも建前としては利息を取ることは禁止
- ユダヤ教：「同胞」から利息を取ることは禁止
- キリスト教：16 世紀の宗教改革で解禁、利息を取ることが可能に

金利を取ることが可能になったのは、金貸しがいないと**経済が回らん**からや。要するに、宗教的・倫理的には認めたくないのが本音なんやな。

　だから、ユダヤ教では**仲間からは利息を取られへん**。キリスト教では、利息を取ることが解禁された後も、「**高金利はダメ**」「**複利はダメ**」といった感じで、常に一定の制限がかけられてきたんや。

なぜ、利息を取ってはいけないのか？

なぜ、利息を取ってはいけないのか？ それは、**金利が「人生を破壊する力」を持っとる**からや。

消費者金融でお金を借りた場合、上限金利（実質年率）はだいたい18％ほどや。もし仮に、このレベルの高金利で「複利で」借金をしてしまうとどうなるのか。50万円を借りっぱなしにしてしまった場合、30年後にいくらになるか想像できるやろか？

正解は、なんと7,100万円。

金利を払うだけの人生になりかねへんで。まさに、**金の奴隷**や。高金利の借金を苦に自殺してしまう。ヤケクソになって事件を起こす。そういう話は、歴史的にも、世界的にも、いくらでも見つかるんやで。

2008年に起きた世界的な金融危機、リーマンショックを起こす引き金になったのも、**高金利の住宅ローン**や。

歴史的な超低金利時代の今でさえ、日本で「普通の暮らし」を送るために借金を使うと、生涯で軽〜く**1,000万円近い利息**を払うハメになるんやで。

利息を払わずに生活するだけで、1,000万円もお金が浮くんや。借金しなければ、老後**2,000万円問題の半分が解決してしまう**ということやな。

もしも自分が「お金を貸す側」にまわると……？

　そして、逆に、もし自分が「お金を貸す側」「お金を出資する側」に回ったらどうなるか、イメージできるやろか？今度は、すごい勢いでお金が増えていくことになるで。月5万円の投資を30年続けたら（年利5％）、元本1,800万円が約4,200万円になるんや。

「金利」と上手に付き合おう

味方にすると、これほど頼もしいヤツはいない。
敵にすると、これほど恐ろしいヤツはいない。

> そう、それが金利。

天使にも、悪魔にもなりうるコイツと、いかに上手に付き合うか。それが、経済的自由を目指すうえで非常〜に重要なポイントになることを、ぜひ知っておいてな。

お金を《増やす》
— 貯蓄を投資にまわして資産運用しよう —

STEP 2 お金を《増やす》— 貯蓄を投資にまわして資産運用しよう —

「お金のなる木」は自由のための必須アイテム！
増やす力を育てよう

💪 実践すると ……▶ 働かなくても収入を得られる

「貯める力」を身につけたら、家計がすごく楽になったよ！
貯金も増えてきたことだし、次は資産を買う番だね！

おう、頑張ってるやないか。「貯める力」がついてきたこと
やし、次は「増やす力」いってみよか。

 おさらい：今の状態はコレ

あれ？ ふと思ったんだけど、「増やす力」ってほんとに必要？
せっかく増えた貯金が減っちゃったらイヤだし、なんだか怖
いかも。「貯める力」を手に入れた僕に必要なのは、あとは「稼
ぐ力」だけ……って可能性はないかな？

168

経済的自由の定義を忘れてへんか？ 経済的自由というのは、「生活費＜資産所得」という状態。資産所得を作らん限り、決して到達できへんで。
「貯める力」で生活の満足度を下げずに生活費を引き下げることができたら、いよいよ「増やす力」で資産（お金のなる木）を買っていくんや！

資産所得こそが自由の土台。残酷な話、リーマンくんに自由がないのは資産所得がないからや。「増やす力」を本気で学ぶかどうかが、人生の分岐点になるで。気合い入れてやっていくで！

STEP 2　お金を《増やす》― 投資を始める準備をしよう ―

投資を始める前の準備 ①
生活防衛資金を確保しよう

💪 **実践すると** ･･･▶ **いざという時の命綱を作れる**

　　うおーーー！！ やるぞ！ 経済的自由を手に入れるぞ！
　　投資！ 投資だーーー！！ 株式と不動産を買う！ 早く買おう！！

　　ちょい待ち。本格的に投資を始める前に、まずは準備が必要や。キミ、ちゃんと生活防衛資金は確保してるんやろな？

　　……？？……なにそれ？？

　　ほな、詳しく解説するわ。

💪 なぜ生活防衛資金を確保しておく必要があるの？

　生活防衛資金。その名の通り、まさに生活を防衛するための資金や。リストラされた時、病気で働けなくなって収入が途絶えた時などに、生活を維持するための命綱やな。

- 投資用のお金
- 生活防衛資金

この2つは、**絶対に混ぜたらアカン**で！

生活防衛資金が必要な理由は、以下の3つや。

　①急なトラブルに対応できる
　②お金が貯まりやすい体質になる
　③投資で成功しやすくなる

それぞれ解説していくで。

① 急なトラブルに対応できる

　株式・債券・不動産・金（ゴールド）といった資産は、売りたい時に、売りたい値段で、すぐ売れるとは限らんねん。特に、不動産なんかは売却して現金化するまでにかなり時間がかかるのが普通やで。
　もし「明日までに 30 万円必要！」ってなった時に、預金口座の残高がゼロやったら困るやろ？ ある程度の現金・預金があるからこそ、急なトラブルにも余裕をもって対応できるんやで。

② お金が貯まりやすい体質になる

　たとえば、生活防衛資金が貯まっていると無駄な保険に入らなくてよくなるで（無駄な保険に関しては P.78）。
　最低限の貯金がないから何かあったときに困る → だから保険に入る → でも保険に入ってたらお金は貯まりにくい → 始めに戻る
　という負のループから抜け出せるんや。まとまった貯金があれば不要！ という保険はかなり多いで。生活防衛資金を確保しておくことで、家計が引き締まって、結果的に投資に回せるお金も増えていくというわけやな。

③ 投資で成功しやすくなる

　生活防衛資金を確保しておけば、暴落時に焦らなくて済むで。何が起きても生活の安全は守られとるわけやからな。つまり、生活防衛資金が「精神安定剤」の役割を果たすということ。
　人間、パニックになると変なことをして大損するもんなんや。成績の良い投資家は、しっかりとした資金管理をして、いつも冷静にしとるな。

なんだか思ってたよりもずっと大事なんだね……。
でもさ、具体的にどれくらい貯めたらいいの？

会社員なら生活費 6 ヵ月分、自営業者なら生活費 1 年分ってとこやな。

生活防衛資金はいくらあれば良い？

　生活防衛資金の必要な金額はその人の状況によって異なるで。
　会社員なら生活費 6 ヵ月分、自営業者なら 1 年分
がとりあえずの基準や。
　会社員の方が少なくて済むのは、傷病手当（P.49）、雇用保険等（P.58）があるからや。フリーランスは会社員に比べて保障が少ないから、多めに貯めておく必要があるで。

なるほど。じゃあぼくの場合は半年分だね。
ちなみにそれはどこに貯めておけばいいの？ 銀行は倒産とかしそうで怖くない？ 家にこっそり隠しておこうかな。

いわゆる「タンス預金」は全くおすすめせえへんで。火事や盗難のリスクは銀行の倒産リスクよりよっぽど大きいんや。

ぎ、銀行に預けるよ！ なんとか半年分はありそうかな……。
もしも生活防衛資金が足りてなかったら、投資は絶対やっちゃダメなの？

投資は生活防衛資金が貯まるまでやっちゃダメ？

　生活防衛資金が貯まる前に投資をスタートするのは、おすすめせえへんで。まず、生活防衛資金を貯める。それから、無理のない範囲、少額で投資を始める。これが王道や。

　「早く投資しなきゃ！」と焦らなくても、固定費（特に保険、家、車）を見直す → 生活防衛資金を貯める → 投資に回すお金を増やす、という順番の方が、結果的に効率よく資産を増やせるで。

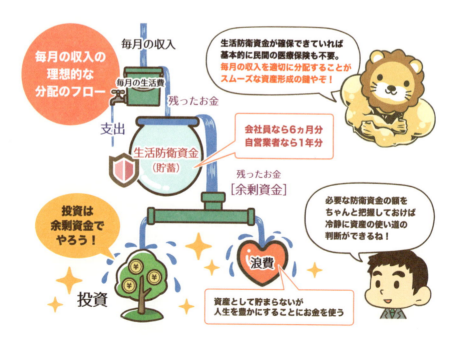

気になるギモン！〜教えて！ヒトデ先生〜

Q.1 生活防衛資金が貯まったら、もう残りは「全部」投資に使って良いよね？

A. 気持ちは分かるけど、最初はひかえめにね！
例えば、生活防衛資金が300万円、余剰資金が200万円あるとしても、余剰資金200万円をいきなり全部投資に突っ込むのはおすすめしないよ！

Q.2 どうして？ 投資した方が、どんどんお金が増えるんじゃないの？

A. 投資である以上、損する可能性は必ずあるよ。
リスクのない投資はない。これだけは絶対に覚えておいてね。

Q.3 どんなリスクがあるの？

A. たとえば、こんなリスクがあるよ。

- 価格変動リスク
  値下がりして、元本割れしてしまうかも。
- カントリーリスク
  投資先の国・地域で災害や紛争等が起きて、損してしまうかも。
- 信用リスク
  国・会社が破綻して、貸したお金が返ってこないかも。
- 流動性リスク
  買い手が見つからなくて、自分が持っている資産を売りたい時に売れないかも。

他にも、為替リスクとか金利リスクとか、いっぱいあるよ。
投資の利益は、恐怖料を支払う（＝リスクを取る）ことで得られるものなんだ。
もしリスクを取りすぎると、お金を失う恐怖に怯えて夜も眠れなくなっちゃうから、最初は慎重にいこうね！

STEP 2　お金を《増やす》— 投資を始める準備をしよう —

投資を始める前の準備②
騙されないために相場を知ろう

💪 実践すると ⋯▶ 投資詐欺を回避できる！

よ〜〜し、生活防衛資金も貯めたし、早速投資だ〜〜〜！ふむふむ、これは利回りが月利 50% か。100 万円投資したら来月には 150 万円になるってことだよね。投資ってこんなに儲かるんだすごい！ よし、早速入金入き……

あかーーん！ そりゃ**詐欺**や！！

ヘブシ!! さ、詐欺……？？

投資をするならまずは「**相場を知る**」のが不可欠やで。相場を知らないで投資を始めると、ほぼ 100% 騙されるからな。

💪 投資で「相場」を知ることの重要性

　投資の世界は恐ろしいもので、無知な人を騙そうとする輩がワラワラいるんや。とはいえ、投資を避けて経済的に自由になるのは不可能なのも、また事実。
　そこで、騙される可能性を減らすために最も大切なのが「**相場を知る**」ということなんや。

　例えばスーパーで大根が 1 本 5,000 円で売ってたら「高すぎておかしいーー！ 誰が買うかーー！！」って思うやろ？それは、君たちが大根 1 本の「**大体の値段**」つまり「**相場**」を知ってるからなんや。

　投資の場合でも、「高すぎておかしいーー！」というものを買わされないためには、相場を知っておく必要がある。「大根 1 本はこれくらいの値段やな」と思うのと同じように、投資するものの「大体の値段」が分かれば OK や。それを全く知らんまま買い始めてしまったら、そら騙されてしまうで。

なるほど……。確かに普段買うものなら大体「これは高い」「これは安い」って判断ができるかも。それが「相場を知っている」ということなんだね！

せや。そんな難しい話ちゃうで。

でも、実際投資の世界でもそんな基準みたいなものがあるの？

もちろんあるで。投資では「利回り」という言葉で表されることが多いな。その利回りの「目安」は絶対に知っておいた方がええで。

※利回り（年利回り）とは、投資した金額に対する利子も含めた年単位の収益の割合のこと。

目安になる利回り

　まずは目安として世界中の株式全てに投資した場合の平均利回りを紹介するで。「年5～7％」と言われとる。100万円投資したら、1年で105万～107万円になる。ってことやな。
　これがザックリした目安になるで。もちろん何に投資するかによっても利回りは変わってくるけど、1つの基準として頭に入れておこうな。

　ちなみに「世界最高の投資家」と言われるプロ中のプロ、ウォーレン・バフェットさんの投資成績は年利約20％と言われているで。これは神がかり的な数字や。世界のトップの人でこの数字なんやから、これ以上の利回りを保証するような投資商品は詐欺の可能性が高いわな。

世界トップクラスの人で年利20％……。じゃあさっきの僕が買おうとした月利50％の商品って……。

1000000000000000％ 詐欺やな。目安としてはさっき紹介した年利5～7％と比べてみるとええで。
おそらくキミが投資しようとした商品は有名な「ポンジ・スキーム」という手法の詐欺やな。

175

投資初心者は要注意！ポンジ・スキームに騙されるな！

異常な高利回りの商品をすすめられた場合、この「ポンジ・スキーム」である可能性が高いで。

この詐欺から抜け出るには、一刻も早く解約して全額返金してもらうしかない。早い時期なら「下手に騒がれて他のカモに逃げられると困る…」という理由で返金してもらいやすい。

要するに投資でも何でもないただの詐欺や。こんな謳い文句と一緒に紹介されることが多いで。

- 元本保証
- 確実に儲かる
- ローリスクハイリターン
- あの芸能人も投資

利回りの高い投資には、それなりのリスクがつきものや。それなのに「低リスクで高リターン」を謳う商品には、詐欺の疑いを持った方が良いで。

相場から外れている場合は特に注意が必要や。

そ、そうか……。確かに相場を知っていれば、絶対におかしいって気づけるね。

「あなただけに特別」な上手い話なんて、投資の世界にはまずないで。
投資初心者には100%ないと思っておいてちょうどいい。
そんな話を持ってくるのは、キミのことを騙そうとしてる詐欺師だけや。
……まさか他にも似たような話来てるんちゃうやろな？

（ビクゥ！）じ、実は先輩から個人で出資を募ってるって案件を紹介されてて……。

それも詐欺やろな。

私募ファンドには絶対に投資しないこと

　素人が私募ファンド（資金を募る対象者が狭く限定されているファンド）に手を出すと、詐欺の被害にあう可能性が高いで。
　普通に考えてみて欲しいんやけど、一部の人にだけ紹介されるような超おいしい儲け話が、投資初心者の君たちのところに転がり込んでくる可能性ってどれくらいあるやろか？　人はみんな「自分だけ特別に教えてもらえる裏技」に弱いもんやけど、投資の世界にそんなものはない。仮にあったとしても、ド素人の所にそんな話は来んしな。

気になるギモン！～教えて！ヒトデ先生～

Q.1　でも信頼できる先輩や親友から持ち掛けられた話だし……

A.
「先輩」や「親友」も騙されてる可能性が非常に高いよ。
あるいは最悪、「先輩」や「親友」にカモにされている可能性もあるよ！
（別の人を紹介すると高額な紹介料をもらえる仕組みになっていることもある）

Q.2　芸能人や著名人もやっているらしいし……

A.
広告費を貰って、広告塔をしている可能性が高いよ。
もしかしたら芸能人や著名人自身が騙されている可能性もあるよ。

177

STEP 2　お金を《増やす》 ― 投資を始める準備をしよう ―

投資を始める前の準備 ③
投資商品の種類と特徴を知ろう

> 💪 実践すると ⋯▶ 基本的な投資商品を理解できる

よっしゃ。「生活防衛資金を確保する」「相場を知る」の2つができたら、いよいよ投資を始める前の準備、最後は投資商品の勉強や！

待ってました！

代表的な5つの投資商品について、その概要と特徴を紹介していくで。

投資商品を知ろう

　投資商品には本当にたくさんの種類があるんやけど、投資初心者がおさえておくべき投資商品は5つだけや。

①株式
②債券
③不動産
④コモディティ（商品）
⑤預金

ひとつずつ、順番に解説するで。

① 株式

　株式とは、株式会社が個人や他の企業から資金調達するために発行する「証券」のことや。企業に出資して株式を受け取ったオーナー（株主）は、株式の値上がりや配当金によって、利益を得られる可能性があるで。
　日本、アメリカ、ヨーロッパなどの先進国にある企業の株式は「先進国株」、中国、インド、ブラジルなどの新興国にある企業の株式は「新興国株」と呼ばれるで。

> **株式の特徴**

- 一般に、**ハイリスク・ハイリターン**（1年で半値になったり、2倍になったりすることもある）
- 長期的な期待利回りは、年利 4.4% 〜 8.2%（※）
（先進国株は低利回り、新興国株は高利回り）
- 値下がりリスク、倒産リスク、為替リスク等がある
- インフレに強い

② 債券

　債券は、国や地方公共団体、企業などが資金調達のために発行する「借用書」みたいなものや。債券を購入した投資家は、債券価格の値上がりや利息によって利益を得られる可能性があるで。

　ちなみに、潰れなさそうな国・企業（＝信用度の高い発行体）が発行した債券は、踏み倒されるリスクが小さい代わりに、利回りが低くなるで。

債券を買う＝そこにお金を貸すということ

> **債券の特徴**

- 一般に、**ローリスク・ローリターン**
- 長期的な期待利回りは、年利 1.1% 〜 4.7%（信用度の高い債券は低利回り、信用度の低い債券は高利回りになる）（※）
- 値下がりリスク、債務不履行（お金を返してくれない）リスク、為替リスク等がある

③ 不動産

ざっくり、4種類の投資先があるで（上の図）。

家賃収入や物件の**値上がり**で、利益を得られる可能性があるで。現物の不動産に直接投資することもできるし、不動産に投資している「ファンド」に投資することで間接的にオーナーになることも可能や。

> **不動産の特徴**
>
> - 一般に、**ミドルリスク・ミドルリターン**
> - 長期的な期待利回りは、年利 3.7%〜 7.1%（※）
> - 空室リスク、値下がりリスク、災害リスク、売りたい時に売れないリスク等がある
> - インフレに強い
> - 現物不動産に投資する場合
>   - 銀行からお金を借りて投資できる
>   - 投資に必要な資金額が大きい（数百万円〜）
>   - 経費を使って節税できる
>   - 他の投資と比べると、管理の手間がかかる
> - 不動産ファンドに投資する場合
>   - 少額で数多くの物件に投資することが可能
>   - 管理の手間が一切かからず、株式と同じように売買できる

④ コモディティ（商品）

コモディティとは、原油などの「エネルギー」、金・プラチナなどの「貴金属」、トウモロコシ・大豆などの「穀物」のことや。

これらの商品に投資しておくと、**値上がり**によって利益を得られる可能性があるで。

初心者が投資を検討する余地があるコモディティは、金（ゴールド）やな。

> **ゴールドの特徴**
- 一般には安全資産と呼ばれるが、意外に値動きが激しいハイリスクな資産
- 長期的な期待利回りは、年利 1.5%（※）
- 値下がりリスク、為替リスク、保管リスクなどがある
- インフレに強い
- 世界的に価値が認められており、太古の昔から重宝されている
- 利息や配当は出ない
- 不況時に値上がりする傾向があり、有事の金と呼ばれる

（※）JP モルガン・アセット・マネジメント「2024 Long-Term Capital Market Assumptions」より

⑤ 預金

　意外かもしれんけど、預金・定期預金も立派な投資商品の１つや。知ってのとおり、お金を預けることで利息が得られるで。
　とはいえ、日本における現在の普通預金金利は大体 0.1%、月１万円の利息を貰おうと思うと預金額が 1.2 億円も必要になるな。

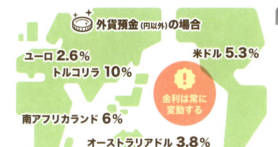

> **預金の特徴**
- 超低金利！
  日本じゃ増えない
- 外貨預金は高金利だが、為替リスクあり
- インフレに弱い

この５つがキホン的な投資商品なんだね。仮想通貨（ビットコインとか）には投資しなくていいの？ 他にも……。

ただのギャンブルになるからオススメせんで。
他にも、ソーシャルレンディング、FX とかいろいろあるけど、初心者は手出し無用や。歴史の浅い投資商品は無視！

株式・債券・不動産といった「歴史ある資産」を中心に投資していこな！

STEP 2　お金を《増やす》— 投資を始める準備をしよう —

投資を始める前の準備④
複利の力を知ろう

👉 実践すると ⋯▶ 長期投資のすばらしさがわかる

歴史の浅いワケわからん投資商品やなくて、株式・債券・不動産みたいな **キホン的な資産に長期投資** すると、バッチリお金が増えていくで。

長期投資かぁ……**デイトレード** とかはダメなの？

短期間で売買を繰り返す投資方法は、ほとんどの人が負けるからおすすめせえへんで。長期投資の **究極の魅力** を解説するで。

👉 長期投資の究極の魅力

　長期投資とはその名の通り、資産を長いこと持ち続ける投資や。日々の値動きではなく、長い目でみた収益に注目するやり方でで。ワシが長期投資をおすすめする理由は、この2つ。毎晩寝る前に復唱してほしいくらい、重要なポイントや。

①収益が安定する
②複利の力が活きる

長期投資の魅力① 収益が安定する

　右のグラフ「株式投資の投資期間と年平均リターンの範囲（1950～2023年）」をじっくり見て欲しい。投資期間別にみた、米国株のリターンや。

（出典：J.P. モルガン・アセット・マネジメント Guide to the Markets 2024 2Q 版より筆者が抜粋、翻訳して作成）

182

投資期間が1年の場合、リターンは−37%〜+52%まで大きな幅があるわな。たくさん損する人もおるし、たくさん得する人もおるということや。

一方、投資期間が20年の場合は、リターンは+6%〜+18%の間や。投資期間が長くなるとリターンの振れ幅が小さくなり、**イイ感じに安定する**んや。驚愕なのは、ここまで投資期間を長くとれば**誰1人として損しない**という点や。

（まともな投資商品に投資しているなら）投資期間を長くとれば損しない！というのは、米国だけじゃなくて日本の研究でも明らかになっとるで。

長期投資の魅力② 複利の力が活きる

「複利」というのは、利息計算方法の一種やな。ただの利息計算と思って侮るなかれ。複利には、あのアインシュタインに「人類最大の発明」と言わせたほどパワーがあるんやで。下の図を見てや。

紫の線と赤い線で、金額の増え方にずいぶん差があるやろ？ それぞれの年の利息金額はこんな感じやな。

100万円を5%で運用した場合の利息金額 (単位：万円)

	1年目	2年目	3年目	30年目
単利	5	5	5	5万円
複利	5	5.25	5.51	20.58万円

投資期間が長くなると、資産は**複利の力で爆発的に増えていく**んやで。

どや？「収益の安定性」と「複利の力」。短期的な損益にまどわされず、数年〜数十年先を見据えて投資をするのも悪くないやろ？

そうだね！長い目で、じっくりやっていくことにするよ！

STEP 2　お金を《増やす》― 株式投資に挑戦しよう

何に投資すればいいの？
インデックスファンドに投資しよう

👊 **実践すると** ⋯▶ 初心者でもプロ級の投資ができる

株式・債券・不動産みたいなキホン的な資産に投資することにするよ！まずは株式を買おうかな！
具体的にはどういう企業の株式を買えばいいのかな？

初心者に一番おすすめなのは「**投資信託（ファンド）**」やな！

👊 投資信託（ファンド）って何？

　投資信託を一言で表すなら「たくさんの投資家から集めたお金を1つの大きな資金としてまとめ、運用の専門家が代わりに投資・運用する商品」のことや。プロに任せる投資やな。

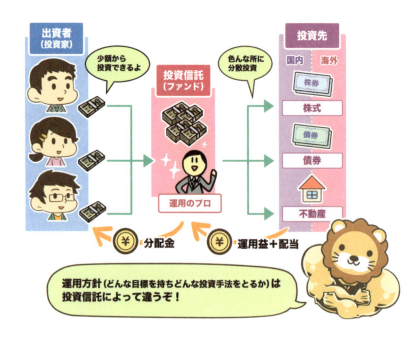

184

・日本株だけに投資するファンド
・世界中の株式に投資するファンド
・株式だけじゃなくて、債券や不動産にも投資するファンド
いろいろなタイプのファンドがあるんやで。

わかるようなわからないような……。

まあ投資に馴染みがないとピンと来ないかもしれへんな。
じゃあこんな例やとどうやろ。

投資信託をリンゴ農園に例えた場合

「リンゴの木を育てて果実を得たいけど、どの苗木が良いか、自分たちにはわからない。もし1本だけ買って、それが枯れたら大損！」というシーンを想定してみよか。そこで「そうだ！ みんなでお金を出し合って、プロである農家のおっちゃんに任せよう！」と考えるのが投資信託の発想やで。

苗の買い付け
いろんな品種の苗を揃えるよ。個人では買いにくい高い品種や海外の品種も買えるのは農園ならではの魅力♪

苗の入れ替え
農園の運用方針に沿って常に最適な品種の苗に入れ替えるよ！

リンゴの分配
収穫したリンゴを出資者に分配するよ！

おお！なんとなくイメージできたかも！

👉 投資信託が初心者におすすめな理由

① 運用会社（プロ）が運用してくれる！
プロに運用を任せられる。個人では買いにくい海外の株などにも投資可能。

② 透明性が高い！
毎日 基準価額 が公表されるので資産価値や値動きが分かりやすい。
※その投資信託の値段のこと

③ 少額から購入できる！
通常、株式や債券の投資には、ある程度まとまった資金が必要。しかし投資信託は1万円程度から手軽に始めることができる。

④ 分散投資でリスクヘッジできる！
投資先が分散されるため、"特定の投資対象だけに投資して資産が全滅するリスク"が低い。

おお〜〜、なんだかすごく良いものに見えてきたよ。

 そういうことや。ただしこういった注意点もあるから気を付けるんやで。

👉 投資信託の注意点

● 運用手数料が発生するよ
運営会社に払う手数料が発生するので運用益がそのまま還元されるわけではない。

> 人に任せる以上は手数料が発生するのが普通とはいえ、ぼったくりの投資信託も多いので注意すること！

● 元本保証の金融商品ではないよ
投資信託の運用成績は市場環境などによって変動するので運用が上手くいかずに損失を出す可能性もある。

> 元本や運用実績の黒字を保証する投資信託は存在しない。つまり、元本保証や高利回りの配当を謳った商品は**詐欺やポンジ・スキームの可能性が高い！** 気をつけてな〜

注意点は分かった！ ところで、ひとくちにファンドって言ってもめちゃくちゃたくさんあるみたいなんだけど……**どんなファンドを選べば良い**のかな？

ええ質問やな。ワシは圧倒的に**インデックスファンド**をおすすめするで。

インデックス？？？ 急に訳がわからないよ！

そんな難しい話じゃないから大丈夫や。説明してくで。

🦁 インデックス（指数）ファンドっていったい何？

インデックスファンドとは、
・日経平均
・TOPIX（東証株価指数）
・S&P500
・ダウ平均

のような「指数」に連動した成果を目指す投資信託のことや。もうちょっとかみ砕いて説明するで。

指数というのは、「取引所全体」や「特定の銘柄群」の値動きを表すもののことや。例えば「日経平均」の値動きを見れば、日本の有名企業225社の株価が全体としてどう動いたかわかるんやで。

「日経平均という指数に連動した成果を目指す」＝「日経平均が5％上昇したら、自分の資産も同じく5％上昇する状態を目指す」ということになるな。

えっと、例えば「これを買えば日経平均って指数と連動してるよ！」っていうファンドがあるってこと？

その通りや！自分で指数と連動するように考えて、225社全部を1社ずつ買うのは大変やから、そこはプロにまとめてもらうというわけやな。
前のページで習った「投資信託（ファンド）」がここで大活躍というわけや。

なるほどね〜。でもさ、どうせプロに任せるなら、指数よりもっと良い成績を出してくれるファンドがいいな〜。

ごもっともな希望やけど、指数に勝ち続けるファンドはほとんどないんやで。

なぜインデックスファンドなの？

ファンドには、大きく2種類あるんや。

　①**インデックスファンド**（指数に"連動する"ファンド）
　②**アクティブファンド**（指数に"勝とうとする"ファンド）

　一見、②アクティブファンドの方が良さそうに見えるんやけど、インデックスファンドより良い成績をおさめられるアクティブファンドは、なんとたったの10〜30%程度しかないことが、世界各国の数々の研究で明らかになっとるで。
　プロでさえ、指数に勝ち続けるのは難しいんや。素人が指数に勝ち続けるのはさらに難しいことなんやで。

結論、ワシは圧倒的にインデックスファンドをおすすめするで。今やインデックスファンドこそが資産運用の世界のスタンダードや。
・少額から幅広い分散投資ができる！（リスクを下げられる）
・圧倒的に低コスト！（運用手数料が安い）
・大半のアクティブファンドに勝てる！

なるほどね〜。
分かった！素直にインデックスファンドから始めてみるよ！

アセット・アロケーション（資産配分）について

インデックスファンドには、いろいろな種類があるで！

・株式だけに投資するファンド（ハイリスク・ハイリターン）
・債券だけに投資するファンド（ローリスク・ローリターン）
・上記をバランスよく混ぜたファンド

「株式・債券・不動産等（各特徴はP.178〜181）」を、それぞれどれぐらいの割合で保有するか？ これを**アセット・アロケーション（資産配分）**と言うんやけど、これがインデックス投資の成績を決める**いちばん重要な要素**になるで。

世界中に分散投資する場合、1年間での値動きイメージはざっくり次の通りや（95%の確率で下記の幅におさまる）。

・株式インデックス：－30%〜＋50%
・債券インデックス：－10%〜＋20%

株式に投資しすぎると、時に「資産半減」の大ダメージを受けるで。「攻めすぎたアセット・アロケーション」にならんように注意してな！

STEP 2　お金を《増やす》— 株式投資に挑戦しよう —

おすすめのインデックスファンドはどれ？
学長おすすめのインデックスファンド

👉 実践すると ⋯▶ "負けにくい" 投資ができる

おすすめのインデックスファンドってある？

いくつかあるで。その中でも、特にワシがお気に入りなのは、「S&P500」という指数に連動したインデックスファンドやな！

 結論：S&P500 に連動したインデックスファンドが優秀

　S&P500 は、アメリカで時価総額の大きい主要 500 社の株価を基に算出される「株価指数」や。TOPIX（東証株価指数）のアメリカ版といったイメージやな。

　S&P500 は、過去を振り返ると「**15 年以上保有したらほぼ 100% の確率でプラス収益**になってる」んや。もちろん未来もそうなるという保証はないんやけど、長い歴史から、優秀さが垣間見えるで。

　ちなみに S&P500 に連動した投資は、「投資の神様」と呼ばれるウォーレン・バフェットも推奨してるんや。自分が死んだら資産の 90% を S&P500 に投資しなさいと家族に言っているほどや。

なるほどねぇ。要するに「アメリカ全体を買う」ってイメージだよね？
でもなぁ僕は日本人だし、アメリカのことより日本の方が詳しいから日本に投資したいなぁ。

日本に投資したいという気持ちはわかる。海外に投資するのと違って、為替リスクの心配をしなくていいというメリットもある。
けど、日本への投資にも難しいところはあるで。

190

👍 日本ではなくアメリカに投資した方が良い理由

はっきり言って、日本に投資して勝つのは難しいで。その理由はグラフをみると明らかや（左のグラフ）。

日本株は上がったり下がったりしてるから、「買ったらただ持っていれば儲かる」という話にはなりにくい。1989年（バブル期）の最高値を更新するのに、なんと34年2ヵ月もかかってしまったくらいやしな。

それに対してアメリカ株は右肩上がりや（下のグラフ）。

基本は買って持っておくだけで資産が増えていくんやから、初心者向けと言えるで。もちろん「だからずっと上がり続ける！」という保証があるわけではないんやけど、2つを比べたらアメリカ株に投資したくなるのは当然やな。

👍 まだまだある！アメリカの魅力！

ワシがアメリカに投資を推奨する理由は、単に「これまで上がってるから」だけではないで。これからも上がっていくだろうと思える理由があるからや。

① 途上国なみに人口増加する唯一の先進国

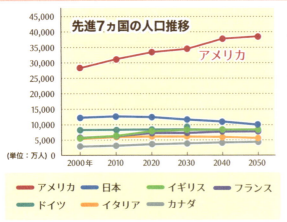

アメリカは発展途上国なみのペースで人口が増えていく唯一の先進国なんや。（総務省統計局『世界の統計2020』調べ）

基本的に、人口が増えると経済も成長していきやすいで。

② 金融法制がしっかりしていて、株主重視の文化

アメリカは金融法制が非常にしっかりしているで。新興国はどうしてもインサイダー取引などの不正が多くなる。そこで得する人間がいるということは、真っ当に投資する自分達のような人間が割を食う（＝損をする）ということなんや。また、アメリカは日本と比べても株主を非常に重視しているで。

③ 世界を変える数々のイノベーションが生まれる国

アメリカの企業の優秀さは日本にいても伝わると思う。Google、Amazon、Meta（旧Facebook）、Apple、Microsoft、テスラ、全部アメリカの会社や。そういう意味でも、これからもどんどん成長していく可能性を秘めているで。

右肩上がりの株価指数は、自然に生まれるもんやない。アメリカでは、ショボイ企業は上場させない。上場させても、その後ショボくなったら退場してもらう。だから、**イケてる企業だけが株式市場に残る＝強い株価指数が生まれる**わけや。

一方で、日本の株式市場では、そういう**新陳代謝がアメリカほど働いていない**印象やな。成長を諦めたゾンビ企業も、居残れるからな。

アメリカってすごいんだね……。
よし、僕もS&P500のインデックスファンドを買うぞ！

ほな、次ページで具体的な商品名を紹介していこか。
S&P500だけじゃなくて、その他の優良ファンドもまとめて紹介するで。

厳選！優良インデックスファンド

資産形成の主力！この2本がファイナルアンサー

商品名	特徴
eMAXIS Slim 米国株式（S&P500）	●米国を代表する株価指数、S&P500にまるっと投資できる ●信託報酬は、業界最安水準の年率0.09372％（税込） ●日本で時価総額1位の運用額を誇る
eMAXIS Slim 全世界株式（オール・カントリー）	●全世界47の国・地域にある約2,900の上場企業に投資できる ●このファンド1本で、世界の株式市場の約85％をカバー ●信託報酬は、業界最安水準の年率0.05775％（税込）

ワシとしては、「株式インデックスファンド（上記2本のどちらか）＋現金」だけのポートフォリオ（金融商品の組み合わせ）が一番おすすめ。シンプル・低コストで、成長性も抜群や。それだけでは不安！ という人は、もう少し投資商品を増やして分散投資を強化するとええで。

分散投資の強化に！その他の優良ファンド

投資対象	投資エリア	商品名
債券	先進国（日本除く）	eMAXIS Slim 先進国債券インデックス
債券	米国	【AGG】iシェアーズ・コア 米国総合債券市場ETF
債券	日本	eMAXIS Slim 国内債券インデックス
債券	新興国	【EMB】iシェアーズ J.P.モルガン・米ドル建てエマージング・マーケット債券 ETF
不動産	先進国（日本除く）	eMAXIS Slim 先進国リートインデックス
不動産	米国	【IYR】iシェアーズ 米国不動産ETF
不動産	日本	【1343】NEXT FUNDS 東証REIT指数連動型上場投信
ゴールド	－	【GLDM】SPDR Gold MiniShares Trust

（2024年9月時点）

うげぇ！ いっぱいあって吐きそう！
僕には「S&P500＋現金」くらいからが良さそうかなぁ。

うーん……いざ S&P500 に投資しようと思ったら、ちょっと怖くなってきたぞ。

アメリカへの**集中投資**になるからやろ？ もし将来、アメリカがコケたらどうしようって不安になる気持ちは分かるで。

そうなんだよ！ 日本だって、昔は「東京 23 区の土地価格でアメリカ全土が買える」（※）なんて言われるほど経済が好調だったワケで。もし、アメリカが日本みたいに長期的に不景気になったら……。

アメリカ一強を信じきれん場合は、**全世界株の方がいい**で。さっき紹介した、eMAXIS Slim 全世界株式（オール・カントリー）、**通称「オルカン」**なんかがワシ好みやな。

（※）第一生命経済研レポート（2019.05）「平成を振り返る～日本経済～『失われた希望』」

オルカンの魅力

オルカンも、S&P500 連動ファンドと同じように、**一生保有し続けられるレベルの最強ファンド**の 1 つや。魅力は次の 3 つ。

① 投資範囲の広さ

魅力の 1 つめは、**投資範囲の広さ**。オルカンに投資すると、**全世界 47 の国・地域**（※1）**にある約 2,900 の上場企業**（※2）に投資することができる。世界の株式市場の**約 85％をカバー**できるで。どこの国にどれぐらい投資してるかは右図の通り。

（※1）目論見書 2024 年 1 月 19 日時点
（※2）野村アセットマネジメント
https://www.nomura-am.co.jp/sodateru/stepup/investment-choice/world-stocks.html

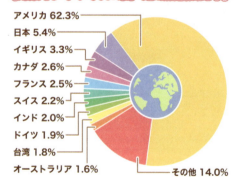
〈対象インデックスの国・地域別構成比率〉

各国・企業への投資比率は、**時価総額**によって決まる。簡単に言うと、「経済の大きな国・規模の大きい企業」にたくさん投資するということや。投資家としては、イケてる国・企業の経済成長にタダ乗りできるというワケやな。

ちなみに、全世界株の1987年以来のリターンは年率8.94％（※）。1年2年といった短期では大きな値動きがあるけど、腰据えて15年とか長期投資できるなら、このぐらいの数値に落ち着いてくるんちゃうかな。
（※）MSCI ACWI Index (JPY)　2024年4月30日時点

② 手間のかからなさ

魅力の2つめは、**手間のかからなさ**。リーマンくんの言うように、栄枯盛衰があるのが経済や。どんなに強い国・企業にも、浮き沈みがある。オルカンは、そこを踏まえたうえで投資比率を**自動調整**してくれる。下のグラフは、世界の株式市場に占める各国のシェアを表しとる。

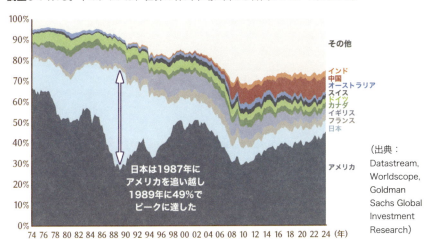

時代によって大きく動いてるのが分かるやろ。こうやって経済状況が変わっても、投資家自身は、何もしなくても良い。オルカンが、伸びている国・企業への投資割合を増やして、低迷している国・企業への投資割合は減らしてくれるからや。全自動の**新陳代謝システム**みたいなもんやな。

③ コストの低さ

魅力の3つめは、**コストの低さ**。オルカンの信託報酬は、年0.05775％（税込）。オルカンを100万円分保有していた場合、かかるコストは年間578円。驚愕の安さやろ。オルカンは「業界最低水準の運用コスト」を掲げていて、他社類似ファンドが運用手数料を下げると、追随して手数料を下げることが多い。いつどんな時も「**オルカンが最低水準のコスト**」になるワケやから、安心して保有し続けられるな。

**米国か？ 全世界か？ 永遠のテーマやな。
米国株がメイン**という点では、大差はない。**自分にとって心地よい方**を選ぶとええで。

STEP 2　お金を《増やす》— 株式投資に挑戦しよう —

使わないなんてありえない！
NISA口座をフル活用しよう

> 💪 実践すると ⋯▶ 投資の利益に税金がかからなくなる

よーし！ 早速インデックスファンドを買うぞー！
って、どこでどうやって買うの？ コンビニに売ってるワケじゃないよね？

証券会社で口座開設して買うんや。
その時は、絶対にNISA口座を使うんやで。

証券会社……？ NISA口座……？

💪 証券会社で証券口座を開設しよう

　株式や債券、インデックスファンドといった投資商品を買うためには、証券会社で「証券口座」を開設する必要がある。

> ①証券口座を開く
> ②証券口座にお金を入れる
> ③そのお金で投資商品を買う

こういう流れやな。
　個人投資家には、圧倒的に**「ネット証券（楽天証券・SBI証券が２トップ）」**がおすすめや。投資商品のラインナップが豊富で、手数料が安い。アプリも便利やし、ポイント付与などの特典もある。何より、営業マンに「コレを買いませんか？」って営業されへんのがええな。自分のペースで投資ができるで。

　証券口座は、資本主義社会における**「富の倉庫」**。ここに、株式や債券をどんどん放り込んで、**富を増殖させていく**んや。低利息の銀行口座だけで経済的自由を手にするなんて、無理な話やで。証券口座こそが、経済的自由のインフラや。

196

証券口座を開設しようと思ったら、なんか色々と種類があるみたいなんだけど……？

小難しく見えるかもしれんけど、悩む必要はないで。

特定口座とNISA口座を開設しよう

証券口座には、ざっくり
① 一般口座
② 特定口座
③ NISA口座

の3種類がある。名前は「一般」やけど、一般口座を使う必要はまったくない。初心者は「**特定口座**」と「**NISA口座**」の2つを開設する、これが結論や。

> **特定口座**…… スタンダードな口座。「源泉徴収アリ」にしておけば、儲かった時に証券会社が税金の納付を代行してくれる。確定申告が不要になるため、超ラク。
>
> **NISA口座**… 儲けに対して税金がかからなくなる口座。非課税！最高！

通常、資産運用で儲けが出ると、こんな感じで税金がかかる。

「特定口座（源泉徴収アリ）」なら、これらの税金の納付作業は証券会社が**代行**してくれる。
NISA口座なら、**そもそも税金がゼロ**になるということやな。

税金がゼロ！？ なにそれすごい！

ふっふっふ。日本政府が用意したすんばらしい制度や。
将来、**NISA億万長者**がどんどん誕生してくると思うで。

NISAって何？

NISAは「**少額投資非課税制度**」のこと。イギリスのISA（Individual Savings Account ＝ 個人貯蓄口座）をモデルにした**日本版ISA**として、NISA（ニーサ・Nippon Individual Savings Account）という愛称がつけられとるんや。

税金がゼロ、素晴らしい響きやろ。ざっくりこんなイメージやな。

利益が1億円の場合、2,000万円もお得に！？ って学長〜、
そんなうまい話あるワケないでしょ！ 夢見させすぎだよ！

ところがどっこい。夢物語でもないんやで。

2022年、英国で「ISAミリオネアが続出している」というニュースが話題になった。英国の税務当局によると、100万ポンド（当時のレートで1億6,500万円）以上の資産を持つ人が、なんと1,480人（※）もいたらしい。

「この1,480人は、投資の天才だったんでしょ？」

そう思う人もおるかもしれん。でも、決してそうではないんや。ISAは「少額投資非課税制度」というだけあって、**年間2万ポンド（当時のレートで330万円）までしか投資できない**。彼らは、**コツコツと長期投資**を続けて、100万ポンドまで**資産を積み上げた**というワケや。

NISAの場合は、ISAよりも「非課税枠」が小さい。とはいえ、NISAもどんどん進化しとる（2024年の神改正で超パワーアップした）。フル活用すれば、NISAミリオネアになることも夢ではないで。

（※）三菱東京UFJアセットマネジメント　【投信調査コラム】日本版ISAの道 その364

NISA口座の活用法、ズバッとポイントだけまとめて解説するで〜！

👉 NISA口座を使い倒そう

NISAの概要	NISA	
	成長投資枠	つみたて投資枠
投資可能期間	2024年〜ずっと	
非課税期間	無期限	
非課税限度額	1,800万円	
	うち成長投資枠 1,200万円	
年間投資上限額	合計360万円	
	240万円	120万円
購入方法	一括・積立	積立

※2024年1月1日開始の制度

ややこしく見えるかもしれんけど、ポイントは3つだけや。
① **総額1,800万円まで非課税**（買った時の値段ベース）
② **年間360万円まで買える**（つまり、最速5年で非課税枠を埋め切れる）
③ **「成長投資枠」と「つみたて投資枠」に分かれているが、区別を意識する必要ナシ**
　（どちらの枠でもインデックスファンドを買うのがおすすめ）

え？なんで「成長投資」と「つみたて投資」を区別しなくて良いの？

そんなもん、業界の都合やからな。振り回されたらアカンで。

証券業界としては、手数料の高いアクティブファンドを売りたい。たくさん売買を繰り返してほしい。**その方が儲かるから**や。だから「成長投資枠で攻めましょう〜」みたいな話がしたいワケやな。

でも、個人投資家にとってはその逆が有利。手数料の安いファンドを買うべきで、頻繁な売買を繰り返すべきではない。枠の「名前」を気にする必要は一切ないで。

優良インデックスファンドを枠限界の 1,800 万円分買う。長期保有する。ただそれだけの話や。これぞ NISA のフル活用。シンプルやろ？

シンプル！ 余裕資金を使って、コツコツと非課税枠を埋めていくね！

NISA のギモン 〜教えて！ ヒトデ先生〜

Q.1 年間 360 万円も投資できないよ……

A. 上限いっぱいまで投資しないといけないわけじゃないよ。金融機関によるけど、NISA は月 100 円からでもできる！ 無理のない範囲でやっていこう。

Q.2 NISA は途中で引き出すことができないって本当？

A. 嘘だよ！ いつでも引き出せるよ！ おそらく iDeCo とごっちゃになってるね（iDeCo は原則 60 歳まで引き出せないよ）。

Q.3 NISA 口座で保有してる商品を売ると、非課税枠が復活するって本当？

A. 本当だよ！ ついでに、次の 2 点については理解しておいてね。
①復活する非課税枠の額は、「時価」ではなく「簿価（＝買った時の金額）」
②非課税枠が復活するのは、「即」ではなく「翌年の 1 月」

Q.4 NISA口座にデメリットはないの？

A. 残念ながら、ある！ 損益通算や繰越控除ができないんだよね。
損益通算っていうのは、投資による「利益」と「損失」を相殺すること。
特定口座の場合、株式や投資信託を売買して「利益」と「損失」が発生している場合、相殺して支払う税金を少なくすることができるんだよね。
繰越控除は、ある年に損失がでた場合、その損失を最大3年間繰り越して利益と相殺する仕組みのこと。
NISAではこれも認められないから、損を出したらそのまま終わり。ある意味「絶対に負けられない戦い」になるね。

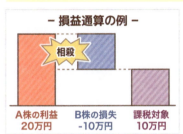

Q.5 NISA口座を使うと、米国株の配当金にも一切税金がかからないんでしょ？ 最高！

A. 残念！ 非課税になるのは日本の税金だけだよ。
具体的には、配当金に対して15.315％の所得税などと、5％の住民税だね。
米国株の場合、それとは別に10％の外国税がかかるけど、そちらは非課税にはならないよ。

Q.6 つみたて投資枠（年間上限120万円）では、コツコツ積立しかできないんでしょ？ 一括投資したいんだけどなぁ

A. 裏技を伝授するね。毎月の積立額を最低額（100円）に設定して、ボーナス月の積立額を1,198,800円に設定すると……？ あら不思議、一撃で多額の投資ができるよ。ボーナス月は自由に決められるから、自分の状況に合わせて無理せず活用してね。

リベ大 YouTube チャンネルにて、学長が「特定口座から NISA 口座への乗り換え問題」について解説しています！
https://liberaluni.com/book2#p201

STEP 2　お金を《増やす》― 株式投資に挑戦しよう ―

いつ買えばいいの？
ドルコスト平均法で定期的に積み立てよう

💪 実践すると ⋯▶ 投資の開始時期に悩まなくなる！

実践だー！『インデックスファンド』を買っていくぞー！

ついに「実際に買うところ」まできたな。
ここまでの勉強、ほんまにお疲れさん。

（でも待てよ……。今日買って、明日暴落がおきたらどうするんだ……？？ やっぱりあと少し待とうかな……。で、でも明日急に高騰したらそれってすごい損だよな……。）

急に黙ってどしたん？

か、買えない！！！！ 一体いつ買えば良いんだ！？

💪 インデックスファンドはいつ買えばいい？

この辺

未来は誰にも分からない…

　そう、「買うファンド」を決めた後に待っているのは「いつ買うか」という問題や。株価は左の絵のようにいつも動いとるからな。

　もちろんこの辺の安いところで買えるのが最高や。だからといって、
　「下がるまでもう少し待ってから……。」
というのは失敗する人の考え方やで。基本的に相場を読むのは**不可能**や。99％の人は無理やし、ワシだって無理や。一部の超天才だけの世界やな。

202

結局、「いつ始めるのか」を考えるのは無駄やねん。資産形成していこうと思った時がスタートするタイミングなんやで。

なるほど……。でも、それこそ今日思い立って買って、明日暴落したらどうすんのさ！

それはいきなり全額を突っ込んだ場合の最悪のシナリオやな。そんな最悪の状態を回避するために「ドルコスト平均法」という手法を紹介するで。

初心者の大きな味方「ドルコスト平均法」とは

もちろん「できるだけ安く買いたい」という気持ちはわかるで。でもさっき言った通り、相場を読み切ることは不可能なんや。そら下がったら上がる前に買いたいし、上がったら下がる前に売りたい。でも、これは後から振り返らないとわからんことや。

だから、ワシらにできることは「最高のタイミングでの売買」ではなくて「**最悪の状態を回避する**」ことや。「最悪の状態」ってのは、貯金の全額を投資した直後にリーマンショックやコロナショックみたいな大暴落に巻き込まれてしまうことやな。

「最悪の状態を回避したい」場合、自分たちの**買い方でコントロールが可能**やねん。その買い方が「**ドルコスト平均法**」というものや。方法は非常にシンプル。100万円持ってたとしても一度に買うんやなくて、**時期を分散させて買うんや**。具体的には「月5万円ずつ」というように**毎月定額で買う方法**が一般的やな。

この方法で毎月分散して買っていくと、株価の高いところで買うことにもなるけど、安いところでも買えるようになる。よって時間が経てば経つほど「安くもないけど、高くもないところで買えた」という状態になっていくんや。

ワシもこうやって毎月金額決めて、ドルコスト平均法で投資しとるんやで。

分かった！ いきなり全額を投資にぶち込むんじゃなくて、少しずつ積み立てていくようにするよ！

毎日積立？ 毎月積立？ どれが一番おトク？

いやぁ〜、タイミングを読むことを諦めて、コツコツと積立投資しようと思うと、気持ちがラクになるねぇ。

"良い投資タイミングを当てられる"という幻想を捨てることが、賢明な投資家への第一歩や。ラクなだけじゃなくて、結局のところ投資成績も良くなると思うで。

ところでさ、積み立ての頻度はどのぐらいが良いのかな？もしかして、毎月積立じゃなくて、毎日積立とかの方が良かったりするのでは！？

ぜんっぜん、そんなことないで。

　いざ積立投資をしようと思うと、気になってくるのがコレ。**どのくらいの頻度で積み立てれば良いのか？** 証券口座の注文画面を見ると、「**毎日積立**」「**毎週積立**」「**毎月積立**」と色々な選択肢があるだけに、迷ってしまうわな。

　せやけど、結論は出とる。「**どれを選んでも大差はない**」。具体的なシミュレーション結果を見比べてみよか。このグラフは、「 毎日500円 」を15年間、積立投資した場合」と「 毎月1万円 」を15年間、積立投資した場合」のチャートや。（※）

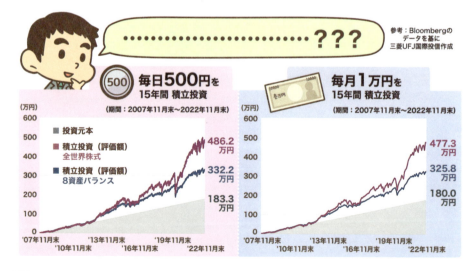

見た目がソックリぃ〜！！

な？ ほとんど変わらんやろ。最終的に 0. 数％の違いしかないんや。

	積立期間	損益率（リターン）		
		毎日500円	毎月1万円	差
全世界株式	15年	165.25%	165.17%	0.08%
8資産バランス	15年	81.23%	81.00%	0.23%

（出典：マネックス証券「投信積立の頻度「毎日」と「毎月」どっちが有利？」
https://info.monex.co.jp/fund/guide/everyday-vs-monthly.html）

「**長期投資**」を前提とするなら、積立頻度が投資成績に与える影響は大きくない。投資期間の長さが、「毎日か」「毎週か」「毎月か」の**投資タイミングの差によって生まれたパフォーマンス差を薄めてくれるから**や。

考えても意味がないことに時間を使いすぎるのはナンセンスや。**時間の上手な使い方こそが、富を生む秘訣**やからな。ざっくり「毎月積立でいいや」と決めてしまって、もっと大切なことに時間を使っていこか。

了解〜！ サクっと積み立ての設定済ませて、浮いた時間を有効活用して副業でも頑張ろうかな〜！

その意気や！

（※左グラフ）
毎日積立：ファンド休業日・土日祝日などの非営業日を除き、毎営業日に買付（1ヵ月の購入回数は約20回）

STEP 2 お金を《増やす》― 株式投資に挑戦しよう ―

暴落しても大丈夫！
鬼のホールド力を身につけよう

👍 実践すると ⋯▶ 長期で資産が増えやすい

いくら「インデックスファンドはひたすら長期保有」って言われてもさ〜、やっぱり暴落は怖いんだよなぁ〜。
うまく暴落をかわす方法、ないの？

確実に避けられる方法はない。しかも、暴落は必ず起きる。

ほなアカンやんか……やっぱり株式投資は危険なんや……。

（なぜ急に関西弁に…）心配せんでも大丈夫や。
暴落、恐るるなかれ。解説するで。

弱気相場は長くは続かない

　暴落を都合よく避ける方法はない。暴落は必ず起きる。そのまま弱気相場入りすることもある。それなのに、なぜ「大丈夫」と言えるのか？　その理由は、**弱気相場は長くは続かない**ことが多いからや。一方で、強気相場は長い。

> 弱気相場…皆が「こらアカンわ…」と弱気になっていて、株価が下がり続ける状態。株価が、直近の高値から20％以上下がると弱気相場入り。
>
> 強気相場…皆が「こら儲かるで！」と強気になっていて、株価が上がり続ける状態。株価が、直近の安値から20％以上上がると強気相場入り。

過去10回の弱気相場と強気相場の「平均期間」を比べてみると、その差は歴然や。

・弱気相場 … 1.1年
・強気相場 … 5.4年

（出典：J.P. モルガン・アセット・マネジメント Guide to the Markets Japan 2024 2Q 版）

どちらの方が長いか、子どもでも分かるわな。結局、株式市場というのはトータルで見れば「値上がりしている期間」の方が長いんや。**ず〜〜っと長期保有していれば、なんやかんやお金は増えていく傾向にある**ということやな。

稲妻の輝く瞬間（株価がめっちゃ上がる日）を逃すな

投資初心者ほど、こう考える。「**暴落直前に売り逃げして、暴落したら安値で買い直せば良い**」。せやけど、これは無理や。人生において「**できそうでできないことランキング TOP 3（ワシ調べ）**」に入る、夢物語やな。相場の天井と底を確実に見極められるなら、それこそ世界一の金持ちになれるで。下のデータを見て欲しい。

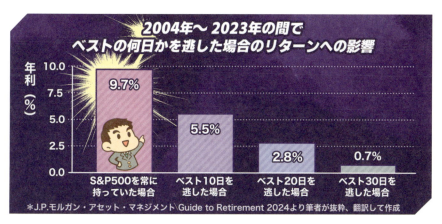

これは、2004年〜2023年の間で、「ベストの何日か」を逃した場合のリターンへの影響や。S&P500を常に持っていた場合の年利は **9.7%**。スケベ心を出してタイミングを計った挙句、ベスト30日を逃した場合、年利は **0.7%に激減** する。

暴落をかわせれば大きい。でも、暴落をかわそうと頑張った結果、**暴騰** まで逃してしまったら？先ほど紹介した通り、株式市場の世界は株価が伸びている期間の方が長い。そんななかで、「下げの期間だけ」かわそうとするのは、至難の業やで。

🏳 ウォーレン・バフェットの痛烈ディス

投資の神様は、かつてこう言った。

"ダウ平均が19世紀末に66ドルで始まり、100年後に1万1,400ドルになっているのに損をするなんて、どうやればできるのでしょうか。
ところが、多くの人は損をしています。
それは、うまくやろうとして、**市場から出たり入ったりを繰り返したからです**"
（出典：ジェイエル・コリンズ著『父が娘に伝える自由に生きるための30の投資の教え』太字は筆者。）

「損をするなんて、どうやればできるのでしょうか？」、投資の神様からの痛烈ディスやな。さて、投資の世界には、「行動ギャップ」という言葉がある。こちらのデータを見て欲しい。

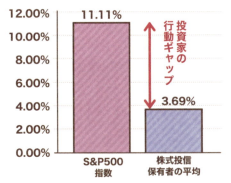

1984〜2013年の30年間では
・S&P500指数そのもののリターンは11.11%なのに
・S&P500に連動する投資信託の保有者の平均リターンは3.69%しかない

（出典：東京都「学生向け金融セミナー 知っておきたい金融の基礎知識 第2回」）

なぜこんなことになるかと言うと、**高値で買って、安値で売ってしまう** からや。投資家の多くは、株価が高くてイケイケの時は調子に乗って買い増す。でも、ちょっと株価が下がると不安になって売ってしまう。多くの投資家は、無意識のうちに、**投資必敗法＝「高く買って安く売る」を実践** しているというワケや。これではお金は増えんわな。

「**投資家の行動ギャップ**」。ぜひ、この言葉を頭に叩き込んで欲しい。投資リターンを下げているのは、他でもない、投資家自身の「余計な行動」や。**投資タイミングを読もうとせず**、

・いつでも淡々と積み立てを続ける
・株価が暴落しても売らない

これを徹底すること。そうすることで、**インデックスファンドが持つ本来のリターンを自分のものにできる**。長期目線ではグッと資産が増えやすくなるで。

もっとも、これは「インデックス投資」の話。「個別株投資」の場合は、逃げる時は逃げんと立ち直れないダメージを負う可能性がある。くれぐれも混同しないようにな。

投資家の一番の敵は、
アホな行動をしてしまう自分自身……か……。

そういうことや。インデックス投資成功の秘訣は、長期ガチホ。リーマンくんの握力が試されるで。

分かった！
「弱気相場は長くは続かない」
「稲妻の輝く瞬間を逃してはいけない」。
株価が下がって辛い時は、今回の話を思い出して乗り切るね！

STEP 2　お金を《増やす》— 株式投資に挑戦しよう —

増えた資産を使いたいときはどうする？
インデックスファンドの取り崩し方法

💪 実践すると ⋯▶ 資産を寿命より長生きさせられる

もともとさ、資産所得を作ろうっていう話をしてたんだったよね？ インデックスファンドで**お金を増やした後は、どうすればいい**のかな？

ファンドを取り崩して現金化していけばええんや。
「**できる限り資産を減らさずに取り崩していく方法**」については、ばっちり研究されとるんや。

💪 インデックスファンドの 2 つの取り崩し戦略

インデックスファンドの有名な取り崩し戦略を 2 パターン紹介するで。

① **引退時の資産残高** × 4%を、**定額** で取り崩し続ける
② **毎年の資産残高** × 4% を、**定率** で取り崩し続ける

ちなみにどちらも「4%ルール」なんて呼ばれるからややこしいんやけど、ごちゃ混ぜにならんよう気を付けてな。

① 引退時の資産残高× 4%を、定額で取り崩し続ける場合

「引退時の資産残高 ×4%を、定額で取り崩し続ける」って言われてもピンと来ないと思うから、具体的に数字を出して説明するで。

【例】65 歳で引退するとき、3,000 万円の資産があったとする。
・1 年目の取り崩し額 ……3,000 万円 × 4%＝ 120 万円
・2 年目の取り崩し額 ……3,000 万円（引退時の資産残高）× 4% ＝ 120 万円
・3 年目以降……………ずっと同じ

つまり、**引退時資産 × 4%に相当する金額** を **定額** で取り崩しているということや。

普通に考えたら「4%×25年＝100%」になってしまうから、25年で**資産がゼロになっちゃいそうやろ？** ところが、運用しながら取り崩すと資産はもっと長生きするんや。

1998年にアメリカのトリニティ大学の教授3人が「トリニティ・スタディ」という研究でこんな答えを導き出したで。

つまり、「25年で資産が尽きてゼロになるどころか、**30年経っても95%の確率で残高が残っている**」ということや。

しかも、残っているどころか資産残高は「中央値ベース」でなんと8倍に成長しているんや。これが"一番良かったシナリオ"ではなく、"中央値のシナリオ"。まるで手品やで。

トリニティ・スタディの対象期間（1926年〜1995年の70年間）にはもちろん、暴落・弱気相場も含まれているで。

　　　　　ちょっと待ってよ。それって昔の研究でしょ？ 今でも通用するの？

 それがばっちり今でも通用するで。

【2011年と2018年の研究結果を見ても良好】

確かにトリニティ・スタディが行われたのは1998年と少し昔なんや。しかし2011年にトリニティ・スタディの筆者自身によって検証用データが更新されていて、結論はそう大きく変わっていないで。

さらに、2018年にも他の研究者によってトリニティ・スタディのアップデートがされていて、その研究結果によると、

- 株式50%：債券50%のポートフォリオにして
- 取り崩し率を4%に設定すると
- 30年どころか、**35年後**に資産が残っている確率が**96%**
- **40年後**に資産が残っている確率が**86%**もある（！）

2018年以降も、毎年のように誰かしらがデータをアップデートしとるけど、4%ルールの有効性は否定されとらんで。

へぇ～。それはすごいなぁ。40年後でも86%の確率で残ってるって言われたらかなり安心できるな。

せやろ？ お金に働いてもらうってこういうことやで。
ほな、もう1つの取り崩し方も説明するで。

② 毎年の資産残高×4%を、定率で取り崩し続ける場合

続いて2つめの取り崩し方（4%ルール）についてやな。今度は、

「 毎年の資産残高×4% を 定率 で取り崩す」

というものや。
この方法はインデックス投資の名著『ウォール街のランダム・ウォーカー』で紹介されている方法や。長期的に見ると、

- 株式のリターンは平均7%、債券のリターンは平均4%
- 株式50%：債券50%のポートフォリオを組むと期待リターンは **5.5%**

になる。ここで、つい増えた5.5%分のお金を毎年引き出したくなるんやけど、この方法では「インフレ率」も考慮するんや。インフレが進めば進むほど、お金の価値は減ってしまう。だから、それをはじめから計算に入れておくんや。

インフレ率を1.5%と想定して、ポートフォリオの実質リターンは**4%（5.5% − 1.5%）**になる。これが毎年、資産を4%ずつ取り崩してもOKと言われるざっくりとした計算の背景やな。

さらに次のような工夫をすると、資産は半永久的に長持ちするで。
- ポートフォリオの期待リターンより、小さい%で取り崩す
- インフレ率を高めに考慮する
- 暴落相場では取り崩し額をひかえめにする

こういうちょっとした調整をするだけで、君の資産は君の寿命よりもはるかに長生きするで。

4%定額取り崩し・4%定率取り崩し、どっちでもOKなんだね。
入口から出口まで、インデックス投資の基本が分かったよ！

4%ルール Q&A ～教えて！ヒトデ先生～

Q.1 株式50%：債券50%って言うけど、大事なのはその中身じゃない？ 何に投資している前提なの？

A. いずれも、米国株・米国社債のインデックスファンドを前提にしてるよ。
- 株式は、S&P500
- 債券は、高格付け社債

変な株式、変な債券に投資したら、もちろん失敗しちゃうよ！

Q.2 日本株じゃなくて「米国株・米国社債」に投資するということは、為替リスクがあるんじゃないの？

A. 為替リスクがあるのはその通り！ つまり、円ベースではなく、ドルベースで4%ずつ取り崩さなくてはいけないね。
ただ、日本には国民皆年金の制度があるから、日本人のほとんどは円ベースで年金を貰える。円資産しか持たないことはかえってハイリスクだとも思うから、
- 円ベースの公的年金
- ドルベースの年金（＝インデックスファンドの取り崩し）

の組み合わせはむしろ相性が良いとも言えるよ！

「米国株」ではなく「全世界株」でも4%ルールが成立するのか知りたい方は、リベ大YouTubeの解説動画へ！
https://liberaluni.com/book2#p213p307

STEP 2　お金を《増やす》— 株式投資に挑戦しよう —

完全なる不労所得！
増配・高配当株に投資しよう

👉 実践すると　⋯▶　配当金収入が増やせる

次は、ただ持ってるだけでどんどん貰えるお金が増えていく「**増配・高配当株**」について説明するで。

夢の不労所得「配当金」の話かな！？ 配当金に興味あったんだよね。とにかく、配当金がたくさんもらえそうな株式を買いまくればいいよね！

愚かなり！！！！
そんなことやってたら、あっという間に貧乏人や。高配当株投資はインデックス投資よりも難易度が高いんや。気合い入れて聞いてな。

（渡る世間は、罠ばかり⋯⋯。）

 高配当株って何？ メリット・デメリット

　まず基本から。企業は、事業活動を通じて稼いだ利益の一部を「**配当金**」として株主に分配する場合があるんや。株主はたった一滴の汗も流すことなく、ただ株式を保有しているだけでお金が得られるというわけやな。

　仮に、株価が10万円の株式に投資して、1年間で5,000円の配当金が貰えるとすると、**配当利回り**は5%になる（5,000円÷10万円）。この配当利回りが高い株式を「高配当株」と呼ぶんや。安定的なキャッシュフローが欲しい投資家層に一定の人気があるな。

　一般的に、高配当株のメリット・デメリットは次の通りや。

メリット	デメリット
・完全に**ほったらかし**で配当金が貰える ・株価よりも配当金の方が安定しやすく、いくらの収入が得られるか**予測しやすい** ・株価の下落局面でも現金収入が得られるため、**心理的に長期投資がしやすい** ・一定規模の配当金が得られるようになると、**人生の保険**として機能する （例：老後に年金の足しになる）	・高配当の企業は成熟企業が多く、**事業の成長性が低い**ことが多い （株価の成長が見込みづらい） ・配当金が支払われるたびに税金が課税されるため、**リターンに悪影響**がある ・配当利回りの高さは、**リスクの高さと連動**しており、一寸先は闇なことも…… ・業績が悪化すると、配当金が減ったり（**減配**）、なくなったりする（**無配**）

ほったらかし OK！ 安定収入！ 老後の年金！ メリット最高じゃん〜。
デメリットはなんか難しいんだけど……。大事なことなの？

超大事や！ 会社っちゅうのはな、稼げるチャンスがあるなら、どんどん事業投資・事業拡大にお金を使いたいもんなんや。
株主にたくさんの配当金を支払うってことは、「**うちの会社は、あまり事業投資のチャンスがないから株主にお金あげます**」って言ってるようなもんなんやで。

なるほど……。「高配当」にはそういう理由もあるんだね。

高配当の企業は、昔ながらの大企業とか、**成熟している（低成長の）産業の会社が多い**んや。例えば Amazon みたいに成長力のある会社は、配当金は 1 円も払わへんで。

Amazon は 20 年で株価が 500 倍になったって聞いたことある！ 高配当企業は、そんな風には成長しないんだね。

その通りや。 そんで、**配当金に税金がかかるのも問題**や。
例えば、日本では会社が株主に 1,000 円の配当を支払うと、ざっくり 20% 税金取られるんや。株主の手元には 800 円しか振り込まれへん。

こうやって無駄な税金とられるぐらいなら、その1,000円をまるまる事業投資に回して、売上とか利益伸ばして、株価をアップさせた方が株主も嬉しいというわけや。

なるほどね。税金のせいでリターンに悪影響があるっていうのはそういうことなんだ！

配当利回りが高いということは、裏を返せば株価が低いってことや。株価が低い＝不人気ということ。不人気な株というのは、往々にしてトラブルをいっぱい抱えとる。
5％とか6％とか、高い配当利回りに目を奪われて投資したらすぐに業績悪化。減配・無配転落・株価暴落なんてこともよくあることやで。

ぎゃあああ〜っ！高配当株ぜんぜんダメじゃん！配当金欲しいのに！じゃあ結局、何に投資すればいいのさ！

そこで、ワシがおすすめなのが「連続増配株」や。

連続増配株って何？

　企業が株主に支払う配当金の金額をアップさせることを「増配」と言うんや。そして毎年増配する企業（＝株式）を「連続増配株」と呼ぶんやで。まずはこの表を見て欲しい。

会社名	連続増配年数
1. アメリカン・ステイツ・ウォーター（AWR）	69年
2. ドーバー（DOV）	68年
3. ノースウェスト・ナチュラル・ホールディング（NWN）	68年
4. ジェニュイン・パーツ（GPC）	68年
5. パーカー・ハネフィン（PH）	68年
6. プロクター・アンド・ギャンブル（PG）	68年
7. エマソン・エレクトリック（EMR）	67年
8. シンシナティ・ファイナンシャル（CINF）	63年
9. コカ・コーラ（KO）	62年
10. ジョンソン ＆ ジョンソン（JNJ）	62年

日本人には見慣れない名前も多いが、洗剤やおむつを作っている**P&G**とか、炭酸飲料の「コーラ」を作っているコカ・コーラなんかは、知っとる人も多いんじゃないかな？これらも含めて、米国には連続増配年数 30 年を超える企業が約 100 社以上あるんや。

　株主を大事にするこの姿勢は、もはや 1 つの「文化」と呼べるレベルやな。ヨーロッパや新興国でも、まず見られん特徴や。ちなみに、日本企業の場合、30 年を超える増配をしているのは花王 1 社だけ。ただ、日本企業も米国の後追いで株主還元を頑張り始めとるから、今後は期待できるんじゃないかな。

　連続増配企業であるジョンソン&ジョンソンは、1973 年には 1 株あたり 0.01 ドルの配当金を出していたけど、2023 年には 4.7 ドルの配当金を出しとる。50 年で、配当金はなんと **470 倍に成長**！持ってるだけでどんどん配当金が増えていくのが連続増配株というわけや。

　高配当株のリスクは、とにもかくにも、

①低成長（株価が上がりにくい）
②減配・無配転落

この 2 つ。
　連続増配企業は、長期にわたり事業成長を続けており、配当金もそう簡単には減額せん。連続増配企業を集めた「**配当貴族指数**」という指数があるんやけど、この指数のトータルリターン（配当金＋値上がり益）は、S&P500 に勝っているというデータもあるで。

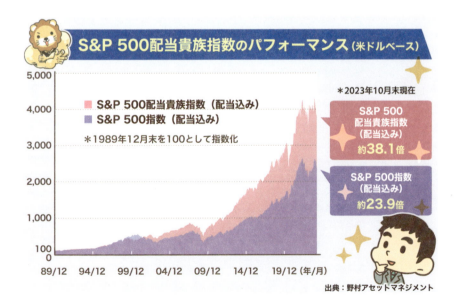

出典：野村アセットマネジメント

　つまり、**増配・高配当株**に投資することが、安定的に配当金を増やし続けるおすすめの投資法ということやな。

おおー！答え出てるじゃん！
よーし、連続増配株に投資だ〜っ！

待ちや。連続増配株とはいえ、配当利回りが高いものもあれば、低いものもある。何をどう組み合わせるかが投資家としての腕の見せ所やな。
米国株に投資する場合は為替リスクもあるから要注意やで。

日本株なら、為替リスクないよね。日本の高配当株はどうなの？

悪くないで。米国株と同様、配当金が継続的に増えているか？（少なくとも減らしていないか）だけは必ず見てな！

気になるギモン！〜教えて！ヒトデ先生〜

Q.1 インデックス投資と高配当株投資は、どっちがおすすめ？

A. 難しいことが苦手な人には、インデックス投資がおすすめ！
高配当株投資は「アクティブ運用」の仲間だから、インデックス投資より難易度が高いよ。

Q.2 あれ？アクティブ運用はおすすめしないのでは？

A. 勝率は低くなるけど、絶対にインデックス投資に勝てないってワケでもないからね。
すでに解説した連続増配株の他、時価総額の小さい会社（小型株）、割安に放置されている会社（割安株）、高財務体質の会社（クオリティ株）なんかは、インデックス投資に勝ちやすいって言われてるんだ。
配当狙いの投資は心理的に付き合いやすいし、こういった条件を満たす高配当株を自分で探せる自信があれば、高配当株投資も良いと思うよ。
悩んだら「インデックス投資＋高配当株投資」の両刀とかもアリ！
インデックス投資でまるまると含み益を太らせていく。
高配当株投資でチャリンチャリンと配当金をGetする。
う〜ん、まさに不労所得！！

月3万円の配当金がある生活

毎年安定して入金される一切手間のかからない「完全な不労所得」である
《配当所得の3万円》の可能性は無限大！

高配当株について詳しく知りたい・相談したい方は、オンラインコミュニティ「リベシティ」のチャットへ！
https://site.libecity.com/content/chat

STEP 2 お金を《増やす》— コラム：株式トレードや不動産賃貸業は、苦労所得？ 不労所得の幻想 —

コラム：株式トレードや不動産賃貸業は、苦労所得？
不労所得の幻想

投資初心者が抱く、ありがちな幻想。

- 株式投資 ＝ 不労所得
- 不動産投資 ＝ 不労所得

断言する。これは**大きな大きな勘違い**や。正しくは、こう。

- **手間のかからない**株式投資 ＝ 不労所得
- **手間のかからない**不動産投資 ＝ 不労所得

手間がかかるかどうかは、投資スタイルによる。見落としがちやけど、これが現実や。
「**種銭の少ない人**」が不労所得を求めて「**手間暇のかかる投資**」をやってしまうと、

- お金は増えにくいわ
- 時間はとられるわ

二重の苦しみを味わうで。「お金」と「時間」の使い方に気をつけて欲しい。

短期トレードは重労働

株式投資は「**売買頻度**」で5つのスタイルに分けられる。
投資期間が短く売買頻度が多ければ多いほど、**労働要素が強い**。

- 日々10数時間にわたり相場に張り付いて
- リアルマネーを賭けた真剣勝負を繰り返す

まさに**重労働**や。トレーダー養成機関「プリスティーン」の生みの親、オリバー・ベレスはこう言っとる。
デイトレードは、"この世で最も要求水準の高い仕事である"、"成功するためには、自らの血を流し、お金を惜しまず、生活のほとんどを注ぎ込むことが必要"。

実際、世界にはこんな統計（※）もあるで。

- デイトレーダーの40％が1ヵ月以内に脱落、3年後に残るのは13％
- 5年間にわたって成功できるのはわずか1％
- 利益をあげているのはわずか3％で、最低賃金を超えている人は1.1％

不労所得を味わいたい人は、必ず長期投資に徹して欲しい。

短期	スキャルピング 数秒から数分の取引
	デイトレード 1日単位の取引
	スイングトレード 数日から数週間の取引
	中期投資 数週間から数ヵ月の取引
長期	長期投資 数ヵ月から数十年の取引

庶民の不動産投資は苦労所得

実は、不動産投資はざっくり2種類に分けられる。

- 庶民の不動産投資
- 金持ちの不動産投資

イメージ通りの不労所得になるのは、金持ちの不動産投資やな。
例えば、金持ちがやってる不動産投資はこういうヤツやな。

- 立地 → 人気エリア、駅チカなどの一等地
- 建物/設備のグレード → ハイグレード
- 築年数 → 新築/築浅
- 賃料単価 → 高い（㎡あたりで高い賃料がとれる）
- 管理体制 → 優秀な管理会社が管理

つまり、こういうことになる。

- 立地が良いので、入居者探しに困らない。空室期間が短い
- 築年数が浅く建物/設備のグレードが良いので、破損や故障のトラブルが少ない
- 賃料単価が高いため、借主の属性が良くトラブルが起きにくい
- クレーム、修繕、滞納などのトラブル対応は優秀な管理会社が行ってくれる

結果、大家は「**ほとんど何もすることがない**」というワケやな。

ただ、そんな物件を持てるのは「お金持ちだけ」。「持たざる者」の場合は、こうなる。

- 立地に難があり、入居者探しに困る。空室期間が長引きがち
  不動産屋に広告料を多めに払うなど、大家が工夫をしないと空室が埋まりにくい
- 築年数が経過しており、建物/設備も劣化しており、破損や故障のトラブルが多い
- 賃料単価が低いため、借主の属性が悪くトラブルが起きやすい
- クレーム、修繕、滞納などのトラブル対応を自分でやらないと（いわゆる自主管理）、
  十分な利益が残らない

不動産投資では「**大家力 × 物件力**」が利益になる。庶民の不動産投資は、物件力が弱い分大家がたくさん汗をかかないと儲かりにくいというワケや。

株式トレーダー業と比較すると、不動産賃貸業には「**安定性がある**」「**再現性が高い**」など数多くのメリットがある。おすすめの事業であることは間違いない。成功すれば、徐々に物件を組み替えて「金持ちの不動産投資＝不労所得」に移行することも不可能ではないしな。ただそのためには、「稼ぐ力」を発揮して、しっかり働く必要がある。「増やす力」で手間暇かけずに増やしていく…という幻想を抱いての参入には要注意やで。

幻想は、貧乏谷転落のもと。足元にはくれぐれもご注意を。

(※) Day Trading Statistics 2024: The Hard Truth：https://www.quantifiedstrategies.com/day-trading-statistics/

コラム：リスクとリターンは表裏一体
制限速度を守ろう

　投資を失敗させない秘訣を、1つだけ紹介するで。それは**「リスク許容度」**を厳守すること！
　リスク許容度とは「どれだけ損失に耐えられるか？」という考え方や。たとえば、100万円を投資した時に、

・マイナス50万円ぐらいまで耐えられる人
・マイナス20万円ぐらいまで耐えられる人
・そもそもマイナスになること自体に耐えられない人

これは、人によって全然違うんやな。
　一般に、リスク許容度は次の要素で決まるで。

①**年齢**（若ければ若いほど、リスク許容度が高い）
②**家族構成**（子供がいない方が、リスク許容度が高い）
③**職業・収入水準**（安定職で収入が高いほど、リスク許容度が高い）
④**保有資産額**（資産が多ければ多いほど、リスク許容度が高い）
⑤**投資経験**（投資経験が長ければ長いほど、リスク許容度が高い）
⑥**本人の性格**

　投資の世界では、リスクとリターンは表裏一体。大きなリターンに目がくらむと、ついつい自分のリスク許容度以上にリスクを取りすぎてしまうものなんや。そうすると、リーマンショックやコロナショックのような暴落相場で、大損失を抱えパニックになって変なことをしてしまうというわけやな。

　リスク許容度というのは、自分が車を安全に運転できる「制限速度」のようなものや。プロのレーサーなら時速300kmで運転できるかもしれんが、素人がそんなことをやったら大事故を起こすやろ？

　ちゃんと目的地（経済的自由）にたどり着けるように、リスク許容度はしっかり守ってな。

お金を《稼ぐ》

― 稼ぎを増やして蓄財ペースを上げよう ―

STEP 3 お金を《稼ぐ》— 資産を増やすための元手を稼ごう —

資産を増やすには元手が必要！
転職・副業で稼ぐ力を育てよう

💪 実践すると ⋯▶ 経済的自由までの時間を短縮できる

おかげで、「貯める力」と「増やす力」が身についてきたよ！
……でもね、僕、気づいちゃったんだ。頑張って年間100万円の節約をやっても、経済的自由に到達するには数十年かかる……。
学長、僕はもっと早く経済的自由に到達したいんだよ！

良いところに気が付いたやん。そこで重要になってくるのが「稼ぐ力」や。キミにはまだ「収入パワー」が足りとらんねん。

 おさらい：今の状態はコレ

この状態では資産を買ってはいけても、小さな資産しか買えへんから、経済的自由へは時間がかかり過ぎるんや。

「稼ぐ力」があれば経済的自由に近づくスピードが速まる

改めて、経済的自由とは「**生活費＜資産所得**」の状態や。稼ぐ力が強い人は「資産」を多く買うことができる。つまり「資産所得」を速く増やすことができて、経済的自由に到達するまでの時間が短くなる。

例えば、30歳の人が副業で月10万円稼げるようになれば年間120万円、20年で2,400万円貯まるということや。その分だけ、資産を買う余剰資金が増えるやろ？

……けど、収入なんてそんな簡単に増やせないでしょ。

いや、収入をアップする方法を**学んで行動すれば増やせる**で。まさにその「稼ぐ力」を育てるのがこの章なんやから。順番に説明していくな。まずは基礎知識のお勉強や。

「稼ぐ力」基礎知識：2種類の収入（所得）の違い

収入には下記の2種類があるで。
・安定性が高く、ディフェンスに優れた「給与所得」
・成長性が高く、オフェンスに優れた「事業所得」

給与所得

　いわゆる、「お給料」。雇われて働くことで、時間と引き換えにある程度のお金が得られる「**安定性**」が特徴や。生活費を確保したり、事業を起こすための元手を作るのにも向いている所得やで。給与所得を上げるには、残業ではなくて転職がおすすめや（詳しくは P.232 で解説するで）。

　ただし、給与所得は税金をコントロールしにくいし、働く時間や場所も縛られてしまいがちや。給与所得だけで経済的自由を目指そうとすると、難易度が高くなるな。

事業所得

　自分の事業から生じる所得や。副業による所得もこれにあたるな。給与所得みたいには安定せんのやけど、「**成長性**」があるので、事業が当たった時のリターンは大きいで。うまく仕組化すれば、資産所得みたいにすることも可能や。

　比較的、税金をコントロールしやすいのも特徴や。資産を買うための種銭作りに向いてるで。

　「給与所得」と「事業所得」、それぞれメリット・デメリットがあるから、どっちが良いとかじゃなくて**バランス良く増やす**のが大事やで。

　どちらも高めることで、

> **安定性 × 成長性 ×（確定申告による）節税効果**

で攻守兼ね備えた最強の布陣ができ上がるで！

　　　　　　　　　　へー。じゃあ僕は今、給与所得しかないから、事業所得を作っ
　　　　　　　　　　ていけばいいのかな？

給与所得と事業所得の2つを伸ばしていけるとええな。収入を増やして資産を買うための理想のステップを説明するで。

労働所得 → 資産所得の理想のステップ

「①給与所得」で生活基盤を固める

まずは「①給与所得」で**生活費を確保**や！ 同時並行で、**貯金も作る！** 生活基盤がガッシリしてくれば、「②資産所得」や「③事業所得」を手に入れる段階へ移れるで。

貯まったお金で「②資産所得」を手に入れる

貯金が増えてきたら、「株式」等を購入する。そうすると、「資産所得」が得られるようになる。資産がどんどんお金を生みだしてくれるワケや。まさに**「お金のなる木を買う」**ということやな。

「③事業所得」を育てていく

貯めたお金で「お金のなる木」を買う。この流れが整ったら、「③事業所得」のステップや。**貯金の一部を元手にビジネスを起こす**で。

起業・独立しなくても、サラリーマンをやりながらの副業でOKや。最初から会社を辞めたり、大金がかかるようなビジネスを選んだりすると、失敗した時に再起が難しいわな。だから、まずはサラリーマンのまま**「スモールビジネス」**をスタートさせるのがおすすめなんや。

最初は失敗もするやろうけど、それでも大丈夫な方法を選ぶということやな。ビジネスは、10回中1回の成功で十分や。上手くいかんくても経験値がたまるから、何度でも再チャレンジしたらええ。**月5万円も稼げるようになれば、立派なビジネス**や。

ここで得たお金で、さらに資産を買っていく。**「②資産所得」を増やす種銭にする**んやで。

なるほどね。けどこれ、本当に給与所得だけじゃダメなの？事業所得……サラリーマンの場合、副業で稼ぐってことだろうけど、やっぱりハードル高く感じちゃってさ。できれば給与所得だけでカタを付けたい。

ダメとは言わんけど、最初に言った通り、給与所得だけじゃ「収入パワー」不足になりがちやで。

事業所得なしで「お金のなる木」は買える？

　給与所得だけでも資産は買えるんやけど、**種銭不足**になりがちや。つまり、経済的自由に到達するまでに**時間がかかりすぎる**ということや。高年収の人でも、最低10年コースやな。給与所得は、安定感がある代わりに爆発力がないからな。

　不動産を買う時には銀行からの借入を利用できるけど、借金すればするほどリスクが高まるのはわかるやろ？ 借入をして不動産を買うにしても、ある程度は種銭が必要や。

　ましてや、株式や債券を買う時には、不動産投資のように銀行からの借入を利用できへん。給与だけで、十分な配当金＆利子を得られるレベルの株式・債券を買おうと思ったら、なが〜い時間がかかるで。

　たま〜に給与をコツコツと入金して**上手くいく人もいる**んやけど、その人たちはそろって**高年収**（手取りで少なくとも700万〜800万円以上）。しかも暮らしは修行僧並みに**質素倹約**。これを何年も何年も続けてるんや。こういった暮らしを楽しめないようだと、厳しいで。

　もちろん資産を買う練習として小さくスタートするのは良いけど、とにかく時間がかかる。

ぐぬぬ。僕は高年収じゃないから、10年どころじゃなさそうだね……。副業かぁ……できるかなぁ……。

難しく考えすぎや。
「いきなり事業を起こして大成功しろ！」ってわけじゃなくて、本業をしながらでもできるような小さな副業から始めたらええんや。
副業することで、経費や青色申告特別控除も使えるようになるから、「貯める力」のアップにもなるしな。

給与所得を増やしつつ、事業所得を作っていく方法を解説していくでー。

小さなリスクで「稼ぐ力」を育てる！おすすめステップ

待って、しれっと「転職」とか出てきてますけど。
給与所得をあげるって、転職のことなの！？
「残業を増やす」とか、「昇進・昇給を目指す」とかじゃなくて？

残業を増やすのは時間の切り売りやからアカンで。
昇進・昇給を目指すのも違う。昇進や昇給は会社が決めることで、キミの裁量で決められるものではないからな。
もっと根本的な部分から解決するためには「転職活動をしてみる」のがおすすめやで。

ええー……さらっと言ってくれるけど、転職ってハードル高いよなあ……。

まあまあ、転職については次のページでしっかり解説するから、騙されたと思って聞いてみ？ 転職したくなるかもしれんで〜？

リベ大 YouTube チャンネルにて、「稼ぐ力」について詳しい解説動画を配信しています！
https://liberaluni.com/book2#p231

231

STEP 3 お金を《稼ぐ》― 転職で稼ぎを増やそう ―

もはや「転職力」は必須の時代！
転職を活用して給与所得を増やそう

💪 実践すると ⋯▶ 給与所得が増やせる

リーマンくん、今の仕事、毎年の昇給なんぼや？

月給で、＋2,000円ってところかな……。

この昇給額について、自分ではどう思ってるんや？

そりゃ全然足りないよ！ 昔に比べてどんどんできることも増えてるし、自発的にいろいろなスキルも学んでるし！！
後輩の面倒見たり、いろんなプロジェクトに参加してるのに！！！（早口）

ちょちょ、ちょっと落ち着こか？

しょっちゅう遅くまで残業して、休日返上で会社のために働くこともあるのに……。自分より仕事ができない年上のおっさんの方がはるかに年収高いんだもん、やってられないよ～～～ッ！！

だからこそ、転職が必要やねん。
実力があれば年収50万円ぐらいは簡単に上がるで。
6～7年分の昇給額を先取りできるで～。

日本企業の特徴と大転職時代

日本企業の特徴は、何と言っても「年功序列」。つまり、給与を決める最大の要素は、社歴・年齢ということやな。

成果主義を取り入れている日本企業もあるんやけど、まぁ毛が生えた程度。S評価でボーナス＋1ヵ月とか、せいぜいそのぐらいの差しかつかん。

もちろん、実力があってどんどん成果を出していけば、長期的には「出世」という形で報われる。ただ、そうなるまでに圧倒的に時間がかかるうえ、運の要素も大きく影響するんや。

だから、もし20〜30代のうちに手っ取り早く年収をアップさせたいと思ったら、年収水準が高い業界・会社に転職してしまうのがおすすめやで。外資に行くのも1つのプランやな。少なくとも、今よりは金銭的に報われるはずやで。

でもさぁ、転職って必ずしも年収上がるわけじゃないじゃん？下がる人もいるよね。

厚生労働省が実施した「転職者実態調査の概況」によると、20歳〜34歳のうち45％以上、35歳〜49歳の40％の人が年収アップしとるで。
転職活動してみて、年収上がるオファーもらえなかったら転職せんかったらええやん。

たしかに……。

👉 転職市場の現状

50万円も年収アップしたら……いろいろ買えるよ……！
それに、思ってたより転職者っているんだね。

トヨタの社長や経団連の会長も「もう終身雇用は守れない」って言ってたやろ？ 2019年〜2021年は名だたる大企業達が毎年1万人以上もリストラしたし、もう終身雇用は壊れつつあるんや。ますます転職は一般的になると思うで。

時代は変わっていくんだねぇ。

実力つけて、自分をちゃんと評価してくれる船（会社）を乗り継ぎながら、自分なりの目的地を目指す。そんな時代やな。

年収だけがすべてじゃないけど、年収が「会社の自分に対する評価」であることは間違いない……か。

せや。労働力は、ヒトが持っている一番大事な商品。安易に安売りしたらあかんで。自分を高く買ってくれるところで成果出す方が、気持ちええと思うな。

分かった！ 転職力を身につけて、もっと自分と会社がwin-winになれるような環境を探してみるよ！

給与が増えれば、資産が増えるスピードも加速する。経済的自由にグッと近づくで！ がんばりや〜！

STEP 3 お金を《稼ぐ》― 副業で稼ぎを増やそう ―

サラリーマンでも副業できる
会社にバレずに副業を始める方法

💪 実践すると …▶ 安心して副業をスタートできる

転職も成功したし、年収も50万円アップしたよ〜！
それに残業時間も減ったんだ！
いよいよ副業にもチャレンジしてみようと思うんだけど、やっぱり副業してるのって会社の人にバレちゃうよね？

事業所得の副業なら、正しくやれば99%バレへんで。

え、そうなの！？でも「事業所得では」ってどういうこと？

「事業所得」での副業はバレへんけど、「給与所得」での副業はバレるねん。土日にバイトとかする場合やな。詳しく説明するで。

👆 「給与所得」をもらう副業はなぜバレる？

　結論から言うと、複数の会社で働いて"源泉徴収される"とバレるんや。例えば君が副業でバイトを掛け持ちすると、本業の会社の給料からも、バイト先会社の給料からもそれぞれ源泉徴収されるんや。
　この時、住民税は「給料の額が高い会社がまとめて源泉徴収する」というルールがあるねん。それで本業の会社の経理担当が気づくわけやな。
　「あれっ？こいつ給料のわりに住民税がやたら高いぞ？あっ、さてはこいつ副業しているな……」と。まあ実際は数字だけみて、そこまで気づく経理担当はほとんどいないから、バレへんねんけどな。

　一方、事業として副業をする場合は、次のように別々で納税するからバレへんで。
・本業の給与（給与所得）は会社が源泉徴収で納付する
・副業で稼いだお金（事業所得）は自分で申告して納付する
要するに、複数の会社から「給与所得」を貰うような副業はバレてしまうということやな。

> そうだったのか……。
> でも事業所得でもマイナンバーカードでバレるとか、税務署からのお達しでバレるとか聞いたことあるよ！

> それは全部デマやな。事業所得による副業バレは次の方法で防げるで！

事業所得の副業バレを防ぐポイント

まず確定申告時の住民税の払い方は「特別徴収」と「普通徴収」の二種類がある。これらは、

・特別徴収…働いてる会社の給料から天引きしておいてね
・普通徴収…自分で納めます

という意味なんや。つまり特別徴収を選ぶと、働いている会社の給料から副業で稼いだお金の住民税が天引きされてしまってバレやすくなってしまうんや。

きちんと普通徴収を選べば、自分で住民税を納めることになるから、会社に通知はいかへんで。

具体的には確定申告の時に提出する書類の**「自分で納付（普通徴収）」にチェックを入れたらOK**や。チェックを入れるのを忘れると、勤めてる会社の給料から天引きされてしまうので注意してや。

> なるほど！ 要するに事業所得を確定申告するときに「自分で納付（普通徴収）にチェックを入れておけば完璧ってことだね！ 安心したー！

> まあ、他に副業バレするとしたら「自分で喋っちゃう」「本名でネット事業をしちゃう」「働いてる所を見つかる」くらいやな。
> あとひとつだけ注意点なんやけど、提出後、市区町村に「普通徴収」になっているか確認した方がええで。

確定申告後に市区町村に確認を入れよう

　本来はワシもこんなことしなくてもええと思うんやが、安心したい人はしておいた方がええで。

　というのも、市区町村の担当も人間やから**ミスすることがある**んや。せっかく、確定申告書で「自分で納付（普通徴収）」に〇をつけても、事務処理の過程で「給与から天引き（特別徴収）」にされてしまう可能性がある。そうすると、会社の給料と副業収入が合算されてしまうから、**副業バレに繋がるリスクが出てくる**わけや。そんなうっかりミスで会社にバレたらたまったもんじゃないやろ？

　市役所（東京23区の人は区役所）の「個人市民税課」に電話で確認したらええで。伝えることはこれだけや。

「給与以外の所得は、普通徴収になっていますか？」

　「なっている」と言われたらもう安心。住民税が原因で副業バレすることはないで。もし、「なっていない」と言われたら、しっかり普通徴収にしてもらおう。

　　　　　そんな、しっかりやっても向こうのミスでバレたりしたら最悪だよ……。ちゃんと確認しよっと。

　①**確定申告時にしっかり「普通徴収」にチェックを入れる。**
　②**市役所に確認する。**
　この2つは忘れずにな！

公務員でも副業ができる？

　散々バレないで〜！という話をしてきたんやけど、「公務員」だけは話が違うんや。なぜなら公務員の副業は「法律で」原則禁止されてる行為なんや。「バレやすさ」は変わらへんけど、サラリーマンの就業規則とは「バレた時の懲罰の重さ」「批判の強さ」が違うからハイリスクやな。

　だから、まともな回答をするなら、「公務員の副業は法律違反になるので、事業でお金持ちになりたいなら公務員をやめましょう」というアドバイスになるで。

　現実的には、**家族が起業して無報酬で手伝う**のが無難やな。奥さん等、家族名義で確定申告をすれば副業には該当せーへんで。自分が無報酬で手伝えば、**家族全体では潤う**で。

副業バレについての Q&A 〜教えて！ヒトデ先生〜

Q.1 給与が手渡しなら副業でもバレないんじゃない？

A. バレるよ！ 振り込みか手渡しかは特に関係ないよ。手渡しでも雇用してる会社が税務署（国）にも、地方自治体にも報告するから意味ないよ！

Q.2 税務署から会社に連絡いかないの？ あと会社が市区町村にお問合せして調べたらバレるんじゃない？

A. 大丈夫！ 連絡いかないし、会社から調べるのも無理だよ！

Q.3 開業届を提出したり、マイナンバーでバレるんでしょ？

A. そこでバレることはないよ！ 開業届もマイナンバーも関係ないよ！

Q.4 確定申告しなければバレないんじゃない？

A. バレるとかバレない以前に普通に脱税だから申告して！
もちろん確定申告してもバレないのは説明した通りだね。

Q.5 それでもやっぱりバレないかどうしても不安だよ！

A. 前提として、副業は（公務員以外）法律違反でもなんでもないよ。
しかも副業がバレる時ってもう既に稼げてる時なんだ。税金の多さでバレるんだから、上手くいってない時はバレようがないよね。
だから「バレたらどうしても困る！ 超稼いでも絶対この会社にいたいんだ！」って人以外はそこまで気にしなくても大丈夫だよ！

239

STEP 3　お金を《稼ぐ》— 副業で稼ぎを増やそう —

何をして稼いでいいかわからない場合は？①
まずは小さな副業から始めてみよう

💪 **実践すると** ⋯▶ "稼ぐ"一歩を踏み出せる

よし！ 副業で事業所得を稼いだ方が良いことはわかった！
会社にバレないこともわかった！
でも何から始めたらいいんだろう？

まずは小さなことからチャレンジしてこか。
とりあえず「自分の力で稼ぐ」ということを体験してみると
ええで。具体的には、**メルカリ**や**ヤフオク**で物を売ってみる
のがわかりやすくておすすめや。

そんなことで良いの！？

💪 **メルカリやヤフオクで家の不要な物を売ってみよう**

　「家の不要な物を売ってみる」これは誰にでもできて、かつ副業の第一歩におすすめや。なぜならそこに商売の基本が詰まってるからや。

・何が売れるか需要と供給を調べる
・いくらなら売れるのか価格を決める
・実際に顧客とのやり取りを行う

稼ぐ練習には持ってこいやねん。

これならすぐにできそうだし、やってみるよ！
……でもさ、こんなのでしっかりした収入になるのかな？

もちろんこれだけで食べていくのは無理や。
それでも、**全然無駄じゃないんやで**。

まずは少額でも「実際に稼ぐ喜び」を知ろう

たぶんほとんどの人は会社やバイト以外で「**自分の力で稼ぐ**」という体験をしたことがないと思うねん。そんな中、実際に物が**売れた**時の稼ぐ喜び、つまり**成功体験**を得てほしいんや。

もちろん不用品を処分していたら段々と売るものだって無くなっていくし、それだけで食べられるほど儲からないし、手間だってかかる。でもそれで良いねん。そこから、

・どうしたらもっと儲かるんだろう？
・どこからか商品を仕入れられないかな？
・もっと効率よくするにはどうしたらいいんだろう？

そんなことを考えだすのがめちゃくちゃ大事やねん。

絶対行き詰まるけど、まずはその**「行き詰まるところまでいく」**ということが**重要**なんや。いきなり難しいことやって全く儲からないまま嫌になって終わるのは勿体ないで。

なるほど……！
まずは小さな一歩ってことだね。早速やってみるよ！

その心意気が大事やで！
ちなみに他にはこんな「小さな副業」があるで〜。

試してみよう。小さな副業

STEP 3　お金を《稼ぐ》— 副業で稼ぎを増やそう —

何をして稼いでいいかわからない場合は？②
SNSで情報発信を始めよう

💪 実践すると ⋯▶ 稼ぐ力が鍛えられる

稼ぐ力を鍛える準備として、「**SNS**」をやっておくのがおすすめや。具体的には X（旧 Twitter）や Instagram がええと思うで。

SNS？それが何の役に立つの？

今の時代、もはや**必須**やで。具体的にはこんなメリットがあるで。

💪 SNSを始めるメリット

SNSが「稼ぐ力」に繋がる主な理由は以下の3つや。

　①情報感度が高くなる
　②「伝える力」「発信力」が鍛えられる
　③副業や転職をする上で有利

① 情報感度が高くなる

　まずは単純に**アクセスできる情報量が増える**で。世の中にはいろいろな発信をしている人がおるからな。
　ただ、嘘の情報も多いから、全部を鵜呑みにするのはNGや。ましてや簡単に儲かるといった詐欺商材を買わないように注意してや。
　最初は情報が溢れて、混乱するかもしれんけど、そういった環境に身を置くことで、情報を精査できるようになってくるで。

②「伝える力」「発信力」が鍛えられる

発信を実際にしてみると「反応の良い投稿」と「全然反応のない投稿」が出てくる。特に初めは全然反応がないやろな。その中で

・「どんなことをすれば反応が良いのか」
・「どんな言い方をすれば、より多くの人に届くのか」
・「どう伝えれば、短文で自分の言いたいことが伝わるか」

といろいろ悩むことが出てくるで。そういった試行錯誤の中で**「相手に伝える力」が鍛えられていく**んや。

この後紹介する副業は全部在宅でできるものや。これは逆に言うと、SNS で「ネット上で上手にものを伝える力」が培われていると、うまくいきやすいで。

③ 副業や転職をやる上で有利

まず、SNS は発信力が必要な副業（ブログ・YouTube 等）の練習にもなるで。いきなりブログや YouTube をやるのはハードルが高いという人は、SNS の「小さな発信」から始めるのがおすすめや。

さらに、発信を続けることであなたの「人となり」が SNS を通してわかることになる。これは仕事の獲得にも繋がっていくで。

- SNS 自体が君の名刺になる。何もない人が「仕事ください！」って言うよりも、遥かに信用がある。
- 転職でも、モダンな企業は SNS を見ただけで、面接が上手くできなくても採用してくれたりする。
- フォロワーが増えれば「フォロワーがたくさんいる」ということが、仕事を獲得する上での1つの武器になる。
- さらに SNS を上手く活用できれば、広告費をあまりかけずに集客ができたり、リアルビジネスに繋げることも可能や。
- SNS では普段出会えないような人に出会えたりする。そういった出会いは、プライベートを充実させてくれるだけではなく、結果的に仕事に繋がることも多い。

見込み客と繋がれたり、クライアントが見つかったり、**SNS 発信術は転職にも副業にも使える汎用スキル**なんや。

> おおー！ SNS すごい！ 早速僕も X（旧 Twitter）を始めてみよ！！

― 数時間後 ―

ドアホ！キミの名刺になるもので、そんなこと書いててどーすんねん！

えぇ〜、SNSってこういうものじゃないの？

友達と遊ぶために使うならそれでええんやけど、キミはあくまで「**稼ぐ力**」**のためにやる**ねんで。とりあえずプロフィールは真面目に実績や、やってることを書きや。

う〜ん……。でもさ、肝心のポストだけど、どんなことをつぶやいたらいいの？ 僕普通のサラリーマンだし、特別な資格も持ってないし、大したことなんてつぶやけないよ……？

SNSにはどんなことを投稿すればいい？

　SNSで「何を投稿するのか」、もっと言うと「何を伝えるのか」、それを考えるのが「発信力」を磨くということや！

　自分の経験から「人が喜ぶ」「誰かの役に立つ」をベースに、伝えられることを考えていくのがええで。最初は「自分には誰かの役に立つ」ことなんて発信できないと思うかもしれん。でも、そんな難しく考える必要ないで。**大切なのは「相手の目線」に立つことや。**

　例えば、さっきのリーマンくんの「ラーメンうめぇぇぇぇぇぇぇ！！」のポストは、リーマンくんが自分のことしか考えてない目線やろ？　でも、ラーメンに興味がある人に向けて「店の場所（アクセス）」「実際のメニュー」「ラーメンの特徴」「店内の雰囲気」「他の同系統のお店と比べてどうだったか」なんかを伝えるポストにしたら、それは「そのラーメンに興味がある人にとって役に立つ発信」になるねん！

おお、そっかぁ！何気ないポストも、相手の目線に立てば何かしら役に立つ部分があるかもしれないのか……！
それならできるかも……！

そういうことや。もちろんいきなりフォロワーを増やすのは難しいし、中々反応の大きなポストはできんかもしれん。
でも、**始めることは「今すぐ」「誰にでも」できる**で。

自分の信頼性が上がり、仕事に結びつく可能性があって、汎用性が高く、損がない。
SNSは現代で稼ぐなら、やらん理由のない必須ツールなんやで。

学長のX（旧Twitter）運用って？

両🦁自由に生きるための知恵を配信中 -...
@freelife_blog

自分の今までの経験を活かして、サラリーマン所得以外に収入の柱を作るための情報を発信したい。
小さな成功体験を積めるような所からスタートして、最終的には読んでくれた人の選択肢が広がってくれたら嬉しいな。

7:40・2018/05/01・Twitter Web Client

15件のいいね

ちなみにワシは「家族や友人がお金で困っていたことの解決方法」を、わかりやすくポストするところから始めたんや。

その内容を元にブログやYouTubeへと発信場所を広げていったんやで。それが今ではこうやって書籍まで出す始末や。SNSの破壊力ってすごいで！

「SNS運用」について、リベ大YouTubeチャンネルでも解説しています。以下のURLをチェック！
https://liberaluni.com/book2#p245

STEP 3　お金を《稼ぐ》— 副業で稼ぎを増やそう —

オススメの副業15選
少しレベルの高い副業に挑戦しよう

実践すると ⋯▶ "事業所得"に一歩近づける

よし。はじめの一歩が踏み出せたら、次はいよいよ将来性の高い副業へステップアップしてこかー。

うん！ なんだかできる気がするよ！ でもどんな副業があるんだろう？

おすすめの副業をばっちり紹介するで！
でもその前に「2種類のビジネス」について話をしておくで。

フロー型ビジネスとストック型ビジネスの違い

まずはフロー型ビジネスとストック型ビジネスの違いを把握しとこかー。

フロー型とストック型は、特徴が違うだけで優劣があるわけではないから、本人の目的（どういう稼ぎ方がしたいか、いくら稼ぎたいか）に応じて選ぶのが良い。

【例】
・月5万円稼げればいいなら、フロー型だけでもいいかもしれない。
・月50万円稼ぎたいなら、ストック型に移行していかないとリソースが足りなくなる可能性が高い。

やり方次第で**フロー型**にも**ストック型**にもなる！

副業の種類	フロー型の例	ストック型の例
せどり	すべて自分で作業	組織化・外注化
プログラミング	システム開発の請負	自作のアプリやシステムの開発
Webデザイン	Webサイト制作の請負	WordPressテーマ開発
Webライティング	記事作成の請負	自分のブログやサイトを運営
デジタルコンテンツ販売	デジタルイラストの受注販売	電子書籍販売

自分がやる副業が、どっちのビジネスなのかは意識しないとだね！

 せや！ ちなみにワシとしては、**フロー収入で日銭を稼ぎつつ、ストック収入を育てていくのがおすすめ**やで。
それじゃあ早速、学長おすすめ副業を紹介していくでー！

おすすめの副業の紹介

①せどり　　　　　　　②アフィリエイトブログ　　　③Webライティング

④オンライン秘書　　　⑤Webデザイン　　　　　　⑥プログラミング

⑦LINE構築　　　　　　⑧動画編集　　　　　　　　⑨YouTube

⑩ライバー　　　　　　⑪SNS/SNS運用代行　　　　⑫デジタルコンテンツ販売

⑬ハンドメイド　　　　⑭スキル販売　　　　　　　⑮コンサルティング

　これらの15の副業は、すべて在宅でできて、"小さく・リスク低く"始めることができるんや。次のページからそれぞれの副業について、じっくり解説していくで。

 各自の環境・得意不得意によって、稼げるまでに時間がかかる副業もあるかもしれんけど、まずは**「これならできそう」と思えるものを見つけて、ぜひ挑戦してみてな**。

① せどり

チャレンジ度目安	初期費用 ▶ 梱包資材・仕入れ代	開始までの学習期間 ▶ 3日〜7日程度
	収益（1ヵ月）▶ 数万円〜100万円以上	初収入の難易度 ▶ 低い

　安く仕入れて高く売って「利ざや」を稼ぐ商売。お店やネットショップで仕入れた商品をネットで販売する、個人規模の小売りビジネスや。

　目利き力が必要やと思う人もいるけど、スマホアプリなどの無料ツールを使えば、利益の出る商品が見つけられるようになるから問題ない。**早ければ初月から利益が出せる**で。

　初期費用としては梱包資材などの実費と、商品の仕入れ代がかかるで。何を仕入れるかは各自の資金によっても変わるが、資金があればそれだけ仕入れ商品の幅も広がる。

　時々「せどりって転売行為でしょ？ 悪いことじゃないの？」という人もいるけど、せどりは小売業という昔からある立派な事業やから大丈夫やで（もちろん"転売してはいけない"ものもあるから、せどりを始める前にきちんと学んでおこうな）。

メリット
スマホひとつで始めることができ、高度なパソコンスキルや専門知識も不要なので、再現性が高い。
初心者でも収益が発生するまでの期間が短いので、副業の成功体験を手軽に得られる。
作業を外注化・自動化して自分の作業量を減らせば、物販事業として拡大したり、輸出入ビジネスなどへの展開も可能。

デメリット
コツをつかむまでは利益商品を見つけにくい。最初は地道なリサーチが必要。
せどり（転売）に対するイメージがあまり良くないので、周囲の理解を得にくい場合がある。
リサーチ・出品・梱包・発送作業などを自分ですべてやる段階では、作業量が多くなる。

まずはここから始めよう！

ひとことで「物を買って売る」と言っても、何から手をつけていいのかイメージつかんよな。リベ大の動画で実際のやり方を詳し〜く解説してるから、動画で学んでみてな。

▶ YouTube動画で詳しく解説しています！ »

② アフィリエイトブログ

チャレンジ度目安	初期費用 ▶ 月1,000円程度	開始までの学習期間 ▶ 1日〜3日
	収益（1ヵ月）▶ 0円〜100万円以上	初収入の難易度 ▶ 高い

　ブログやサイトを作り、集客した人たちに商品を売ることで、企業や広告代理店から仲介料（広告宣伝費）を貰う仕事や。

　サーバーの設定・ブログの開設・ライティングなどの知識は必要やけど、Google検索などで調べれば大抵のことはすぐに解決するから、パソコンに詳しくない人でもチャレンジしやすいで。

　またどれだけ売上があがっても、基本はサーバー・ドメイン代を合わせた月1,000円程度のみで、**固定費が安い**のも特徴や。

メリット
少ない初期費用でスタートができる。発信力がつく。広告の裏側がわかる。「この商品にいくら広告費が出ている、ということは……」といった情報を知ることで、騙される可能性も少なくなっていく。
当たれば月収100万円オーバーも夢ではない。

デメリット
まとまった売上が出るまで時間がかかりやすく、1年はみておいた方が良い。
コツコツと記事の更新を積み重ねる必要があり、文章を書くのが嫌いな人にとっては正直しんどい。

まずはここから始めよう！

まずはブログを開設しよう。ブログの"基礎"から"開設の仕方"まで、リベ大YouTubeのスキルアップチャンネルで詳しく解説してるで。

▶ YouTube動画で詳しく解説しています！≫

動画よりもブログで学びたい人は、ヒトデ先生がブログで解説してくれてるから、そちらをチェックしてな。

ヒトデ先生による「ブログ開設方法」の記事はこちら！≫

STEP 3 お金を《稼ぐ》 ―副業で稼ぎを増やそう―

③ Web ライティング

チャレンジ度目安	初期費用 ▶ 基本不要	開始までの学習期間 ▶ 1ヵ月程度
	収益（1ヵ月）▶ 数万円〜50万円以上	初収入の難易度 ▶ 低い

Web メディアの文章を書いて報酬を貰う仕事や。例えば下記のようなものを書くで。
・企業が運営する Web サイトのコラム記事
・ネット広告の文章
・EC サイトに掲載する商品の説明文　など

「文章を書いて稼ぐ仕事」と聞くと、才能あふれる「小説家」や「脚本家」を連想して尻込みしてしまう人もいるかもしれんな。だけど Web ライティングにおいて重要なのは、**「間違いのない、分かりやすい文章」を書くスキル**や。作家みたいに、「独創的で面白い文章が書けないとダメ」なんてことはないで。

Web ライティングは、学べば必ず身につくスキル。書くのが好き・得意で、コツコツと文章力を磨くことができれば、続けるうちに努力に見合った成果が出てくる。

最初は1文字0.5円ほどの報酬から始まるけど、スキルを磨いて高単価ライターになると、文字単価が3円〜5円だとか、1記事あたり数万円〜で受注することもできるで。

メリット
時間と場所にとらわれない。初期投資やランニングコスト不要で始めやすい。
汎用性の高いスキルが身につく。文章力に加え、リサーチ力、構成力、情報を取捨選択する力といった、どんな仕事でも役に立つスキルが磨かれる。これらのスキルは、本業や他の副業にも活かすことができる。

デメリット
初めは時間単価が低くなりがち。安定して稼ぐにはかなりの量を書き続ける必要がある（典型的なフロー型ビジネスのため）。
クライアントに期限を設定される仕事である以上、締め切りのプレッシャーにさらされる。

まずはここから始めよう！
執筆トレーニングをしよう。無料ブログを立ち上げて、1ヵ月間毎日2,000文字くらいの記事を書いてみるんや。Web ライティングの本を読むのもオススメやで。

▶ YouTube 動画で詳しく解説しています！≫

④ オンライン秘書

チャレンジ度目安	初期費用 ▶ 基本不要	開始までの学習期間 ▶ 1ヵ月〜3ヵ月
	収益（1ヵ月）▶ 数千円〜40万円以上	初収入の難易度 ▶ 低い

　インターネットを通して、リモートでクライアント（お客さん）の日常業務をサポートする仕事や。内容は、スケジュール管理・文書作成・予約代行・データ整理・メールや電話の対応・経理補助・情報リサーチなど、多岐にわたる。**柔軟かつ幅広くクライアントの要望に応えることが求められる**で。

　業務にあたり、基本的なITリテラシーと、各種パソコンツールの操作スキルは必須。とはいえ、頑張れば未経験からでも十分覚えていけるで。今の時代、ITリテラシーを身につけるほど有利に生きていけるから、挑戦して損はない。オンライン秘書として働くと、多様な業界の業務に対応することで、パソコンスキルの他、コミュニケーション、タイムマネジメント能力など、幅広い知識と経験を得ることが出来るのも魅力。

　これからの時代、ますます伸びていく仕事や。

メリット
必要な資格や年齢制限なし。パソコンとネット回線があればOK。居住地にも縛られず、地方でも都会の（単価の高い）仕事が受注可能。
働き方も柔軟で、場所や時間に縛られない（リモート勤務可能、細切れ時間でも有効活用しやすい）。

デメリット
仕事のほとんどがリモートで行われるので、チャットを通じたコミュニケーションに苦戦する可能性がある。
在宅で時間の縛りや区切りなく働ける分、仕事とプライベートの境界線が曖昧になりがち。

まずはここから始めよう！

どこかのオンライン秘書会社に登録（入社）して、経験を積もう。
すでにある程度パソコンのスキルがあるなら、クラウドソーシングサイトに登録したり、知り合いから請けてみるのもアリやで。

⑤ Web デザイン

チャレンジ度目安	初期費用 ▶ 数千円〜数万円	開始までの学習期間 ▶ 3ヵ月〜12ヵ月
	収益（1ヵ月）▶ 数万円〜50万円以上	初収入の難易度 ▶ 低い

　Webサイト（ホームページ）に関する「デザイン」を担う仕事や。Webサイトの見た目を作るだけでなく、バナーやサムネイルといった画像だけを制作する場合や、インターネット上でデザインを閲覧できるように構築する作業まで行うこともあり、その**仕事内容は多岐にわたる**で。

　絵を描く仕事とイメージされがちやけど、全体の構成やバランス・利用者の利便性などを考えながらデザインする必要があり、意外と幅広いスキルが求められる。

　初期費用として、無料で利用できる制作ツール等もあるんやけど、ある程度の単価の仕事を受注するならAdobe社をはじめとする複数の有料ツール（1ヵ月数千円〜）を使えた方が有利。

　これらのツールを使えることで、Webに限らず仕事の選択肢もかなり広がる。自己投資としては決して悪くないんとちゃうかな。

メリット

時間と場所にとらわれない。基礎ITスキルが上がる。実績を積んで中級レベル以上のWebデザイナーになると、高い報酬を狙える。
ライティングや写真撮影のスキル、特定の分野の知識など、複数の強みを掛け合わせることで単価も上げていきやすい。
また、印刷物のデザインなど、学んだスキルや知識を別職種へ横展開させやすい点も魅力。

デメリット

制作ツール等が進化し、初心者の参入障壁が下がっている。難易度の低い作業は低単価になりがち。
Webやデザインの知識はもちろん、ソフトの使い方など学習すべき範囲が広いため、0から学習して継続して稼いでいく難易度は高め。

まずはここから始めよう！

Webデザインは仕事内容の幅が広いので、「自分はどの仕事に適性がありそうか？」を知る必要がある。詳しくはリベ大の動画で解説してるから、確認してな。

▶ YouTube動画で詳しく解説しています！≫

⑥ プログラミング

チャレンジ度目安	初期費用 ▶ 0円〜数千円	開始までの学習期間 ▶ 1年〜2年
	収益（1ヵ月）▶ 数万円〜100万円以上	初収入の難易度 ▶ 高い

　副業だけでなく転職・起業（フリーランス）など、何かと融通の利くスキルやな。まだまだプログラミングができる人材は少ないため、フリーランスでも**高収入を狙いやすく、世界的な需要も高い**。ある程度までいくと、幅広い知識や技術レベル以上に、相手のやりたいことを汲み取って提案していくコミュニケーション力が求められるで。

　受託以外には、自分でサービスを企画・開発して、販売したり広告収益に繋げることもできる。

　他の副業に比べるとスキル習得の難易度は高めやけど、初期費用として特別高価なパソコンやソフトを購入する必要がないので、手持ちのパソコンで試しに挑戦してみる価値は十分あるで。

メリット

時間と場所にとらわれない。学習コストが安い（今から始めて0から年収1,000万円を目指せるスキルとしては、学習コストが安いという意味）。
基礎ITスキルが上がる（仮に食べられなくても役に立つ。基礎はみんな学んだ方が良い。実際義務教育にも組み込まれた）。
また本業や日常生活の中のちょっとした作業を、プログラミングで効率化できることもある。

デメリット

向き・不向きが非常にある。一定レベル以上のプログラマーは引く手あまただが、そのレベルに達するまでは大変。
技術革新のスピードが他業種よりも速く、常に新しい技術を学び続ける姿勢が必要。

まずはここから始めよう！

無料の学習サイト「Progate(プロゲート)」「ドットインストール」「Schoo(スクー)」などを使って、実際にプログラミングをしてみよう。
まずは学習サイトで手を動かすうちに、自分の適性や調べるべきことが見えてくるから、それを足掛かりにして、自分に合った学習方法を探していこうな。

▶ YouTube動画で詳しく解説しています！≫

⑦ LINE 構築

チャレンジ度目安	初期費用 ▶ 基本不要	開始までの学習期間 ▶ 1ヵ月～3ヵ月
	収益（1ヵ月）▶ 10万円～50万円以上	初収入の難易度 ▶ 普通

お店・企業・著名人などの LINE 公式アカウントを構築する仕事や。

例えばお店の LINE に登録すると、
- お店の案内やお得なクーポンを受けとれたり
- オリジナルスタンプをもらえたり
- 予約ができたり

するよな。そういう仕組みを LINE アプリ内で作るのが「LINE 構築」や。

LINE 構築においてクライアント（お客さん）に求められるのは次のようなこと。集客・認知度の拡大、顧客満足度向上、流入経路分析、顧客管理、業務効率化など。つまり、LINE を活用してビジネス拡大（業績アップ）のお手伝いをするってわけや。なので、単純に構築をするだけではなく、その先のデータ分析やマーケティングもできるようになれば、高単価の案件を獲得しやすくなるで。

LINE 構築を依頼するクライアントは、主に法人や。法人は予算を持っているから、個人から依頼される仕事よりも報酬が良い場合が多い。報酬額は大体「構築費用：数十万円～」「保守費用：月額数万円～」といったところ（※求められる要件によって変わる）。新規構築をしながら、保守の件数を積み上げていくことで、安定的に収入を増やしていけるで。

メリット
初期費用がかからず、学習コストも少ない。書籍や YouTube などで学べる。パソコンとスマホがあれば始められる。
主なクライアントが法人なので、高単価を狙いやすい。業務を通してマーケティングスキルを磨ける。

デメリット
参入障壁が低いため、競合が増えやすい。単に構築するだけでは単価が上がりづらい。案件を獲得するための営業が大変。案件が取れた後も、結果を出さないといけないプレッシャーにさらされる。

まずはここから始めよう！
知り合いのお店などに営業をかけて、実績を作らせてもらおう。実績ができれば、「直接企業に営業をかける」「マーケターに営業をかける」「LINE 構築の運用会社と業務提携する」などの方法で案件を取りやすくなるで。

⑧ 動画編集

チャレンジ度目安		
初期費用 ▶ 数千円〜数万円	開始までの学習期間 ▶ 1ヵ月〜2ヵ月
収益（1ヵ月）▶ 数万円〜50万円以上	初収入の難易度 ▶ 低い

　YouTuberや企業から提供される撮影動画を編集する仕事や。
　インターネット通信回線の品質が向上し、YouTubeを含めたネットの動画市場は今後も拡大していくと予想される（※）。必然的に動画編集の需要も増えていくはずやで。
　初期費用として、最初は手持ちのパソコンで無料の動画編集ソフトなどを使って始めることはできるんやけど、実務レベルの動画編集をするには、ある程度スペックの高いパソコンと、Adobe社の有料ソフト（1ヵ月数千円〜）を使う必要がある。
　まずは**初期費用をかけずにできる範囲で挑戦**してみて、「自分に向いてそう」と思えたら費用をかけて作業環境を整えたらええで。

（※）Union Media「YouTube動画を含めた市場規模はいくら？動画広告の4つのメリット」
　　　https://union-company.jp/media/market-including-youtube-videos/

メリット
今後も需要のある市場。時間と場所にもとらわれない。仕事を取るまでに必要な技術レベルが比較的低い。1ヵ月〜2ヵ月本気で学べば仕事として受注できるレベルに到達可能。奥は深いので学び続ける姿勢は大切。

デメリット
仕事の獲得がしやすい分、難易度の低い編集作業だけだと、供給過多で受注単価が上がりにくい。単純作業はいずれ自動化されることも考えられるので、自分の強みを磨き日々スキルアップする必要がある。

まずはここから始めよう！
動画の編集ソフトの使い方を覚える必要があるわけやけど、「どの編集ソフトを使えばいいのか？」「どこで勉強すればいいのか？」分からんよな。
リベ大のスキルアップチャンネルで、実務レベルの技術を身につけられる、有料級の超分かりやすい講座を無料公開してるから、ぜひ動画を見ながら実践学習してみてな。

▶ YouTube動画で詳しく解説しています！≫

⑨ YouTube

チャレンジ度目安	初期費用 ▶ 基本不要	開始までの学習期間 ▶ 5日〜7日
	収益（1ヵ月）▶ 0円〜100万円以上	初収入の難易度 ▶ 高い

　いわゆるYouTuber（ユーチューバー）やな。エンタメなイメージが強いかもしれんけど、現在は「ビジネス・学び」「日常生活を淡々と流す」「ゲーム実況」など様々なジャンルが出てきてるで。主な収入源は広告収入や。

　照明やマイクといった機材の準備などでハードルが高そうに感じるかもしれんが、最初は最低限、手持ちのスマホで撮影して簡単な編集まで行えば、初期費用なしでもスタートできる。

　YouTube動画に広告を掲載するには、YouTubeが定めた規定の数値

・チャンネル登録者数 1,000 人以上

　かつ、次のいずれか

　― 公開動画の過去 365 日間の総再生時間 4,000 時間以上

　― 公開ショート動画の過去 90 日間の視聴回数が 1,000 万回以上

（※ 2024 年 3 月現在）

を達成する必要があり、これが **YouTubeで稼ぐ上での最初の難関** やな。

メリット

動画を観る人口はどんどん増えていて、これからも伸びていく市場。
コンテンツ（動画やライブ配信）をコンスタントに投稿し続けないといけないが、積みあがっていくので、やることは同じでもチャンネルは伸びていく。

デメリット

時間や場所の拘束が強めで、とにかくはじめは動画公開までが大変。とはいえ最初は数を作らないと感覚が掴めないので、最初から100点を目指さなくても良いから、動画をアップしていきながら改善していくのが吉。

まずはここから始めよう！

今すぐ動画を撮って YouTube にアップするんや！ 以上！！……冗談や。
現役 YouTuber のワシが動画で解説するで。

▶ YouTube 動画で詳しく解説しています！ ≫

⑩ ライバー

チャレンジ度目安	初期費用 ▶ 基本不要	開始までの学習期間 ▶ なし
	収益（1ヵ月） ▶ 数千円〜100万円以上	初収入の難易度 ▶ 普通

　ライブ配信（生配信）で収入を得る仕事や。雑談、ゲーム、楽器演奏、ダンス、料理、歌など、趣味や特技の配信が多いな。主な収入源は、配信中に受け取る投げ銭、スポンサー・広告、グッズ販売、ファンクラブなど。インターネットを活用した、**個人のアイドル活動のような仕事**やな。

　配信の内容にもよるけど、スマホとインターネット回線さえあれば、基本的には初期費用なしで始められる。プラットフォーム（配信アプリ）に登録して、スマホを使って配信するんや。

　プラットフォームには、YouTubeやTikTokのように幅広く配信ができるものの他に、

・**特定ジャンルに特化**
　　例：「雑談・趣味」「ゲーム配信」「芸能系パフォーマンス」
・**視聴者層に特徴がある**
　　例：「若年層の視聴者が多い」「海外ユーザーも利用する」

といった特色を持つものもある。

　利用料は、だいたい売上の20〜30％。売上が上がるまでは一切無料のものが多いから、初期費用をかけずにすぐに始められるで。

メリット
自分の趣味や特技を活かせる。
低コストで始めることができ、月収100万円を超えて大きく稼げる可能性がある（ファンが増えるほど活動が応援され、事業の横展開もしやすくなる）。

デメリット
ファンがつくという特性上、プライバシーに興味を持たれやすく、個人情報が守られにくい。また、ネガティブなコメントによって、精神的な負担がかかることがある。ファンを獲得し期待に応えようとするあまり、配信の時間が増えて長時間労働になりがち。
参入障壁が低く、ライバルが多い。

まずはここから始めよう！
自分の配信内容とマッチしそうなアプリに登録して、実際に配信してみよう。いきなりファンがつくことはないから、肩の力を抜いてな。視聴者とやり取りをしながら、自分の配信の方向性や生き残り戦略を練っていくんや。

⑪ SNS/SNS 運用代行

チャレンジ度目安	初期費用 ▶ 基本不要	開始までの学習期間 ▶ 半年〜1年
	収益（1ヵ月）▶ 数千円〜100万円以上	初収入の難易度 ▶ 普通

　P.242 で説明したように、SNS で情報発信をして信用を積み上げ、フォロワーを増やすことは、仕事に繋がる。いろんな稼ぎ方の中から、いくつか事例を紹介するで。

①アフィリエイト収入を得る
　例：ライフスタイル系アカウントで、オススメの商品やサービスを紹介して企業から報酬をもらう

②自分の商売に繋げる
　例：ヘアケア情報系アカウントで、自分のヘアサロンに集客する
　例：料理系アカウントで、自分の開発した調味料や自分の書いたレシピ本を宣伝する

③仕事の受注に繋げる
　例：イラスト投稿系アカウントで、個人や企業から制作の依頼を受ける
　例：マーケティング情報系アカウントで、企業からコンサル依頼を受ける

【番外】SNS 運用代行（企業の SNS アカウントの運用を代行する）
　自分の SNS 運用経験をもとに、企業から運用代行の委託を受けるんや。自分のアカウント以外にも収入の柱ができるし、自分と企業のアカウント、それぞれの運用経験の相乗効果でスキルもグッと伸ばせる。攻防一体の稼ぎ方ができるで。

メリット
時間と場所にとらわれない。初期費用不要ですぐに始められる。文章力、分析力、マーケティング力などの汎用性の高いスキルを鍛えることができる。多くのフォロワーを得て最適な収益化ができれば、月収数十万円を超えて大きく稼げる。

デメリット
最初の収入を得るまでに時間がかかる。フォロワーが伸びない期間にも投稿を続け、試行錯誤する忍耐力が必須。自由に投稿できる分、作業に上限がなく、際限なく働き続けてしまう可能性がある。

まずはここから始めよう！
　実践しながら学ぶタイプの副業。テーマを決めたら早速アカウントを開設しよう。コツコツと投稿を継続しながら、「どうすればフォロワーが増えるのか？」について分析と試行錯誤を繰り返すことが大事やで。

⑫ デジタルコンテンツ販売

チャレンジ度目安	初期費用 ▶ 基本不要	開始までの学習期間 ▶ なし
	収益（1ヵ月）▶ 0円～数十万円以上	初収入の難易度 ▶ 高い

　パソコンやスマホで視聴・利用できるデジタルコンテンツ（イラスト、写真、音楽、電子書籍、ソフトウェアなどの電子データ）の販売のことや。

　イラストや写真などはホームページや広告チラシ、YouTube など、多岐にわたる場面で素材として利用されるで。最近では Kindle をはじめとして、個人で電子書籍を販売する人も増えてきとるな。

　これらのデジタルコンテンツは、

- 個人で**ネットショップを開設して販売**（簡単にショップ開設できるWebサービスがいろいろある）
- 専用の Web サイト（プラットフォーム）にコンテンツを登録して、**ダウンロード数に応じて収益を受け取る**形式

など、販路もさまざま。

メリット

特技・趣味を活かしやすく、自分のスキルと時間さえあれば、原価はほとんどかけずに商品を作ることができる。
商品がデータ形式なので、現物の取引がなく在庫を抱えるリスクがない。複製が簡単なうえ、販売数に限りもないので需要があればあるだけ収益に繋がる。

デメリット

初心者が始めやすい素材販売は、ダウンロード1件あたりの単価が安めなので、まとまった売上が出るまでに日数がかかる。また有料商品の場合、高額になるほど求められる品質も高くなる。
競合が多く、どんなコンテンツに需要があるか、世の中のニーズを読むなどの戦略が必要。

まずはここから始めよう！

専用サイトに登録して、実際にコンテンツを販売してみよう。
もちろん、はじめから売れるとは限らん。だが、売れないことも含めて、消費者のリアクションを見ながら、「どうすれば売れるか？」を考えて試行錯誤することが大事やで。

STEP 3 お金を《稼ぐ》— 副業で稼ぎを増やそう —

⑬ ハンドメイド

チャレンジ度目安	初期費用 ▶ 道具・材料費	開始までの学習期間 ▶ 1ヵ月〜2ヵ月
	収益（1ヵ月）▶ 数千円〜10万円以上	初収入の難易度 ▶ 普通

　手作りのオリジナル作品を作って販売する事業や。細かい物作りが好きな人には良い副業やな。趣味でやってる人も多いから平均収入は5万円以下ともいわれてるんやけど、「趣味」ではなく、あくまで副業、つまり「商売」としてやったら、生活の柱の1つとして十分稼げる。

　販売方法は以下のように多岐にわたるで。
　・フリマアプリやハンドメイド販売サイトに登録して販売
　・ハンドメイドイベントへの出店や委託販売
　・個人でネットショップを開設して販売（簡単にショップ開設できるWebサービスがある）

　商品デザイン・制作・宣伝から発送まで、地味な作業も含めて全て1人でこなすのは大変やけど、ハンドメイドそのものに需要があるから、**焦らずに自分ブランドを育てていけばしっかりと結果が出てくるで。**

メリット
少額からほぼノーリスクで始められる（数百円の仕入れからでもOK）。
隙間の時間で作業ができるので、時間に縛られることもなく、人間関係に気を遣わなくてよい。
特技・趣味を活かしやすく、オリジナル商品を開発できるので、差別化がしやすい。

デメリット
自分のブランドを確立し、安定した売上が出るまで時間がかかる。
ある程度のスキルが必要（明日からいきなりは厳しい。でも何年も勉強しなくてもOK）。
同じものを手作りで量産する忍耐力や、管理能力が必要（在庫管理、スケジュール等）。

まずはここから始めよう！
まずは「何を作るか」決める所からやな。「何を作って、どう売るのか？」ハンドメイドで稼ぐ為のステップを、リベ大の動画でしっかり紹介してるで！

▶ YouTube動画で詳しく解説しています！≫

⑭ スキル販売

チャレンジ度目安	初期費用 ▶ 基本不要	開始までの学習期間 ▶ なし
	収益（1ヵ月）▶ 数千円～数十万円以上	初収入の難易度 ▶ 普通

「自分の好き・得意なこと」をサービスの形にして販売する副業や。スキルシェアサービス（インターネット上のスキル販売サイト）で、自分のスキルをサービスとして出品するで。

販売できるスキルは、「経理」「翻訳・通訳」「カウンセリング」などの**資格や専門知識を活かしたもの**から、「イラスト制作」「写真撮影」「占い」「話し相手・悩み相談」などの**趣味や特技を活かしたもの**まで、とにかく幅広い。

「自分には副業にできそうなスキルがない……」って人も、スキルシェアサービスで実際に出品されてるサービスをチェックしてみるといい。「これなら自分にもできるかも！」ってサービスが見つかるかもしれんで。思わぬ特技がサービス化されていることもあるからな。人のサービスを見るだけでも、たくさんの副業のヒントを得られるはずや。

スキルシェアサービスにはたくさんの種類があって、「イラスト専門」「オンラインレッスン専門」みたいに、特定の分野に特化したものもある。利用料は「売上の○％」という形で、サービスの出品自体は無料の所が多いで。

メリット
初期費用やランニングコストがかかりにくく始めやすい。自分の「好き・得意」を活かせる。
自分でサービスの価格や条件を設定できる。その価格と条件に納得した人が購入するので、見積もりや条件のすり合わせを進めやすい。

デメリット
参入しやすい分、ライバルも多い。似たようなサービスが並ぶ中で、お客さんに選んでもらうための工夫が必要。
典型的なフロー型ビジネスのため、うまく単価を上げていかないと収入が頭打ちになりやすい。

まずはここから始めよう！
スキルシェアサービスで、サービスを出品しよう。自分のサービスの魅力をお客さんに分かりやすく伝わる形で掲載すること。よく売れているサービスを参考にして、「どんなサービスに需要があるのか」「どんな説明の仕方ならサービスの魅力が伝わるのか」を考えるとええで。

⑮ コンサルティング

チャレンジ度 目安	初期費用 ▶ 基本不要	開始までの学習期間 ▶ なし
	収益（1ヵ月）▶ 10万円〜50万円以上	初収入の難易度 ▶ 普通

　自分の知識・経験・ノウハウを活かして、クライアント（お客さん）の課題の解決を支援する仕事や。コンサルの需要は、例えば以下のように多岐にわたる。
・中小企業のIT導入支援
・会社員の独立、開業の支援
・飲食店の売り上げアップサポート
・個人の片付け、掃除のサポート　など
　コンサルの需要は規模も種類も様々やから、自分の「得意」を活かせる分野を探すといいで。本業や趣味で培ってきた経験やノウハウを提供するということや。
　コンサルをするにあたって、**業界トップのノウハウを持っている必要はない。**コンサルは大企業だけじゃなく、中小企業や小規模事業者、はたまた個人もクライアントになりうる。クライアントの規模と要望に見合った「価値」を提供できれば、それでいいんや。そして一度コンサルの実績を作れば、どんどん次の仕事に繋げていけるで。

メリット
初期投資やランニングコストがほぼ不要（自分自身の知識・経験・ノウハウ・労働力が資本であるため）。自分の「好き・得意」を土台とした知識や経験を活かせる。

デメリット
これまで積み上げてきた経験や知識を土台とする事業のため、経験のない分野で0からいきなりコンサルを始めることはできない。
すでに何らかの経験や実績を積んだ人向けの副業。

まずはここから始めよう！
課題を抱えたクライアントを見つけて、問題解決の提案をしよう。
いきなりコンサル契約を結ぶのが難しい場合は、まずは実務作業者として携わり、実績と信頼を築いてからコンサルタントとして契約してもらうという道もあるで。

▶ YouTube動画で詳しく解説しています！≫

おおー！ 在宅で"小さく・リスク低く"始めることができる副業って、こんなにあるんだね！
よーし、僕も早速今日から副業でガッポガッポ稼ぎまくるぞ〜！

やる気があるのはええことや。今日から始める＝今すぐ行動っていうのも成功への近道やな。
せやけど、副業を始めたからといって、すぐに稼げるとは限らんで。月5万円稼げるようになるまでに1〜2年はかかるぐらいのつもりでやったほうがええ。

ええー!? 副業で稼ぐまでに、そんなに時間がかかるの？

そりゃそうやで。本業の仕事でも、そんなすぐには一人前になれんやろ？ 副業も同じや。
ある程度の時間と労力をかける必要がある。だからこそ、早い段階で適性を見極めた方がええで。

適性って？

例えば最低限「やっていて苦じゃない」とかな。
紹介したのはどれも初期費用をほとんどかけずに気軽に始められる副業やから、気になる副業はどんどん試してみて自分の適性や手応えを確かめるとええで。

そっか〜！ う〜ん、どれからやってみようかなぁ〜？

ああ、その前にもう一つ紹介しておきたい副業があるで。
これは「初期費用がかかるしリスクもそれなりにあるけど、うまく軌道に乗せれば長期的に安定した収入源になってくれる」副業……ズバリ、不動産賃貸業や！
ちょっと難しい副業やから次のページからじっくり解説していくで。

STEP 3　お金を《稼ぐ》− 不動産賃貸業に挑戦しよう −

不動産賃貸業に興味を持ったら
不動産賃貸業の基本を学ぼう

💪 **実践すると** ⋯▶ 不動産賃貸業の全体感が掴める

早速だけど、なんで不動産"**賃貸業**"なの？
不動産"**投資**"じゃないの？

不動産から生まれる収入は、「**資産所得**」的な性格と、「**労働所得**」的な性格を併せもっとるんや。不動産投資と言うと、いかにも資産所得＝不労所得っぽいやろ？

そうだねぇ。僕も大家になって、家賃で**ウハウハの不労所得生活**を送りたいなぁ〜。
南の島に移住してのんびりとか最高だな〜〜〜。

こういう勘違いをする人が多いから、あえて不動産"**賃貸業**"と呼んで、その**事業性を強調**しとるワケや。
汗をかく覚悟がないと、儲かるもんも儲からんくなるで。

（やっぱお金の世界って厳しいな……。）

💪 不動産賃貸業ってどんな仕組み？

不動産で利益を得る方法は、ざっくり2パターンあるで。

- 不動産を買って値上がりしてから売ることで売却益（キャピタルゲイン）を得る
- 不動産を買って人に住んでもらい、その人たちから家賃収入（インカムゲイン）を得る

ここで重要なのが、売却益狙いの転売を繰り返すには「**免許**」が必要だということ。つまり、継続的な不動産売買は、行政から許認可を受けた**プロの領域**なんやな。
一方で、大家さんになって家賃を得るだけなら**免許は要らない**。結局、不動産業を副業レベルでやる場合、基本的には「**インカムゲインを主目的とした賃貸業**」ということになるワケやな。

不動産を買う方法は、大きく2つ。

　①現金で買う
　②銀行融資を受けて買う

　初心者が現金で買う場合、価格は百万円～数百万円になるやろな。必然的に、築年数の古い戸建て・中古区分マンションが候補になる。融資を受ける場合は、一棟アパートや一棟マンションも狙えるな。

なるほど。確かに色々とやることがあって大変そうだねぇ。銀行交渉とか、入居者募集（広告）とか、修繕対応とか、まさに事業って感じ……。

 現実が見えてきたようやな。全体の流れをおさえたところで、次は不動産賃貸業のメリット・デメリットを紹介するで。

不動産賃貸業のメリット

メリット① 銀行からお金を借りることができる

株式投資にはないメリットやな。
融資を受けることで「少ない自己資金」で「大きな収益」を狙えるようになる（いわゆるレバレッジ効果）。うまくやれば投資効率は非常に高いで。

メリット② 安定している

不動産賃貸業は大昔からある商売や。天災も保険である程度カバーできるし、突然家賃が半額になることも考えにくい。考えられるリスクは、ほぼ全部過去に出尽くしてるで。

メリット③ 仕組化できる（外注できる）

不動産賃貸業はビジネスモデルが固まっていて、関連業者も多い。だから、非常〜に仕組化（外注）しやすいんやな。管理会社・リフォーム業者等に上手に仕事を頼めば、実働時間を減らしていける可能性があるで。

メリット④ インフレに強い

不動産は「モノ」やから、物価が上昇していったら一緒に価格が上がっていくで。インフレ局面ではとても頼れる存在や。

メリット⑤ 経費が使える

ペーパーアセット（株式や債券等）への投資とは異なり、不動産賃貸業では経費が認められるんや。関係する書籍代、セミナー参加費、物件調査のための出張費なんかは立派な経費やで。

メリット⑥ 資格が不要

大家（不動産賃貸業）に資格や許可は不要や。医者や弁護士になることと比べたら、どれだけ参入障壁が低くてチャレンジしやすいか分かるやろ。
※業者として不動産の売買・仲介をするなら資格や許可が必要

不動産賃貸業のデメリット

デメリット① 流動性が低い

「売りたい！」と思ったらすぐ売れる株式と違って、不動産はすぐには売れへんで。相手を探さなあかんし、手続きにも時間がかかる。
こういった流動性の低さは、不動産の大きな弱点の1つやな。

デメリット② ペーパーアセットへの投資に比べて手間がかかる

株式や債券なんかを買った場合は、ホンマにほったらかしでOKなんやけどな。不動産賃貸業ではそうはいかん。最終的には「やることなくて暇だ……」というレベルまで仕組み化できる余地があるけど、そこにたどり着くまでが大変や。汗をかく覚悟がいるで。

デメリット③ 自己資金500万円～と、まとまったお金が必要

いくら銀行から融資してもらえるとはいえ、ある程度まとまった自己資金は必要や。物件の頭金の他に、経営を安定させるための運転資金も必要やしな。数十万円の軍資金じゃ不動産賃貸業はできへんと思った方がええで。
最低でも500万円程度は欲しいところや。

デメリット④ 空室の可能性や、価格が下がる可能性がある

環境や景気の変化で、物件自体の価格が下がったり、家賃が下がったり、そもそも入居者がみつからずに空室になってまうリスクがあるのは要注意や。住んでくれる人がいてこその、不動産賃貸業やな。

動く金額が大きいから、しっかり勉強してから手を出すべき事業（副業）やな。さて、事業を成功させるために、どんな物件を保有すべきか？
まずはこの4種類に分けてみていこか。

- 区分マンション
- 戸建て
- 一棟アパート（木造）
- 一棟マンション

それぞれの特徴は次ページのとおりや。

区分マンション・戸建て・一棟（木造アパート・マンション）の比較

	区分マンション	戸建て	一棟アパート（木造）	一棟マンション
初期費用	小〜中	小〜中	中〜大	大
資産性	低	中	中〜高	高
利回り	低	中〜高	中〜高	低
融資	難しい	難しい	中（長期不可）	易しい（長期可）
投資拡大	遅い（一戸ずつ）	遅い（一戸ずつ）	早い（複数戸一括）	早い（複数戸一括）
運用管理	高コスト（管理費高）管理はラク	低コスト管理はラク	事業主の裁量次第	事業主の裁量次第
まとめ	需要もあり、比較的少額から始められ、管理もラクであるが、資産性が低いため銀行のローンは難しい。	需要が高く、将来の売却もしやすい。長期で賃貸できるが、退去時のリフォーム代は面積が大きい分高額。	耐用年数が短いため長期のローンは不可であるが、価格が安い分、利回りは良い。	価格は高いが、長期ローンが組めるため利回りはほどほど。

なるほど。区分マンションや戸建てなんかが、副業の最初の一歩としては良さそうだね。

せやな。次は、中古か新築かという切り口で比較してみるで。

中古・新築 の比較

	中古	新築
初期費用	低	高
利回り	高	低
融資	頭金高額 短期	頭金少額 長期
修繕費	高	低
入居率	新築より低い。リフォーム等の工夫で維持・改善する必要あり。	新築時が最も高い。経年により段々と低下する。
まとめ	価格は安いが、初期の修繕費が高額になることも。過去の実績データが事前に確認できる。売却が難しいため出口の戦略が見えにくい。	価格は高いが、融資も受けやすく、修繕費も安くすむため始めやすいが、施工不良などに注意が必要。新しいうちは売却もしやすい。

ふむふむ。それぞれ一長一短で、どっちが良いって話じゃないんだね。副業目線だと……。

中古の方が安くてとっつきやすいやろな。最後に、**地方か都市圏か**という切り口で比較してみよか。

地方・都市圏 の比較

	地方	都市圏
需要	低	高
利回り	高	低
価格	低	高
家賃下落	大	小
価格妥当性	低 競合が少ない	高 競合が多い
固定資産税	安	高
まとめ	人口の減少に伴い、価格、家賃も下落傾向。競合が少ない分、物件の入手はしやすいが、融資が出にくい。売却などの出口戦略が重要。	住宅需要があるため、価格や家賃が維持され、融資も出やすいが、競合する投資家の数も多く、良い物件の入手は難しい。

どんな物件をどのエリアに持って、売却益・家賃収入を得るか。これが不動産賃貸業のキモや。単純なようで奥深い世界やで。
物件の入手経路としては「コネ」「ネット経由」「競売」などがある。初心者には競売はおすすめできへんから、基本はネットで探すことになるで。

よしわかったぞ！ それじゃあ早速やってみるよ！！

ちょい待ち。これが不動産賃貸業で成功できるか判定するためのチェックリストや。答えてみ。

Yes・Noで答える！ 不動産賃貸業のチェックリスト

- 1. 賃貸用不動産の種類、新築 / 中古、都市圏 / 地方のそれぞれの特徴を理解していますか？
- 2. 先人たちがどのように成功したか書籍で学習したことがありますか？
- 3. 生活防衛資金の他に、500万円以上の自己資金を持っていますか？
- 4. 不動産賃貸業について気軽に相談できる仲間がいますか？
- 5. 不動産の収益性を計算する最低限のシミュレーションの方法を知っていますか？
- 6. 業者にナメられないイカつい風貌をしていますか？(笑)

……やってみたけど、全然Yesがつかなかったよ！！

せやろ。実はこのチェックリストは、不動産賃貸業を始める人が最低限、身につけておかなアカンことなんや。
チェックリストでぜんぜんYesがないのに「ウマそうな話」に飛びついて不動産を買ったりしたらお先真っ暗や。慎重にいこうな。

STEP 3 お金を《稼ぐ》— 不動産賃貸業に挑戦しよう —

不動産賃貸業にチャレンジしたいと思ったら
不動産賃貸業の実践ステップ

実践すると ⋯▶ 毎月の家賃収入で自由に近づく

前のページのチェックリストのすべてを Yes にするには、いったい何にどうやって取り組めばいいのかな？

こんな感じの STEP がおすすめやで。

1. **どのジャンルで勝負**するか決める
2. **各ジャンルの成功者から学ぶ**（書籍・セミナー）
3. **自己資金を用意**する
4. **大家仲間のネットワークを作る**
5. **不動産収支シミュレーション**を理解する
6. そして最後に、**実際に購入してみる**

まずは STEP1 から説明していくで！

👉 STEP1 どのジャンルで勝負するか決める

まずは何といっても「**どのジャンルに投資するのか**」を決める必要があるで。闇雲に物件を探していても良い物件には巡り会えへんからな。

具体的には、自分の属性・目的や知識レベルに合わせて、次の3つの組み合わせを考えるんや。

1 物件種別 × 2 新築or中古 × 3 エリア

例1：ワンルーム× 中古× 都市圏
例2：木造アパート× 中古× 都市圏
例3：木造アパート× 新築× 地方
例4：戸建て× 中古× 地方　など

それぞれのメリット・デメリットは前ページの P.268〜270 の通りやで。

なるほどね。どれを選んでも OK なの？

他人が作った新築物件を買うのは高くつくし、自分で新築物件を作るのは初心者には難しすぎるやろな。
副業目線だと、**まずは中古から始めるのがおすすめ**や。
一棟モノのマンションも、最初は手を出せんやろな。

STEP2 各ジャンルの成功者から学ぶ

ジャンルを決めたら、次にやるべきことは「上手くいっている先人が何をやってきたかを知る」ことや。自分が決めたジャンルで実際に成功している人達から学ぶのが、成功への一番の近道やで。書籍もたくさん出てるから、**必ず何冊か読んでおこう**な。おすすめは、

ワンルーム・中古・都市圏
・『少額現金ではじめる!「中古1Rマンション」堅実投資術』 芦沢 晃さん

戸建て・中古・地方
・『空き家は使える! 戸建て賃貸テッパン投資法』 サーファー薬剤師さん

一棟アパート(木造)・中古・地方
・『ボロ物件でも高利回り 激安アパート経営』 加藤ひろゆきさん
・『まずはアパート一棟、買いなさい!』 石原 博光さん

などなど。全体像を把握したり、イメージを掴むという意味でもおすすめや。学んでいる最中に、このジャンルで勝負しない方が良いと思ったらとっとと撤退して路線変更するのも全然有りや。いろんな書籍を読んでいるうちに、専門用語も理解できるようになるで。

あとは小銭をケチらず、セミナーなどにも積極的に参加すべきやな。各地で行われてる「大家の会」とかも現役大家さんにいろいろ話が聞けて良いで。

ただし、変な物件を売りつけられないように注意やで! セミナーや大家の会で物件を売られそうになったら、回れ右して撤退や。何度も言うように、良い物件が素人の君のところにいきなり来るはずはないから、くれぐれも気をつけてな。

あとは試験に合格する必要はないけど、「宅地建物取引士」などについてもサラッと勉強しておくと良いで。

よっしゃ! まずは本を買って読んでみるよ!

STEP3 自己資金を用意する

続いては融資を受けるための準備をしていくで。具体的には、
- **年収**を高める
- **自己資金**を用意する

の2つや。当然、どちらもあればあるほど良いで。融資を使わないで現金買いする場合でも、この2つは強力な武器になってくれるからな。

ちなみに、いくらくらいの物件から始めればいいの？

 ワシとしては、自己資金500万円の範囲内で買える物件をおすすめするで。
現金買いなら500万円以内、融資を受けて買うなら2,000万円ぐらいから始めるわけや（例：頭金・諸費用に400万円出して1,600万円融資を受ける）。
まずは、小さく始めて成功体験を作る。その後で、少しずつ拡大していくイメージやな。

STEP4 大家仲間のネットワークを作る

次のSTEPは「大家仲間のネットワーク」、つまり**相談できる仲間を作ること**や。自分の興味があるジャンルで成功している大家さんと仲良くなるのは重要やで。融通が利いて、高すぎない良いリフォーム業者も紹介してもらえたりするとええな。

他には、
- いざという時に相談できる税理士、弁護士
- ホームインスペクター（住宅診断士）など、第三者的な視点で物件を評価してくれる人

にも、ぜひ目ぼしをつけておきたいところや。

あとは、ポータルサイトから気になる物件に関して不動産業者に問い合わせをしてみて、物件を探しつつ客付けや管理を任せられそうな業者を探していく必要があるな。

なるほど〜。**不動産賃貸業はチーム戦**なんだね。彼らと良い関係を作るコツってあるかな？

自分だけが良い思いをしようとするんじゃなくて、**win-winの関係を意識**することやろな。

・先輩大家に何か教えてもらったら → **自分が役に立てる時には役に立つ**
　（例：先輩大家のリフォーム作業を手伝う）
・不動産業者に色々動いてもらう時は → 即レスを心がけ、約束（例：こういう物件が出てきたら買います）は守る。**無駄足を踏ませない。**
・リフォーム業者や税理士さんに仕事をしてもらう時は → **買い叩かず適正な報酬**を払う

こんな感じで、長い目で見て「関係者みんなが良くなるように」動くことが大切や。まさに、**経営者に求められる姿勢**やな。

リベ大オンラインコミュニティ「リベシティ」でも、不動産賃貸業をしている大家さんと交流できます！
https://site.libecity.com/

STEP5 不動産収支シミュレーションを理解する

　本当にいい物件かどうかは、広告の表面的な情報だけじゃわからんで。良さそうな物件を見つけたら、本当に利益が出るのかどうか、「自分で、**不動産収支シミュレーションをしてみること**」が重要や。

　空室率や修繕費、銀行借入の金利、税金等も加味して考えなあかんてことやな。やり方については、解説しようとすると一冊の本になってしまうから、不動産賃貸業の本や大家のブログなどを参考にすれば良いと思うで。

　それでも想定する数値は、物件ごとに違うし初心者には難しいかもしれん。そういう時こそSTEP4の「大家仲間のネットワーク」を使って、先輩大家にアドバイスをもらうのがおすすめや。きっと先輩たちからは「こういう時は、これぐらいの数値が適切だよ」といった目安を教えてもらえるで。

なるほど〜！ こんな時にも大家仲間のネットワークが活きてくるんだね。

謙虚に学ぶ姿勢を忘れずにな〜。

STEP6 実際に投資してみる

　ネット検索、信頼できる不動産業者からの紹介、大家仲間からの横流しなどで、網にかかった物件があったら**スピード勝負で落とすのが重要**や。

　正直「これだ！」という物件は中々見つからへん。初心者のうちは目利きもできないしなおさらや。でも**ずっと買うつもりで物件を見ていれば目利きも段々とできるようになってくる**で。

　大家の世界では「**1,000の物件情報を見て、100件の現地調査を行い、10件の買い付けを申し込むと、最終的に良い物件を1件買える**（※）」なんて言われとる（ライバルや融資の関係で、買い付けを入れても必ず買えるとは限らない）。とにかく**数をこなすことが購入に繋がる**から、気合入れて頑張ってな。

あ、そういえば、P.271のチェックリスト「6. 業者にナメられないイカつい風貌」ってどういうこと？

カモですって顔したらカモられるで。まぁ風貌は半分冗談やけど、知識武装していかなカモられる。
良い人そうでも、不動産の世界では用心しすぎるぐらいでちょうどええで〜。

なるほどね……。やっぱり不動産は結構ハードルが高いね。

それは本当にその通りや。動く金額もデカいし、楽ではない。
でも**不動産は自由への強力なツール**であることは覚えておいてや。成功するとグッと明るい未来に近づくで。

(※) リクナビ NEXT ジャーナル「【年間家賃収入 2000 万円の脱サラ・カリスマ大家が教える】即・実践できる不動産投資の４つのステップ」https://next.rikunabi.com/journal/20150601_1/

コラム：不動産で成功した後の世界

成功するとこんな風に自由に暮らせるで。

- 毎月ちゃりんちゃりんと家賃が入ってくる
- 良い管理会社やリフォーム会社と関係を築ければ物件に行かなくても問題が解決する。
- 良い物件も不動産屋が少しずつ持ってきてくれるようになる
- 銀行の融資だって話が早くなる

要するに、**どんどん楽になっていく世界**なんや。物件の資産価値分、家賃で回収できてしまえば、後は損しない打出の小づち。本当のお金のなる木が完成や。

ハードルは高いけれど、目指す価値はあるで。

リベ大 YouTube チャンネルにて、「不動産投資」についての詳しい解説動画を配信しています！
https://liberaluni.com/book2#p277

277

STEP 3　お金を《稼ぐ》― 不動産賃貸業に挑戦しよう ―

人生が終わる！絶対にやってはいけない不動産
○○には手を出すな！

👍 実践すると ⋯▶ 多額の負債を回避！

最後に、不動産投資の中でも、「これだけは手を出すな」というモノを教えておくで。
その代表格が「新築ワンルームマンション（区分所有）」や。

え、どういうこと？ ワンルームなら値段もそんなに高くないし、僕でも手が出しやすいと思ってたんだけど……。

新築ワンルームを売りつけられるのは本当に怖いで〜。理由を説明していくで。

👍 **本当に怖い。新築ワンルーム**

　ある日、君の元に新築ワンルームを売りたい営業マンがやってきて、こんな感じのセールストークを繰り広げるんや。

営業マン

・ワンルームマンションで価格 1,400 万円、
　家賃 7 万 4,700 円。単純計算で表面利回り 6.4%
・税金対策になるので、結果的に節税になります！
・生命保険の代わりになります！
・将来の年金になります！
・銀行がお金を貸してくれるからお金が無くても買えます！
・ローンは入居者が払ってくれる（家賃）から大丈夫！
・空室対策にサブリース（家賃保証）がついてます！

え、夢のような話じゃん！ 税金対策になって保険の代わりになって年金の代わりになって、しかもお金は出さなくて良いうえにリスクがないなんて……。あっ……。

そう。**不動産賃貸業は汗をかく覚悟がいる**もんや。ローリスクでハイリターンな投資も存在せえへん。よく気付いたで。

でも、何がそんなにダメなの？ すごく損するような話なの？

「表面利回り」に騙されるな

一見良い話に思えるかもしれんが、気を付けないとあかんポイントが**「表面利回り」**や。

表面利回りというのは、「年間の満室想定の家賃収入」を「物件価格」で割った簡易的な利回りのことやな。これは家賃を高めに「想定」すれば、**いくらでも高く見せることが可能**やで。

さらに、さっきの営業マンは**「物件にかかるコスト」**を一切説明してへんで。具体的にはこんな感じやな。

・銀行の金利：年 1.5 〜 2%
・取得時に、仲介料、不動産取得税、登記費用（司法書士、印紙代）：大体購入費の 6 〜 7%
・共有部の修繕積立、管理費を払う必要がある。毎月引かれるので家賃は全額入らない
・固定資産税。毎年かかる。大体価格の1%前後。大体家賃の 1 〜 2 ヵ月分
・火災保険も毎年かかる
・退去時のリフォーム代（クロス、床の清掃等）と広告費用。広告費は家賃 2 ヵ月分が相場
・築年数が古くなるので家賃は下がるし、建物自体の価格も下がる
・ずっと満室という状況はほぼあり得ない

というわけで、さっきの例で計算してみると、**実質の利回り**はこんな感じになるで。

（単位：万円）	不動産屋提示	実際の満室想定	入居率90%	家賃10%減	現実的な想定
販売価格	1400	1400	1400	1400	1400
取得価格（仲介・取得税 など）	1500	1500	1500	1500	1500
年間家賃	89.6	89.6	80.64	71.68	71.68
年間コスト					
管理費（共用部）		10	10	10	10
修繕積立（共用部）		7.8	7.8	7.8	7.8
固定資産税		8	8	8	8
火災保険		3	3	3	3
退去時リフォーム代		5	5	5	5
退去時広告費		5	5	5	5
物件価格値下がり	＊価格の値下がりは30年で80%想定を年割				40
銀行への返済	＊銀行から融資を受けた場合は金利が年1.5~2%かかる				
年間合計費用		38.8	38.8	38.8	78.8
想定利回り	6.4%	3.6%	3.0%	2.3%	-0.5%
予想年間手残り	89.6	50.8	41.84	32.88	-7.12

【想定】
3年に1度入居者が退去
退去時にかかる費用：
● 広告費は家賃2ヵ月分
● 壁紙やエアコンなどの修繕は15万円

全額キャッシュで買って、30年間満室で、物件価格も家賃も下がらず、修繕もなくて、ようやく月4万円残る。でもそんなわけがない。
　仮に家賃が10％下がって、空室が10％出るだけで、赤字になって給料等から補填しなければいけなくなるで。

ガクガクブルブル

不動産を買うということは、不動産賃貸業の事業主になることや。営業マンの話にのせられてる場合とちゃうで。

新築ワンルーム Q&A ～教えて！ヒトデ先生～

Q.1 節税になるのでは？

A. 税金だけを見ればね！ただ、税金が減るのは赤字だからであって、極端に言えば100万円をドブに捨てたら10万円返ってくる、みたいな話だよ。
何の意味もないよ。

Q.2 年金になるのでは？

A. ならないよ！毎月お金を払い続けて数十年後に、築30年、40年のボロ部屋が1つ残るだけだよ！
そんなボロ部屋に高い家賃で借り手がつくかな？
むしろコストがかかり続けるよ！

Q.3 家賃保証があるから損しないんじゃないの？

A. 損するよ！家賃保証があったとしても、高い家賃を保証してくれるのは最初の数年だけだからね。その後はどんどん値下げされていくよ。
あなたの不利になることは、契約書にちっちゃく書いてあるよ。

Q.4 名前を聞いたことがあるような大手の会社なら大丈夫?

A. 大手でもダメだよ! 全然関係ないよ!

Q.5 銀行が融資してくれるってことは、大丈夫ってことなのでは?

A. 銀行があなたの味方とは限らないよ。むしろ不動産屋のパートナーと言ってもいいかもね。
銀行員も貸出先に困ってるくらいなんだ。要は金を貸して金利をつけて返してくれたらそれで良いってことだからね。
融資された＝安全なんてことは全くないよ。

Q.6 もしかして他にもデメリットある?

A. あるよ! 物件に資産価値(担保価値)がないから、ワンルームを買うためにローンを組めば組むほど、負債だけが膨らんでいくよ。
資産がないのに負債だけが多い状態なんだから、今後他の物件を買うために融資を使おうとしたときに、銀行から良い目で見られないよ! 住宅ローンも借りにくくなるよ!
信用毀損っていうんだよ!

リベ大 YouTube チャンネルにて「お金の基本」動画を配信中! 不動産で詐欺にあわないためのポイントも解説。
https://liberaluni.com/book2#p281

STEP 3　お金を《稼ぐ》― やってはいけない副業 ―

やってはいけない副業 5 選
NG! こんな副業は避けろ

💪 実践すると　…▶　無意味にお金を失わずに済む

ふむふむ。いろいろな副業のことがわかってきたぞ。
……ってなんだこれは！！！
『1日10分の簡単作業で月収50万円の方法をあなただけに販売』だって!? 最高じゃん！
僕の生きる道はこれだ！ 価格は10万円? 初月で取り返せるじゃん安い安い。よーし、振込振込……。

ドアホ！！！！

ヘブシ！！！！

あのな「楽して稼げる」系の情報商材はな、100% 詐欺や。

100%！？

💪 「楽して稼げる」系の副業教材に騙されるな！

　副業を始めようとすると、Instagram、LINE、X（旧 Twitter）、その他の SNS 等、あらゆるところでこんな誘い文句を見かけることになる。

・**1日5分**の作業で、月に**数百万円**稼ぐ！
・スマホ1台でOK！**主婦**でも簡単に月30万円稼げる！
・初期費用〇万円！**月商〇千万円を最速**で生み出す副業ノウハウ！
・返金保証アリ！個別コンサルで、**儲けるまで完全サポート！**

ラクして稼げる、誰でも稼げる、すぐに稼げる、必ず稼げる……。そういった誘い文句の「情報商材」「高額セミナー」「高額コンサル」は**ほぼ全部が詐欺**やから、よく気いつけや。

国民生活センターによると、情報商材に関する詐欺トラブルの相談は、2013 年度に 872 件だったのが、2021 年度には 9,428 件と激増。2022 年度も 6,848 件と高い水準になっとる。ラクに、すぐに、必ず稼げるのは「情報商材等の販売者」や。**キミじゃないで。**

シェアリングカモノミーなんてネットスラングがあるが、言い得て妙やな。これは、X（旧 Twitter）などの SNS で時々使われとる、「シェアリングエコノミー」と「カモ」を掛け合わせた造語や。

・騙されない人は、ずっと騙されない
・騙される人は、何度でも騙される（＝カモ）

詐欺まがいのことを働く悪〜い人達にとって、カモはみんなでシェアして美味しく食べる「共有財産」なんや。彼らにカモとして認知されてしまったが最後、「こいつは騙しやすい」ってことで情報を共有されて、色んな人から、色々なものを買わされ続けるハメになるで。

 せっかく副業を始めて稼ぐつもりが、「他人を稼がせるカモになる」なんて、めちゃくちゃダサイやろ？

 確かに……カモにされないように気をつけるには、どうしたら良いかな？

 ビジネスに近道なし。これを知ることやな。手間はかかる。すぐには稼げない。必ず稼げるとは限らない。
そこを乗り越えるからこそ、**最後には美味しい果実が得られる**んやで。

 うん。「高額商材でショートカット！」なんて考えないで、地に足つけてやるよ。カモ鍋にされたくないからね……。

 ## やってはいけない副業！

ワシ的に「これはやめとけー！」と思う副業をさらに紹介するで。以下の 4 つや。

①アルバイト
②ネットワークビジネス
③副業としての投資
④ノウハウも身につかず未来に単価も上がらない仕事

① アルバイト

順番に読んできたみんなはわかってくれると思うけど、論外やな。

そもそも事業所得を増やすために副業しよう！って言うてるのに、給与所得増やしてどうすんねん！って話や。もちろん生活の安定にはつながるけれど、目的からはズレとるで。

給与所得はいわゆる「時間の切り売り」。時間の切り売りに**時間の切り売り**を重ねても仕方がないんや。

アルバイトで給料を伸ばすことを考えるくらいなら、本業の給料を伸ばすことを考えた方がええで。

② ネットワークビジネス

ネットワークビジネスをやめておいた方が良い理由をざっくりいうと、以下の３つや。
1. 稼ぐのには効率が悪く
2. ひとつのコミュニティに依存しやすく
3. 友達をなくすから

カフェ代や自分の手間が割とかかるし、安い商品のマージンなんてしれてる。せやけど高い商品は売れないしリピートしない。

そんで何よりもおすすめしない理由は、**社会的信用を失いすぎて友人関係が悪化**してしまうねん。どんなに金が稼げても、**友達のおらん人生は虚しい**で。

もちろんネットワークビジネスでも成功する人はいるんやけど、それで成功できる人は他のことでもまず間違いなく成功できるで。そんな優秀な人が、わざわざ社会的信用の低いネットワークビジネスをやる必要はないんや。

豊かな人生に必要なのは「**お金**」「**友情**」「**筋肉**」や！

③ 副業としての投資

ワシは確かに何度も「投資しろー！」とは言ってるけど、それはあくまで、給与所得や事業所得で、不動産や株式などの資産を買って、時間をかけて着実に育てていこうという話なんや。

副業は副業で**投資は投資**や。そこを混同したらあかんで。FX（自動トレード含む）のような投機性の高い投資は副業どころかただのギャンブルや。

ましてや、
・ほったらかしで上手くいく！不労所得になる！という謳い文句の高額商品を買ってしまう
・新築１ルームを業者に言われるがまま買ってしまう

それはもう副業でも投資でもなく、ただ騙されているだけやで。気いつけや。

④ ノウハウも身につかず未来に単価も上がらない仕事

いわゆるただの「単純作業」のような仕事やな。

- ポイ活
- データ入力の仕事
- 単価激安のライター
- クラウドソーシングで激安の仕事

なんかがこれにあたるで。もちろん趣味でやってるなら良いんやけど、副業としては間違いやな。

未来の大きな実りを取るために、安い単価で受けてるのなら良いけど、ただこき使われるだけの1人ブラック企業じゃ意味がないで。

意外と駄目な副業ってあるんだね……。気をつけなくちゃ。

まあ、ここだけの話。本当は誰にも内緒な超簡単に儲かる裏技な副業もあるんやけどな。
1日10分スマホいじる時間があれば、誰でも月10万円は稼げるで。
どや？ 特別に教えるで？ 本当は49万8,000円なんやけど、ワシとキミの仲やから9万8,000円でええわ。

引っ掛からないぞ！！！！！

リベ大 YouTube チャンネルにて、学長が「おすすめしない副業」について詳しく解説しています！
https://liberaluni.com/book2#p285

STEP 3　お金を《稼ぐ》― 副業選びのフローチャート あなたにオススメの副業診断 ―

副業選びのフローチャート
あなたにオススメの副業診断

「どんな副業をしたらいいのか分からない……」という人に。
ここまでに紹介した副業の中から、向いていそうな副業を見つけよう！

なんらかの
特技やスキル・好きなこと
がある？

はい　　いいえ → 次のページへ

特技やスキルを
副業に活かそう！

文章力なら
- アフィリエイトブログ (p.249)
- Webライティング (p.250)

動画制作技術なら
- 動画編集 (p.255)
- YouTube (p.256)

専門知識・技術なら
- YouTube (p.256)
- コンサルティング (p.262)
- デジタルコンテンツ販売 (p.259)

ITスキルなら
- オンライン秘書 (p.251)
- Webデザイン (p.252)
- プログラミング (p.253)

マーケティングスキルなら
- LINE構築 (p.254)
- SNS/SNS運用代行 (p.258)

情報収集力や分析力なら
- せどり (p.248)
- SNS/SNS運用代行 (p.258)

バックオフィスのスキルなら
- オンライン秘書 (p.251)

ものづくり技術なら
- ハンドメイド (p.260)

コミュニケーション力なら
- ライバー (p.257)

・スキル販売 (p.261)

スキル販売は
どんなスキルでも
売りに出せる！

286

STEP 3

興味のある副業を
見つけよう！

やりたい
ことは？

荒波を乗り越えてでも
大きくて安定した
収入源を得たい

→ 🏠 **開拓者系**
- 不動産賃貸業 (p.264~)

まずはサクッと
不用品販売から
ステップアップしたい

→ 👛 **商人系**
- せどり (p.248)

スキルを
身につけて
副業したい

文章を書くのは
わりと好き？

はい

いいえ

✒️ **文筆家系**
- アフィリエイト
  ブログ (p.249)
- Webライティング (p.250)

自分の性格に
合うのは？

自分で
成果を
出す仕事

誰かの
ビジネスを
助ける仕事

🏢 **ビジネス
サポーター系**
- オンライン秘書 (p.251)
- LINE構築 (p.254)
- SNS運用代行 (p.258)

どちらの
働き方が好き？

裏方として
黙々と進める
働き方

自分が前に出て
自己表現する
働き方

▶️ **投稿・配信者系**
- YouTube (p.256)
- ライバー (p.257)
- SNS (p.258)

興味がある
仕事は？

自分の経験を
活かした仕事

創造性を
武器にする仕事

ITスキルで
ものづくりを
する仕事

💻 **ITクリエイター系**
- Webデザイン (p.252)
- プログラミング (p.253)
- 動画編集 (p.255)

✨ **スペシャリスト系**
- スキル販売 (p.261)
- コンサル
  ティング (p.262)

🧵 **職人系**
- デジタル
  コンテンツ販売 (p.259)
- ハンドメイド (p.260)

やってみて
向いてないと思ったら
他の副業にどんどんチャレンジしよう！

コラム：メリットはまだまだある！
「稼ぐ力」が重要な3つの理由

他にも「稼ぐ力」をつけるメリットはあるで。3つ紹介するで。

① 生活の基盤が安定する

「給与所得」を増やせば生活の基盤が安定するし、「事業所得」を増やせば**収入源が複数になる**ことでさらに安定するで。気持ちにも余裕ができるわな。

つまり「稼ぐ力がつくこと＝生活の基盤が安定する」ということやな。ここをしっかり整えておかんと、「お金のなる木」を買う余裕が生まれへんで。

② 選択の自由が増える

稼ぐ力が増えると「生活のために働く時間」を減らすことができるから、他人にコントロールされにくくなるで。具体的には、

・お金のために理不尽な要求を我慢したり
・嫌いな人と付き合い続けたり
・苦痛でしかない仕事を続けたり
・残業や休日出勤をしたり

する必要が無くなるで。**人生の主導権を自分で握れる**ようになるんや。

③ 自分に自信がつく

これは特に事業所得で実感できることやな。「給与所得」は自分の成果と報酬の結びつきが弱くて分かりにくいかもしれないが、**提供した価値と報酬がダイレクトに結びつく事業所得は、ロマンあふれる素敵な所得**や。

お金を《使う》
― より高い価値を引き出すお金の使い方を知ろう ―

STEP 4 お金を《使う》 ― コラム:「幸福」と「平穏」の源泉 大事なお金を「使う力・守る力」―

コラム:「幸福」と「平穏」の源泉
大事なお金を「使う力・守る力」

ここまでで僕もかなりレベルアップしてきたよ!
① 「貯める力」でかなり支出を抑えることができたし、
② 「増やす力」で、少しずつお金のなる木(資産所得)を買っていけてる。
③ さらに 「稼ぐ力」で、毎月の収入も増えてきた!
ありがとう学長!!

ワシは教えただけやで。
実際に行動してきたのはキミなんや。よく全部実際に行動に移したな。
大したもんやで!

へへ。えーっと、「貯める」「増やす」「稼ぐ」とやってきて、残るは、
④ 「使う力」
⑤ 「守る力」

だね……。
ってあれ? もうこの本かなり終盤じゃない? もしかして後の「使う」と「守る」ってあんまり重要じゃないの??
確かにお金を稼げてなかったら「使う」も「守る」も関係ない気はするけど……。

そんなことはないで。残り2つの力も**とても大事**や。

👉 おさらい：今の状態はコレ

この本では「貯める」「増やす」「稼ぐ」の3つの力を重点的に解説してきたで。**今から資産形成していく人**にとって特に大切な力やから、丁寧〜に伝える必要があったんや。
「使う」「守る」がおまけってわけじゃなくて、優先順位の問題ってことやな！

🖋 経済的自由には5つの力すべてが大事！

「使う力」の有無が、人生の「幸福度」を左右する。
「守る力」の有無が、人生の「平穏」を左右する。
この2つの力がないと、いとも簡単に人生台無しになるで。

> ざっくりにはなるけど、
> 残り2つの力も紹介するでー！

コラム：増やしたお金で人生を豊かにするための「使う力」ってなに？

　「使う力」は、お金から**より高い価値を引き出す力**のことや。「貯める力」とは、いくつかの点で違いがある。

	貯める力	使う力
目的	①基本的な生活を送る ②貯金（投資資金）を作る	お金を「幸福」と交換する
お金を 何に使う？	日常生活に必須のモノ・サービス 例：住居、食料品、衣類、保険、車、電気・ガス・水、日用品など	日常生活に必須でない モノ・サービスなど
お金に 対する姿勢	消極的 できるだけお金を使わない方が良い	積極的 ここぞという時に出し惜しみしない

　「貯める力」の目的は、身の丈に合った安心・快適な生活を実現しつつ、未来のための貯金（投資資金）を作り出すこと。つまり、稼いだお金の行き先は、「生活に必須のもの」「貯金」のどちらかや。分かりやすく言えば、

　「貯める力」を高める＝**消費・貯金のスペシャリスト**を目指す

ということやな。

　一方で、「使う力」の目指すところは、**幸福のスペシャリスト**や。
　なぜ、世の中には「お金があるのに不幸を感じている人」がたくさんいるのか？ その理由の1つが「使う力」の不足や。「使う力」のない人は、こういうことをしている。

- 1万円が「幸福の交換券」であることを知らず、使わずに**腐らせている**
- せっかく1万円使っても、3,000円分の幸福しか得られていない（**価値を引き出しきれていない**）

もちろん、人生の幸福はお金だけで手に入るものやない。せやけど、お金で手に入る幸福がたくさんあることもまた事実や。お金で手に入らない幸福は、それはそれとして求めればええ。お金で手に入る幸福があるのなら、手に入れてしまえばええ。「お金で手に入る幸福」「お金で手に入らない幸福」、**二兎追って二兎得る**だけの話やな。

「使う力」を高めていくと、

- ・現在の幸福度が高まる
- ・未来の幸福度も高まる

つまり、**人生全体を通じて幸福度が高まる**ことになる。というわけで、**「使う力」**を高めるヒント＝良いお金の使い方について解説していくで。

👉 良いお金の使い方

寄付・プレゼント
- 家族や友人にプレゼントを贈る
- 慈善団体に寄付する　など

豊かな浪費
- 誰かに対する見栄のためではなく自分が本当に好きなことにお金を使う

自己投資
- 新しいスキルを身につける
- 学校に通いなおす　など

時間を買う
- 家事代行サービスを利用する
- 時短家電を買う　など

健康への投資
- 定期的に健康診断を受ける
- 身体に合った椅子や机を買う　など

寄付・プレゼントにお金を使う

幸福の源泉は、**人・社会との繋がり**や。君のお金を、君が応援したいと思える「世の中をより良くするために頑張っている組織」に**寄付**するとええで。ワシの場合、殺処分や虐待からペットを守るために活動している「動物愛護団体」や、事故で親をなくしたり、事情があって親と暮らせない子どもを保護する「孤児院」なんかに寄付しとるで。

お金が足りないところに、お金を流す。そうすることで、世界が良くなる。こんな素晴らしいお金の使い方はないな。

日頃の感謝を伝えるために、家族・友人に**プレゼントを贈る**というのも、最高のお金の使い方の1つや。人・社会との繋がりを実感できるお金の使い方は、人生を豊かにするで。

豊かな浪費にお金を使う

心が豊かになる浪費も欠かせんな。大企業の広告に踊らされて、気づかないうちにいらんもんを買わされる。他人と張り合うために、見栄でお金を使う。大して欲しくもないものを何となく買う。こういうのは最悪や。

豊かな浪費というのは、他人になんと言われようと、「私はこれが好き！」「これが最高！」と心の底から思えるものに、お金を使うことや。

例えば、旅行や食事、好きなアーティストのLIVE等に行ったり、観劇を楽しんだり。そういう自分にとって最高に価値のあることにお金を使って、感動に溢れた人生を全うできるなら、本望というもんやで。

💪 自己投資にお金を使う

　自己投資も最高やで。自己投資は「稼ぐ力」を高める。そして、「稼ぐ力」はそれ自体が幸福の源泉の1つやからな（収入が多い人は幸福度も高い傾向にある）。

　自分の知識欲・好奇心を満たしながら、仕事を通じて社会に価値を提供していく。「**収入**」「**やりがい**」「**社会との繋がり**」、**まるっと全部強化できる可能性がある**のが自己投資や。

　本をたくさん読んだり、セミナーに通ったり、大学に通い直したりするということは、長い目で見ると最高のお金の使い方になるやろな。

💪 お金で時間を買う

　時間を買うというのも、良いお金の使い方の典型や。言うまでもなく、時間は人生そのものやからな。ロボット掃除機や乾燥機付き洗濯機といった時短家電を買ったり、家事代行サービスを利用するのもアリやな。

　世の中、お金を払えば「優先的に案内してもらえる」というサービスがたくさんあるで。

　たとえば、ディズニーランド・シーには人気アトラクションを短い待ち時間で利用できる「ディズニー・プレミアアクセス」という有料サービスがある。料金は1アトラクションあたり1,500円〜2,500円。お金を払うことで100分、200分といった待ち時間をほぼ0分にできるんや。うまく利用すれば、人の2倍、3倍もアトラクションを楽しめるで。これも、時間を買うことで人生を豊かにすることの一例やな。

健康のためにお金を使う

「健康は第一の富である」。とあるアメリカの思想家の格言やな。この富を維持できるのは、メンテナンスを怠らなかった人だけや。

・ジムに通う、パーソナルトレーナーをつける
・テニス、水泳などのサークルに参加する
・歯の定期健診 / クリーニングに定期的に通う
・身体に合った椅子や机を買う
・姿勢が悪くならないためのクッションや PC スタンドを買う etc…

人は、健康であってこそ稼げるし遊べる。寿命が 10 年伸びれば、資産運用の期間も 10 年伸びる。10 年あれば、資産が 2 倍に増えるなんてことも珍しくないしな。健康への投資は、**あらゆる意味で見返りが大きい**で。

「使う力」も意識しよう

人生の質は、「使う力」で大きく変わる。**最高の使い方**を模索してな！

とにもかくにも、
お金はツール！上手に使ってナンボ！

お金を《守る》
― 形成した資産を守ろう ―

STEP 5　お金を《守る》— コラム：貯めた資産を失わないための「守る力」ってなに？—

コラム：貯めた資産を失わないための「守る力」ってなに？

「お金にまつわる5つの力」、最後の1つが「**守る力**」や。「貯める力」「増やす力」「稼ぐ力」を駆使して育てている資産を、**減らさないための力**のことやな。これがないばかりに経済的自由にたどり着けなくなる人は、決して少なくないんやで。

　・経済的自由とは、生活費 < 資産所得の状態
　・資産所得とは、資産が生み出す収入
　・資産そのものを失ってしまうと、資産所得も消えてしまう……

こういう理屈やな。つまり、端的に言ってこういうことや。
　・守る力がある → 経済的自由を達成できる
　・守る力がない → 経済的自由を達成できない

100年以上も語り継がれている「バビロンの大富豪の教え」にも、**お金を天敵から堅守せよ！** という教えがあるんやで。守りなくして、繁栄なし。肝に銘じておいてな。

「守る力」がないと、貯めた資産がゴリゴリ減っていくで。こんな感じや。

詐欺・ぼったくりに遭う
● お金を騙し取られる
● 銀行や証券会社にぼったくりファンドを買わされる

被災・盗難に遭う
● 火災でお金が燃える
● 金庫が盗まれる
● ネット銀行パスワード盗難

浪費する
● 家・車・洋服・ブランド品
● パーティーざんまい

インフレで削れる
● ハイパーインフレ

詐欺・ぼったくりで資産を失う

　警察庁によると、オレオレ詐欺や架空請求詐欺といった**特殊詐欺**にひっかかる人は、年間2万人近くいるんやで。被害総額は約440億円。結構な人数・金額やろ？

　投資詐欺の事件としては、**安愚楽牧場の詐欺事件**（「母牛に出資すれば、毎年生まれる子牛の売却代金で多額のリターンが望める」といって投資家から多額のお金を集めた後、破産）が有名やな。被害者7万3,000人、被害総額4,300億円に及ぶ、過去最大規模の詐欺事件や。

参考：警視庁「令和5年における特殊詐欺の認知・検挙状況等について」（暫定値版）

　銀行・証券会社、保険会社による**合法詐欺**も恐ろしいで。彼等のなかには、手数料を稼ぐことを目当てに、合法的な範囲で**ぼったくりファンド・保険商品**を作って売りさばく奴らがおるんや。例えば、外貨建て保険に関しては、2019年度の苦情件数が2,822件と過去最大を記録したようでや。

　リスクをきちんと説明されず、契約者は大損。保険会社は手数料で大儲けしとるんや。

　金融庁の調査によると、2018年3月末時点で、国内29の銀行で投資信託を買った個人客の**半分近くが運用損**を出していたらしいで。当時、アベノミクスで株価が上昇基調にあって「損をしにくい」環境のなかで、なぜこれだけ多くの人が損失を出していたのか？ 同庁の調査で、ここでも**ムダに高い手数料**が原因だということが判明しとる。

とあるインタビューで、大手証券会社社員がこんなことを言っていたで。「資産数千万円程度の顧客は『単なる顧客』、数百万円・数十万円の顧客は『クズ』『ゴミ』と呼んでいる。顧客が資産を失っても、路頭に迷っても関係ない」。そんな顧客たちに、クズ株を押し付けて何度も売買させて、手数料を稼ぐわけや。

証券営業の暴露本を読めば、こんな話はいくらでも出てくるで。彼等も、重視しているのは顧客の利益ではなく、自分たちの利益。手数料なんや。

資産を守るために覚えておくべきこと。それは、**銀行、保険会社、証券会社の窓口に近づくな**ということや。**自分の資産を守れるのは、自分だけ。**

誰かに任せてラクしてお金を増やしてもらおうなんて、「守る力」のある人は絶対考えへんことやで。

👉 浪費で資産を失う

イギリス・カンブリア州に住んでいた16歳の女性が、2003年に宝くじに当選して**2億5,800万円を手に入れた**そうや。彼女は、1週間後には仕事を辞めて、家を購入。その後は複数のボーイフレンドと交際しながら、友人達と朝までパーティを繰り返す日々を送り……2013年には、資産は**25万円しか残っていなかった**とのこと。

これは**宝くじ**に限った話やないで。**相続**でいきなり大金を手にする、運よく**事業**で一発当てて大金を手にする。そこから浪費が始まり、転落が始まる……こういうケースは、探せばいくらでも出てくるで。

👉 被災・盗難等で資産を失う

東日本大震災では、全壊12万戸、半壊28万戸、一部損壊73万戸と、数多くの建物が被害を受けたで。日本人が持つ典型的な資産は、土地・持ち家や。災害が起きれば、**一瞬で全財産を失うリスク**があるということやな。金庫に入れていた現金が津波で流されたり、タンス預金が火災で燃えてしまったり……こういった悲劇もたくさんあったようやで。

ネット取引の発達した現代では、ネット上の取引データをハッキングされて資産を奪われるというケースもあるで。キャッシュカード・クレジットカードの不正利用は後を絶たないし、2018年にハッキングにより約580億円の仮想通貨がわずか20分で奪われた、コインチェック事件は衝撃的やったな。

📝 インフレで資産を失う

資産家がいちばん嫌うのが、このインフレリスクや。ハイパーインフレが起きると、お金は言葉通りただの紙切れになるで。例えば、ベネズエラで起きたハイパーインフレなんかが有名やな。ベネズエラでは、2017年〜2018年になんと年率440,000%の超インフレを記録。今年頑張って44万円貯めても、来年になったら100円の価値しかないということや。

同じくハイパーインフレが起きたジンバブエでは「毎日物価が倍になる」「パン1個買うのに山積みの紙幣が必要」などと言われていたんやで。ちなみに、ハイパーインフレは戦後の日本でも発生したことがあるから、決して他人事とは言えんな。

🖋 「守る力」も意識しよう

経済的自由にたどり着くには「守る力」が必要。そういうイメージを持ってもらえたやろか？しっかり対策しなければ「貯めた資産」はいとも簡単に失われてしまうんやで。自分は大丈夫！という過信が、運命の歯車を狂わせる。

> **お金を天敵から堅守せよ！**

この教えを、心に深く刻んでおいてな。

STEP 5 お金を《守る》— 資産を守る防衛知識 これって毒キノコ？要注意リスト —

資産を守る防衛知識
これって毒キノコ？要注意リスト

「毒キノコ」とは？

経済的自由を目指すなら、近寄ってはいけないモノ・サービス。
うっかり食べると、家計が不調になる可能性が高いぞ。これらの名前を見かけたら、
必ず毒キノコの可能性を疑おう！ 学長自身、何ひとつやってないぞ！

危うい投資

⚠️ 「資産を増やしにくい」もしくは
「減らしてしまう可能性の方が高い」

- 貯蓄型保険
- 仕組預金・仕組債
- 銀行窓口の外貨預金
- アクティブファンド
- 毎月分配型の投資信託
- レバレッジ型の投資商品
- オフショア投資
- ファンドラップ
- サブリース契約
- 太陽光発電
- 暗号資産
- 先物取引
- 新築ワンルーム投資
- 節税を目的にした投資商品
- 広告に載っている投資商品
- ソーシャルレンディング
- バイナリーオプション
- FX

高額手数料の温床

- ハウスメーカー（住宅展示場）
- 無料のFP相談窓口
- 保険の相談窓口
- 証券会社の窓口
- 銀行の窓口
- IFA（独立系ファイナンシャルアドバイザー）

借金になる買い物の仕方

- 残価設定型クレジット（残クレ）
- 2年後返却の1円スマホ
- 金利ゼロの分割払い
- カードローン
- リボ払い

⚠️ これらは借金の一種!!
たとえ金利がゼロでも借金をしてはいけない。借金は家計管理を複雑にしお金を貯めにくくする。

詐欺・ぼったくりの入り口

- ネットワークビジネス（MLM）
- 知らない電話番号の着信
- 知らない人からの儲け話
- 高額な情報商材
- 高額なスクール
- SNSに来るDM
- 訪問営業

これが最適解！結論リスト

これが最適解！結論リスト

これぞ経済的自由に近づくための最適解！
各項目ごとに**学長のお気に入り**を列挙したで！

			特長
通信費	スマホ	・日本通信SIM ・HISモバイル ・mineo　などの格安SIM	安い。大手キャリアの通常プランから格安SIMに乗り換えた場合、月々5千円くらい安くなる。
	自宅回線	・＠スマート光 ・マネーフォワード光	安い。マネーフォワード光はマネーフォワードMEのプレミアムサービスを0円で使える。
保険	火災保険	【賃貸の場合】 日新火災 お部屋を借りるときの保険	安い。ネットで簡単手続き。別の賃貸住宅に引っ越しても、解約・再加入の手間不要。
		【持ち家の場合】 ＊複数社で相見積もりを取る	人によって最適解が違うので複数社で相見積もりを取ろう
＊自分が亡くなったら、生活に困る家族がいる場合のみ	掛け捨ての死亡保険	・FWD 生命 　FWD 収入保障 ・メットライフ生命 　スーパー割引定期保険	非喫煙優良体なら保険料が最安水準。
＊車・自転車に乗る人のみ	対人・対物の損害保険 （自転車保険/ 自動車保険）	【自転車保険】 自転車会員保険	保険料と保障内容・金額のバランスが良い。
		【自動車保険】 ＊一括見積もりを取る	一括見積もりをとって一番安いものを選ぼう。
家計管理	家計簿アプリ	マネーフォワード ME	基本無料で使える。国内利用率No1。
	銀行口座	・住信SBIネット銀行 　＊「SBI新生銀行」ではない ・楽天銀行	手数料が安い。スマホやパソコンで手続きしやすい。コンビニATMでも入出金できる。
			SBI系列か楽天系列のどちらかで揃えよう。銀行と証券の口座間の連携がしやすくなって、家計管理と投資が捗るぞ！
投資	証券会社	・SBI 証券 ・楽天証券	機能・使いやすさ・コスパなどが総合的に優秀。
	インデックスファンド	・eMAXIS Slim 　米国株式（S&P500） ・eMAXIS Slim 　全世界株式 　（オール・カントリー）	実績ある指数（15年以上保有すれば、ほぼ100%収益がプラスになってきた）に連動している。手数料が安い。

303

学長に聞きたい！Q&A 30連発

学長に聞きたい！Q&A 30連発

「お金にまつわる5つの力」について、「あともう少し学長に聞きたい！」そんな声を集めてQ&A形式でまとめたで。
ズバリの回答を言い切っとるから、参考にしてな。

💰「貯める力」に関する質問

Q.1 通信費だけど、スマホ回線じゃなくて、自宅の固定回線についてもおすすめありますか？

A. あるで。スマホの通信費と同じく、結論リスト（P.303）を参考にしてな。

Q.2 対人・対物の損害保険（自転車保険）について、おすすめはありますか？

A. あるで。生命保険なんかと同じく、結論リスト（P.303）を参照してな。ちなみに、自転車保険は火災保険やクレジットカードに付随してたりするから、二重加入には要注意やで。

Q.3 変額保険ってどうなの？ 中には良いものもあるでしょ？

A. 99％は粗悪品。変額保険＝「保障の薄い保険」＋「ぼったくり投資信託」や。自分で「優良掛け捨て保険」＋「優良投資信託」を組み合わせた方が、保障内容も良くなるし長期的に見ればお金も増えやすいで。

Q.4 先進医療を受けるために保険入るのはアリでしょ？

A. ワシ的にはナシ。保険が適用される標準治療は、「並みの医療」ではなく、最も効果が期待できる「最高レベルの治療」や。
一方、先進医療は、新しい治療法だけど「まだ効果が十分に確かめられていないので保険が適用されない治療」のこと。金持ちだけが受けられる最高の治療って意味じゃないで。言葉のイメージに惑わされたらアカン。

Q.5 意外と知られてないお得な話、何かないですか？

A. 高額療養費の「付加給付」とかかな。
実は、大企業に勤めてる人は、企業独自の制度によって高額療養費制度をさらにお得にしてることがあるねん。どれだけ医療費がかかっても、自己負担額が最大月2万円で済むように給付金をくれたりな。自分の会社の規定を調べてみるとええで。ますます民間の医療保険が不要なことが分かるんじゃないかな。

Q.6 ペイオフのために、預金口座を分ける必要はありますか？

A. 銀行口座を作りまくる必要はない。預金額が1,000万円を超えたら、以下3点を参考に対策してもらえたら（おすすめは②）。

① 一般用の預金から「決済用預金（無利息口座）」にする。利息がつかなくなるが、全額保護される。
② 証券口座に移す。（全額、分別管理で守られる）
③ 個人向け国債 変動金利型10年満期を買う（元本割れなし。メガバン預金金利より高い。国は銀行より潰れにくい）

「増やす力」に関する質問

Q.7 保険の解約返戻金、一括でインデックスファンドにぶち込むのはアリ？

 A. アリ。というか、基本は一括投資がおすすめ。
そもそも「今すぐには必要ないお金」を使って、「長期契約」のつもりで保険を買ってたんやろ？ 投資先がぼったくり投資信託からまともな投資信託に変わるだけの話や。とはいえ、メンタルも大事やからな。もし一括投資がコワイなら、3年ぐらいかけて分割・積立投資するのもナシではない。

Q.8 信用取引を活用した資産形成についてどう思いますか？

 A. 経済的自由を目指す一般層（投資初心者層）には一切おすすめしない。信用取引はダメ。レバレッジ系ETFもダメ。
信用取引が気になってる時点で、資産形成を焦ってる証拠。急がば回れや。
一握りの人間しか通り抜けられない危険な道を選ぶ必要はないで。

Q.9 従業員持株会は、奨励金が貰えるんだから絶対にやった方が良いですよね？

 A. そうとは思わん。わしは、おすすめせえへん。理由はハイリスクの集中投資になるからや。
「勤務先と投資先が一緒」ということは、もし会社がコケたら「仕事も財産も失う」ということ。経営者が自社株を持つのはええけど、いち従業員の立場では経営をコントロールできへんからな。無力な立場での集中投資はただの博打。ナンセンスや。

Q.10 ビットコインはアリ？

A. ナシ。資産を爆発的に増やすための投資商品ではなく、法定通貨（円やドル）の価値が暴落した世界に備えて「守る力」「カオスヘッジ」の目線で、総資産の3〜5%ぐらい持っておくイメージなら否定はせえへん。
ちなみに、ワシ自身は保有してないし、家族や友人にも勧めてへんで。

Q.11 今塩漬けにしてる株式や不動産、売った方が良いですか？持っておいた方が良いですか？

A. ワシには答えられへん。

- これから値下がりするなら、売ったほうが良い
- でも、値上がりするなら持ってた方が良い

つまり、この質問の本質は「これから値上がりするか値下がりするか、教えて下さい」ってことやねん。この質問に答えることは、親切なようでいて、むしろ不誠実で無責任なことやと思っとる。
投資の世界では、未来を見通す水晶玉を持ってる人は誰一人としておらん。そして、投資の結果に対して責任を持てるのは自分だけや。いつどんな時も、自分のアタマで判断する。それが投資家や。

Q.12 トリニティ・スタディの4%ルール（定額取崩し）って、米国株が前提ですよね？全世界株でも成立するんですか？

A. 結論、成立しない（成功確率が落ちる）。
毎年4%の取崩しをしながら運用を続けて、25年後に資産が残っている確率は、

米国株：約95%
全世界株：80%弱

という感じ。せやけど、ワシは全世界株でも問題ないと思っとる。ちょっと複雑な話になるから、詳しく知りたい人は下記の解説動画を見てもらえたら。

リベ大 YouTube チャンネルにて、米国株ではなく「全世界株で4%取崩しは成立するのか」を解説しています！
https://liberaluni.com/book2#p213p307

Q.13 プライベートバンクってそんなに良いの？
資産数千万円になったら使ってみたい

A. いらん。資産数千万円くらいじゃ相手にされへん。純資産が5億10億を超えてもいらん。
特別扱いされて気持ち良くなりたいのも分かるけど、そのために運用額の2%とか3%の手数料を払うなんて、コスパ悪すぎるやろ。シンプルにインデックス投資してるだけの方がお金増えると思うで。（ちなみに、バフェットも超大金持ちにプライベートバンクではなくインデックス投資を勧めとるで）

¥ 「稼ぐ力」に関する質問

Q.14 副業なんかやるより、本業頑張った方が良くないですか？

A. このセルフチェックをしてみて欲しい。3つ以上「Yes」なら副業は良い選択肢やで。
☑ 本業の昇給ペースに不満がある？
☑ 職場にいるのは「こうはなりたくない」と思う上司ばかり？
☑ 収入の「額」だけではなく、収入源の「数」も増やしたい？
☑ 本業では学べない「スキル」「実務経験」が欲しい？
☑ 資産形成のスピードをとにかく早めたい？
　（当たるとデカいのは、「給与所得」ではなく「事業所得」）

Q.15 今の会社で年収アップを狙うのは無理。転職と副業、どっちを優先すべき？

A. 転職。即効性があるで。転職活動を始めて半年以内に年収50万〜100万円アップとか、ザラにいる。
副業で、短期間で稼げるようになるのは難しいな（うまくいったときに爆発力があるのは副業の方）。

Q.16 副業で成功する人・失敗する人の違いは？

A. 失敗する人：失敗が大嫌いで、1発目で大成功しようとする。理想と現実の差に絶望して、退場するケース多し。

成功する人：小さな失敗を最速で繰り返して、ゼロ→イチを達成することを最優先する。転び、傷つくことを前提に、何度も立ち上がれる人は強いで。

Q.17 副業を始めるにあたって、スクールやコンサルを利用すべきですか？すごく興味があるけど、高くて迷います

A. 高額スクール・コンサルは一切不要。
月数万〜100万円稼ぐレベルのノウハウなら、ネット上に無料でいくらでも転がってるで。業者を「稼がせてあげる力」を鍛えるのではなく、自分の「稼ぐ力」を鍛えような。
どうしてもスクール・コンサルにお金を使いたいなら、やりたい副業でいくらか稼げるようになった後に、その儲けを使ってやるべし。

まずは無料のYouTubeやブログで学ぼう！

「使う力」に関する質問

Q.18 学長がお金を使う時、特に意識していることはありますか？

A. そのお金が「旬」かどうか。要は、
・いつ使っても変わりがないお金なのか
・そのタイミングを逃すと2度目がない（かもしれない）のか

ってことやな。旬は逃したらアカン。
親孝行（孝行したい時に親はなし！）、レアイベント（例：東京五輪）、子供が小さいうちの教育・家族旅行、乗るべき良い波が来てる時の自己投資（事業投資）なんかが典型例やな。

Q.19 豊かな浪費とダメな浪費の区別がつきません。どうやって見分ければ良いですか？

A. 以下3点を参考にしてな。
① 予算内か？（予算なき浪費・予算オーバーの浪費に、良い浪費はない）
② 観客を必要とするか？（周りに見せびらかすための見栄の浪費は、長期的には不幸を呼ぶ）
③ 他の浪費に比べてコスパが良いか？（例えば、浪費候補3つのなかで「一番コスパの良い浪費」を選べば失敗しにくい）

Q.20 ケチと倹約の違いってなんですか？

A. ワシは、本多静六（せいろく）さんの定義が気に入っとるから、それをもとに回答するで。
ケチ…当然出すべきものを出さず、義理人情を欠いてまで欲張る
倹約…出すべきものをちゃんと出し、義理人情も立派に尽くし、ただ自分に対してだけは足るを知り一切の無駄を排して自己を抑制する
（参考：本多静六著『私の財産告白』）

Q.21 使う力について、もっとアドバイスありませんか？

A. 次の3点、意識してみるとええで。
①「モノ」より「経験」
②「後払い」より「先払い」
③「地位財（他人との比較によって価値が生まれるもの。ブランド品など）」より「非地位財（他人との比較は関係なく、それ自体に価値があり喜びを得ることができるもの。健康、休暇、友情・愛情など）」
いずれも、幸福度が高まりやすい（持続しやすい）という科学的な裏付けがあるお金の使い方やな。

🛡 「守る力」に関する質問

Q.22 詐欺やぼったくりに遭わないために、重要なことは何ですか？

A. ①向こうから来た営業話に乗らないこと。美味しい話は絶対に歩いてやってこない。

②自分から業者のセミナーに行かないこと。床屋に行って「髪を切った方が良いですか？」って聞いたら、「切った方が良い」って言われるに決まってるやろ（笑）。

商品販売者・サービス提供者の根城に自ら足を運ぶなんて、カモネギそのものやで。

Q.23 相続税対策としての不動産投資ってどう思いますか？

A. ダメ。ただのカモ。
不動産投資に精通している人が、相続税対策で不動産を使うのは否定せえへん。けど、不動産投資に精通していない人が、相続税対策で不動産を使うのは否定するで。節税になった相続税額以上に、手間暇・リスク・コストを抱え込むことになるのがオチや。

Q.24 資産を災害から守るために、できることはありますか？

A. ある。そもそも、資産には3種類ある。
①有形資産（現金、家、車など）
②無形資産（著作権、特許権など）
③その他の資産（株式や債券、インデックスファンドなど）

地震や台風などの災害でダメージを受けるのは、主に有形資産。つまり、有形資産を必要最小限にすることが財産を守ることに繋がるんや。「モノ」を厳選するミニマリストスタイルは、資産形成に効率的なだけでなく、災害にも強いで。

Q.25 インフレ対策について、何かおすすめの投資商品はありますか？
物価連動国債とかどう？

A. 「インフレ対策」を営業文句にした商品に手を出す必要はない。成長性は低いわ、コストは高いわ、ろくなものがない。物価連動国債もいらん。
インフレに強い「株式」と「稼ぐ力」があれば、十分なインフレ対策になるで。

💬 その他の質問

Q.26 節約・投資・副業……やりたいけど時間がありません。どうすれば良い？

A. 「時間がありません」の本質的な意味はこれ。
「今やっていることをやめたくない（やめられない）」
1日は24時間しかないからな。新しいことを1つ始めるには、今やっていることを1つやめる必要がある。この「やめる」というのが難しいねん。痛みや不快感を伴うからな。
でも、より良いモノを手に入れられるのは、今握りしめているモノを手放した人だけ。勇気を出して、手を開いてみてな！

Q.27 親（または兄弟・成人した子ども・友人・知人等）が毒キノコにやられかけています。どうしたら止められますか？

A. 無理して止めんでええ。一言二言アドバイスするのはええけど、みんなそれぞれ自立した大人やからな。
それに、投資の世界に絶対はない。ワシが気に入ってる投資商品がズッコケて、ワシが毒キノコ扱いしてる投資商品が光り輝く未来だってありうるワケや。
すべては自己責任。謙虚に、冷静に、まずは自分のことだけに集中しよか。

Q.28 **パートナーの理解・協力**が得られません。どうしたら良いですか？

A. **信頼口座の残高不足**やな。まずは、次の3点を心がけて信頼口座の残高を増やしていくことが大切や。

①**自分が先に相手を信頼する**…「話を聞いてもらえない！信頼されてない！」と嘆く前に、自分から相手を信頼しよう

②**約束を守る**…「保険を解約しよう！」と説得する前に、「明日のトイレ掃除は俺（私）がやる」など、日々の小さな約束を100％守り続けよう

③**素早く対応する**…「家計見直しに協力してくれない！」と愚痴る前に、自分が頼まれたこと・お願いされたことを即座にやろう

Q.29 **借金**があります。もう終わってますよね？

A. **終わってないで**。借金抱えた状態から盛り返した人はいくらでもおるからな。「**貯める力**」「**増やす力**」「**稼ぐ力**」を高めていけば、絶対に借金は完済できる。経済的自由にも到達できる。全力で応援しとるで！！

Q.30 FIREってホントに楽しいの？

A. **FI（Financial Independence ＝ 経済的自由）は超楽しいで**。
RE（Retire Early ＝早期リタイア）については、好きにすればええんや。大事なのは「働く」「働かない」の**選択権があること**。FIによってその選択権があるなら、働こうが働くまいが、その時々で自分が楽しいようにできるからな。フォーカスすべきは、**FI**や！ FIを後悔してる人なんて、ただの一人も見たことないで（笑）。

エピローグ

「お金にまつわる5つの力」、どれもそれぞれに重要だってことが、何となく分かったよ！

「お金にまつわる5つの力」は、星（☆）みたいなもんや。
でっぱりが1つでも欠けると不細工やろ？
・資産形成期は特に「貯める力」、「増やす力」、「稼ぐ力」を重視
・収入や資産が増えるとともに「使う力」、「守る力」も少しずつ意識していく

こんなイメージやな。**すべてがバランス良く整ってこそ**、人生がキラキラと輝くというわけや！

バランスか〜。なんかこう……**あれもこれもやらなきゃいけない**んだね。経済的自由を目指すって、やっぱりラクな道ではないよね。

世の中にはな、バランスが崩壊してるのに、めっちゃお金持ってる人もおるで。

- 「貯める力」一点突破
  月数万円の生活費で楽しく豊かに暮らせる**節約仙人**
- 「増やす力」一点突破
  超ハイリスクをとって、短期間で10倍20倍にする**プロ相場師**
- 「稼ぐ力」一点突破
  億の年収を稼いで、宵越しのカネは一切持たない**親分肌社長**

問題は、ほとんど「**再現性がない**」っちゅうことや。10,000人に1人とかのレベルやからな。
5つの力のどれか1つで120点／100点を目指すより、5つの力それぞれで70点／100点を取る方がはるかに再現性高いで。全科目で平均点取ると、トータルでは優等生になれるねん。

0点から50点にするより、90点を100点にする方が難しいっていうしね。再現性の高さ、コスパの良さという点では、苦手科目をなくしてバランスを整える方が良いんだね！

そういうことや。

・家計を年100万円節約する（**貯める力アップ！**）
・年収を100万円増やす（**稼ぐ力アップ！**）
・浮いた200万円を年利5%で20年間運用する（**増やす力アップ！**）

これだけで、7,000万円弱の資産を築けるわけや。日本では上位8.8%レベルの資産家やで。
「守る力」を意識して、大事な資産を守り抜く。「使う力」を意識して、お金を豊かに使う。これが、お金との上手な付き合い方やな。

学長、本当に色々とありがとう！ 今回教えてもらった基本を大切にして、これからも頑張っていくよ！

もし分からないこと、もっと知りたいことがあれば、またいつでも相談にきてな！ 最新のお金の知識はYouTubeやブログで発信し続けとるし、リベラルアーツシティ（オンラインコミュニティ）に来てくれれば、たくさんの仲間や各分野の一流講師に出会えるで。

よ〜し、「お金にまつわる5つの力」を伸ばしていくぞ〜！ 明るい未来が見えてきたぞ！

おわりに

「なんでもっと自由に生きられないんだろう？」

今よりもずっと前、10代の学生の頃から常々そう思っていました。

「なんで毎朝同じ時間に学校や職場に行くんだろう？」
「なんで週に5日も働く必要があって、2日しか休みがないんだろう？」
「なんで毎朝満員電車に揺られる必要があるんだろう？」
「なんで会いたくない人と我慢して付き合わないといけないんだろう？」
「なんで学校を卒業したら60歳まで同じ会社で働かないといけないんだろう？」

あまりにも「自由」が少ない世の中に違和感がありました。こんな、「自由」が少ない世の中は絶対におかしい。人はもっと、楽しく自由に生きられるはずだ！

「別に、大金持ちになりたいわけじゃない。決して働きたくないわけでもない。
でも、もっと本当に自分のやりたいことができる豊かな人生の作り方があるはずだ」

当時、周りの大人には「そんな生き方、できるはずがない」「もっと将来のことをきちんと考えなさい」と言われました。

しかし、ずっとそんな風に「自由」のことを思い続け、行動し続けてきた結果、実際にその「自由」をいつの間にか手にしていました。

自分が実践してきたことを、今度は友人達に話してみると、その友人達もやはり「自由」に近づいていきました。感謝を口にしながら笑う友人達を見て、こう思いました。

「ほら、やっぱりみんな、もっと自由に生きられる」

もちろんいきなり自由になるのは難しい。でも、行動すれば一歩ずつ確実に近づける。時間はかかるかもしれないけれど、確実に今よりも自由な人生になっていく。

もしも今、

・毎日に漠然とした閉塞感がある
・今より少しでも余裕を持った暮らしをしたい
・もっと自由に生きたい

こんな風に思っているのなら、この本の内容を1つでも実行してみて下さい。実際に行動しないと、何も変わりませんが、行動すれば未来は変わります。

どんな状況からでも人生は良くしていける。
たった一度の、あなただけの人生で、今日が一番若い日です。
悔いのない豊かな人生を生きよう。

リベラルアーツ大学　学長　両

🧡 本書やリベ大に関わってくれた人への感謝

まず、いつも僕の背中を押して、人としての生き方を教えてくれた父。
いつも味方で無償の愛を与え続けてくれた母。
苦しい時も応援し支えてくれた家族。

この本の制作に関わってくれた方達。

経営はもちろん、人との付き合い方、豊かな人生について教えてくれた先輩経営者達。

僕の良い所も悪い所も含めて受け入れ、人生に彩りを与えてくれる友人達。

いつも会社を支えてくれる仲間でもある社員達。

リベ大の制作、コミュニティの運営に尽力してくださっているクリエイターの皆さん。

いつも応援してくれる視聴者さん、リベシティの皆さん。

「リベ大の本を出しましょう！」と熱いメッセージで出版の機会をお声がけいただいた編集者の佐藤さん。

一人ひとり名前は挙げきれませんが、僕一人ではこの本を完成させることも、ここまでの人生を歩んでくることもできませんでした。

本当に本当にありがとうございます。

そして、この本を手にとって読んでくれた全ての方へ。
皆さんがいつか自由を手にしたその時は、モルディブで一緒に乾杯をしましょう。

この本が皆さんの自由な人生へのきっかけになれば幸いです。

追伸（2024年10月18日）
原著出版から4年。人生が変わってる人、自由を手にした人が着実に増えてます。
皆さんも、今からでも間に合うからやりましょ。
いつだって今日が人生で一番若い日ですよ。

🧡 わからないこと、何でも聞いてや！

もし本書の内容でわからんことがあったら、ワシのやってる、

- ・オンラインコミュニティ「リベラルアーツシティ（リベシティ）」
- ・YouTube チャンネル「リベラルアーツ大学」
- ・ブログ「リベラルアーツ大学」
- ・X（旧 Twitter）
- ・Instagram
- ・TikTok

にも遊びにきてな！
リベシティや YouTube では、質問や相談も大歓迎や。
ワシはいつだってみんなのことを応援してるで。

コミュニティ リベラルアーツシティ https://site.libecity.com/	**YouTube チャンネル** リベラルアーツ大学 https://www.youtube.com/c/ryogakucho
ブログ リベラルアーツ大学 https://liberaluni.com/	**X（旧 Twitter）** 両 リベ大学長 https://x.com/freelife_blog
Instagram 両学長 https://instagram.com/freelife_blog	**TikTok** 両学長 @ リベ大 https://www.tiktok.com/@ryo_gakucho

🎨	カバーデザイン・イラスト…………………………	アゲオカ
📖	本文デザイン……………………………………………	都築綾子
🖊	執筆協力…………………………………………………	☆←ヒトデ
💰	監修（税金）……………………………………………	大河内薫・マイルくん
Aa	校正………………………………………………………	くすのき舎
📇	編集担当…………………………………………………	増田侑真（朝日新聞出版）

両＠リベ大 学長

リベラルアーツ大学学長。「日本一自由な会社」の社長。高校在学中に起業し、ITビジネスと投資で10代にして年間1億円以上を稼いだが、数々の失敗も経験し、優秀な経営者仲間やモルディブの大富豪から「本当の社会の仕組み」や「人生を豊かに生きる知恵」を学ぶ。

以降本業で20年以上稼ぎ続けながら、「お金に困らず、自由に生きられる人を増やす」という夢を叶えるために家族や友人向けに発信を始めた通称「リベ大」は、節約・税金・投資・副業のリアルガチなお金の教養を軽妙な関西弁でわかりやすく解説する内容で、SNSを中心に熱狂的な支持を得る。

- ・YouTube 総動画本数 2,300本
- ・累計再生回数 8億回
- ・チャンネル登録者数 270万人
- ・X（旧Twitter）フォロワー数 50.3万人
- ・公式ブログ月間 330万PV
- ・Instagram フォロワー数 51.2万人
- ・TikTok フォロワー数 11万人

改訂版 本当の自由を手に入れる お金の大学

2024 年 11 月 30 日　第 1 刷発行
2025 年 1 月 10 日　第 6 刷発行

著　者　　両@リベ大学長
発行者　　宇都宮健太朗
発行所　　朝日新聞出版
　　　　　〒 104–8011
　　　　　東京都中央区築地 5–3–2
　　　　　電話：03-5541-8814（編集）
　　　　　　　　03-5540-7793（販売）
印刷所　　大日本印刷株式会社

定価はカバーに表示してあります。
本書掲載の文章・図版の無断複製・転載を禁じます。
落丁・乱丁の場合は弊社業務部（電話 03–5540–7800）へご連絡ください。
送料弊社負担にてお取り替えいたします。

©2024 Liberal Arts University
Published in Japan by Asahi Shimbun Publications Inc.

ISBN978–4–02–332378–0